한국교회_혁신과_세계선교의_새로운_대안

일터교회
영성 성숙도 연구

개정판 / New Revised Edition

_ 사역 유형별 _

일터신학 │ 일터교회 │ 일터선교 │ 일터사역

일 / 터 / 교 / 회

김 동 연 Th.D., D.C.C.

└ Workplace Church ┘
┌ Researches Spiritual Maturity ┐

_ *By* Ministry Type _
│ Workplace Theology │ Workplace Church │
Workplace Mission │ Workplace Ministry │

러빙터치

ᴸ Workplace Church ᴶ
┌ Researches Spiritual Maturity ┐

_ *By* Ministry Type _
Workplace Theology | Workplace Church |
Workplace Mission | Workplace Ministry

Korean version: First edition copyright
ⓒ 2015(1), 2015(6) *by* Kim, Dong-Yoen
English version: New Revised Edition copyright
ⓒ 2019 *by* Kim, Dong-Yoen(Th.D., D.C.C)

Requests for information should be addressed to:
Author Contact: Kim, Dong-Yoen(D.C.C)
010-8893-4432/ E-mail: ceokdy123@naver.com

Jesus Loving Touch Press Printed in Korea

English version published 6. 12. 2019
Publisher-Pae, Soo-Young(D.G.Miss./D.D.Theol)
Editorial and publication-Jesus Loving Touch Press

Publication registration
25100-2016-000073(2014.2.25)
17(#1709-203), Deongneung-ro 66-gil,
Dobong-gu, Seoul, of Korea
010-3088-0191/ E-mail: pjesson02@naver.com

˻일터교회˼
˻영성 성숙도 연구˼
Workplace Church, Researches Spiritual Maturity

˻개정판 / New Revised Edition˼

사역 유형별
일터신학 │ 일터교회 │ 일터선교 │ 일터사역

2020년 9월 8일 인쇄
2020년 9월 12일 개정판 발행
지은이 : 김동연
펴낸이 : 배수영
엮은곳 : 도서출판 러빙터치 편집부
발행처 : 도서출판 러빙터치
등록번호 : 제25100-2016-000073(2014.2.25.)
서울 도봉구 덕릉로66길 17, 주공 1709동 203호
H. 010-3088-0191/ E-mail: pjesson02@naver.com

저자 : 김동연(Th.D., D.C.C)
솔로몬일터교회/ 02-3486-2004/
서울 서초구 방배로 39 미주프라자 1층
www.solomonch.com www.solomonch.org
Copyright ⓒ 2015 김동연

Printed in Korea

값 18,000원

| 드림의 글/Dedication |

┌ 2020학년도 ┐
└ 신학박사학위 Th.D. 청구논문 ┘

먼저,
이 글을 잘 마치도록
마지막까지 인도해주신 우리
하나님께 감사와 찬송과 영광과 존귀를
올려드리며 완성된 이 책을 올려 드립니다.
특히 '일사모'(일터를 사모하는 모임) 회원으로
이 연구의 설문에 적극적으로 동참하신 한국교세라
전희인 장로님, 우성염직 구홍림 대표님, 한만두식품
남미경 대표님, 잡뉴스솔로몬서치 구성원 및 서초동
사랑의교회, 충신교회, 성광침례교회, 오륜교회에 감사드립니다.
언제나 변함없이 사랑과 헌신으로 부족한 종을 22년간
일터와 삶 속에서 도움을 준 아내 박금숙 님,
딸 예지, 아들 예찬에게 감사드리며 그동안
논문을 집필해 오는 동안 동역해 주신
배수영 목사님을 비롯하여 주변의
모든 분께 삼가 그 노고를 기리며
영광을 나누기를 원합니다.
감사합니다.

| 본서의 개요 |

본서의 주제는 [**일터교회 사역 유형별 영성 성숙도 연구**]이며, 부주제는 [**일터 신학의 관점에서**]이다. 이에 대한 이슈로, 오늘의 '기독교 신앙'(Christian Faith)과 '노동의 관계'(Labor Relations)를 규명하는데 많은 관심을 집중했다. 그 시기가 종교개혁 후부터 본격적이라는 것은 점차 그 진실이 그리스도인의 삶의 현장에서 규명되기 시작했다. 현대 개혁주의 신학을 대변하는 신학자나 칼빈주의와 개혁교회의 전통에서 '하나님의 부르심'(God's Calling)이라는 일-노동의 또 다른 측면을 말하고 있다. 즉 개혁적인 시각에서 노동의 목적은 하나님을 높이고 인류를 번성케 하는 문화를 창출(創出)하는 것으로 성경에서 명하는 교훈으로 본서는 받아들인다.

철학적인 지식의 발판은 노동의 가치에 대하여 기성적이고 단번에 깨뜨릴 수 없는 판도(版圖)와 같이 일-노동에 대한 천박함을 대변하고 있다. 그에 반하여 성경의 교훈은 기독교의 '일-노동'에 대한 철학적 진리에 정반대로 다가서고 있다. 이에 연구자는 '일-노동'이라는 영역이 우리의 삶과 일터 속에 어떻게 융합될 수 있는가를 성경적, 신학적 그리고 영적인 잣대로 연구하여 일터 교회와 관계된 이슈를 목적대로 연구하여 실천 방안과 방향 제시를 내놓는다.

| Over View of This Book |

Much attention has been given to identifying today's Christian Faith and Labor Relations. That the period is in full swing after the Reformation gradually, the truth began to be clarified in the field of Christian life. It's studying another aspect of work-labor of God's Calling in the tradition of theologians and Calvinism and the Reformed Church with Representing Modern Reformed Theology. In other words, the purpose of the reformative view of labor is take it as a lesson from the Bible to create a culture that enhances God and promotes the flourishing of mankind.

The foundation of philosophical knowledge is speak for the vulgarity of work as an established and unbreakable platform for the value of labor. On the contrary, the Bible says, It is approaching the opposite of the philosophical truth about Christianity's 'Work-Labor'. So a dissertator how can the area of 'Work-Labor' be integrated into our lives and workplaces? It has been studied by theological, biblical and the spiritual yardstick. The title of this paper is "A Study on the Spirituality Maturity by the Types of Workplace Church", And Subtitles are "From the Standpoint of Workplace Theology", by studying the issues related to the workplace of the paper as a goal. To present practical measures and directions.

| 추천하는 글 |

세상에는 옛 역사를 반복하는 사람이 있고 새 역사를 만들어가는 사람이 있습니다. 이번 김동연 목사의 '일터교회 사역 유형별 영성 성숙도 연구 -일터 신학의 관점에서-' 연구는 옛 교회론과 교회 역할을 반복하지 않고 새 시대가 요구하는 교회의 사회적 책임과 그 역할을 새 패러다임으로 제시했습니다. 연구가 이론에 끝나지 않고 오늘 미래에 세상을 보는 눈과 교회관에 새 역할의 교회상을 제시했습니다. 그동안 전통교회의 역할은 정해진 예배처소에서만 예배를 드리고 세상을 도외시해 왔습니다.

김동연 목사는 오랫동안 많은 직장인을 거느리고 ㈜잡뉴스솔로몬서치 기업을 23년간 경영해 왔습니다. 그는 나의 일터가 곧 교회여야 한다는 것을 사명으로 받았습니다. 일터를 선교 센터로, 말씀 집으로, 전도 공동체로 만들어 왔는데, 이 결과, 기존 교회와 틀을 넘어서 일터가 교회가 되었습니다. 목회의 실천신학을 적용한 것이며, 이를 체계화하고 신학으로 정립하여 한국뿐 아니라 세계교회의 미래에 기업과 교회의 연관성을 연구결과를 통해 정립했습니다. 본서가 출간됨으로 한국 교계 지도자와 교회는 시대적 사명에 눈을 뜨게 할 것이며, 전통적 교회의 역할에서 목회실천(praxis)의 장을 열어줄 것입니다.

김동연 목사는 학문적으로 잘 정립되어 신학적 정체성이 분명하고 성경이 능하며 선교와 목회에 누구보다도 열정이 있어 이 열매를 맺어 신학 박사학위를 수여받았습니다. 본서가 목회자의 교회관과 목회관이 새롭게 정립되기를 바라며 평신도 사업가에게는 그들의 일터가 곧 교회 역할을 하는 새 기업관과 교회에 대한 새로운 인식이 열어져 하나님 나라 건설에 귀하게 쓰임 받기를 바랍니다. 미래 한국교회가 세상과 교회 간에 갈등을 극복하고 세상에 하나님 나라를 건설하는 새 역사를 만드는 계기가 되기를 소망하며 본서를 적극 추천합니다.

웨스트민스터신학대학원대학교 총장/새창조교회 담임목사

총장 정 인 찬 박사

일터교회의 영성 성숙도와 사역 유형별 연구

저자 김동연 목사님은 일터현장에서 일터와 교회, 일터와 선교의 접목을 위해 새로운 패러다임을 열어가는 뉴프런티어입니다. 일터교회, 생소한 이름 같지만 그러나 '일터 따로', '교회 따로'라는 양분법적 논리를 깨고 일터는 곧 교회이며 교회는 일터를 향해 문을 열어야 된다는 논리는 정당하고 신선합니다. 성경이 말하는 교훈들과 개혁자들의 '일의 신학'을 심도 있게 다룬 통찰, 그리고 일터교회와 일터선교의 지평을 열어가고 있는 예지가 빛나고 있습니다. 본서가 한국교회의 부흥의 새로운 대안과 세계선교의 이정표를 세우기를 바랍니다.

박종순_(사)한지터 대표자 목사/충신교회 원로목사
Park, Jong-soon_Presidents Pastor of Han Ji Ter/ Pastor Emeritus of Chung-shin Church

나는 이 책을 단숨에 다 읽었는데, 아주 도전적이며 맛깔스러우며, 말 그대로 저자는 21세기 선교전망과 그 대안을 제시하고 있습니다. 저자는 Job News/ Solomon Search의 CEO이면서 일터교회 목회자이다. 저자는 <일터교회>를 미래 구원사역에 새로운 패러다임으로 제시하면서, 피터 와그너의 "일터교회가 오고 있다."는 선교학적인 고찰과 칼빈, A. 카이퍼 같은 개혁주의자의 '영역주권 사상'을 배경으로 하나님은 제도적 교회뿐 아니라 우리 삶의 현장에서 왕이시며 주권자 되시며 영광, 존귀, 찬양을 받으셔야 할 것을 역설하고 있습니다.

정성구_한국칼빈주의연구원 원장, C-STORY 운동 총재, 총신대, 대신대 전 총장
Chung, Sung-koo_President of Korea Calvinistic Institute, and C-STORY

김동연 목사님은 우리 백석총회에서 특수한 사역을 담당 하시는 일터 전문가입니다. '사역'과 '일'이라는 기본적인 개념을 넘어 모든 삶의 현장을 사역지로 바꾸는 변혁적 리더십의 소유자입니다. 교회의 본질을 놓치지 않기 위해 일터사역에 대한 성경적, 신학적, 역사적 고찰로 일터 교회의 정체성이 확립될 것입니다. 이 저서가 세상을 변화시키는 영적 생명력을 갖춘 많은 일터 사역자를 배출하여 복음의 새로운 지평을 여는 아름다운 사역이 시작되리라 확신합니다.

장종현_백석학원 백석대학교 설립자, 예장백석총회 총회장 목사
Jang, Jong-hyun_Founder of Baekseok University

추천하는 글

일터는 우리의 주중 사역지이며, 주중 교회이고. 일하는 손끝의 움직임은 예배 행위입니다. 비지니스맨은 일터의 제사장이다. 하나님은 소수의 사람을 복음의 전임 사역자로 사용하시며, 대부분 사람을 주중교회의 사역자로 불러 일터로 파송하십니다. 일터에서 하나님의 임재와 영광을 드러내고, 하나님의 나라를 펼쳐나갑니다. 저자는 일터의 증인이요 목회자로서 이 혁명적 깨달음을 성경과 개혁자들의 일터신학에서 보았습니다. 이 책이 일터의 새로운 변혁의 도구가 되며 이 땅의 일터사역자들이 한국을 거룩한 일터 사역지로 만들 것입니다.

김상복_횃불트리니티신학대학원대학교 총장, 할렐루야교회 원로목사
Kim Sang-bok_President of Torch Trinity Theological Seminary

생소한 일터교회에 대하여 많은 분량의 소개가 필요함에도 이렇게 얇은 책으로, 그 이슈와 신학 그리고 역사 나아가 실제적인 적용과 문제점 등을 시도한 저자의 추구가 놀랍기만 합니다. 이 책은 보통 어느 글보다도 특별한 사역이 필요한 일터사역자들 뿐만 아니라 이에 대한 관심과 그리고 21세기에 창의적 선교를 시도하는 모든 선교 지망생들에게 일독을 권하고 싶은 책이기를 추천합니다.

한정국_전,KWMA, (사)한국세계선교사협의회 사무총장
Han, Joeng-kuk_Pastor, Former Secretary The Korea World Missions Association

그리스도인은 세상과 구별된 존재이지만, 세상 속에 존재할 이유가 있는 사람들입니다. 오늘날 교회 문제는 세상과 담을 쌓으면서 생겨났습니다. 교회는 세상을 향해 흘러야 하고 성도는 세상 속에서 변화의 주체로 살아야 합니다. 그런 의미에서 그리스도인에게 일터는 생계의 수단이 아니라 헌신의 통로입니다. 저자가 펴낸 이 책은 일에 대한 성경적 관점과 일터사역의 이해를 돕고, 이 시대가 요구하는 선교적 교회의 영성 성숙을 주도하며, 성도들의 소중한 지침서가 되어줄 것이며 한국교회 부흥의 바람을 일으킬 것을 확신합니다.

이재훈_온누리교회 담임목사
Lee Jae-hoon_Senior Pastor, Onnuri Church

한 사람을 추천한다는 것은 그 분을 모르고서는 쉽지 않은 일입니다. 김동연 목사님을 일본에서 만나 지금까지 교제하는 중에 일터가 사역의 현장이라는 정

Recommendation

신을 가지고 자신의 열정을 다해 헌신적으로 섬기시는 모습을 발견하니 기뻤습니다. 평신도 선교, 전문인 선교, 자비량 시대를 열어 주신 주님의 비전을 가장 먼저 보고 실천하는 저자가 가장 적절한 시기에 귀한 책을 출간한다는 소식에 기뻤습니다. 이 책을 통해 수많은 브리스길라 아굴라 부부가 나오고 마지막 임무를 감당하는 비지너리들의 선교시대가 열리기를 기원합니다.

임현수_ TMTC 이사장, 캐나다 토론토 큰빛교회 원로목사
Lim, Hyun-soo_Chairman of TMTC/ Pastor Emeritus of Canada Toronto Big Light Church

김동연 목사는 목회자이며 CEO입니다. 그는 교회도 알고 일터도 알고 있으며, 그래서 일터교회에 대해서 신학적, 이론적으로 현실의 경험을 토대로 다 기술했습니다. 이 책의 부피는 크지 않지만 그 책이 담은 내용은 방대하며, 일터의 양면 문제를 잘 어필했습니다. 일터사역의 성경적, 신학적, 역사적 근거를 총망라해서 제시했습니다. 일터의 현장에서 사역하는 분들에게 도움이 되겠고, 또 이 분야에 대해서 연구하려는 사람들에게는 아주 효과적 자료가 될 것입니다.

방선기_직장사역연합, (사)일터개발원 대표자 목사
Bang, Sun-ki_Pastor of Workplace Ministry Fellowship/Workplace Development Institute

일터에 목회자가 서야 할 이유를 일찍이 주장한 김동연 목사님은 특정 장소를 가리지 않고 일터에 교회가 세워져야 한다는 시대적 사명을 위해 헌신된 일꾼입니다. 사도행전 두아디라 성의 자주 장사 루디아는 바울을 만나 바로 그곳에 빌립보 교회를 세우는데 큰 역할을 감당한 여인이었습니다. 세계 일터가 목회지가 되어야 하며 그 사명의 시작은 일터 교회일 것입니다. 일터 교회를 통한 하나님의 역사가 한국과 전 세계에 퍼져 일터교회 사역에 헌신하기 바랍니다.

남양우_국제사이버신학대학원 이사장 및 부총장
Nam, Yang-woo_ Chairman & Vice President, International Cyber Seminary

일터교회' 용어는 흔히 쓰이지 않지만 성경적인 교회의 모습을 한국 교계에 소개하기 위해 노력을 바쳐 저술한 김동연 목사님에게 축하드립니다. 21세기 마지막 때가 가까워오는 긴박한 시대에, 그 동안 빛과 소금의 역할을 소홀히 하여 한국사회로부터 날로 외면당하는 한국교회와 그리스도인을 일깨우시기 위해

추천하는 글

하나님께서 이 책을 펴내는 사명을 김목사님에게 주셨으며, 이 책이 국내외 그리스도인에게 읽혀져 하나님이 꿈꾸던 진정한 교회를 다시 회복하기 바랍니다.

이시영_시니어선교한국대표 장로,, 전 외부무 차관, 주유엔(UN) 대사
Lee, Sih-young_Former, Ambassador to the United Nations(UN)

일본 총인구 약 1억 2,710만 명중, 재일 동포는 70만 명 정도이며, 100만 명 정도에게 복음화가 되어 있습니다. 한국교회에서 일본에 많은 일터선교사를 파송하지만 "사회적으로 신뢰를 얻을 수 있는 전문지식과 언어의 능력과 영성을 겸비한 일터 선교사가 10만 명이 필요한 때, 김동연 목사님의 '일터 교회, 일터 선교'에 대한 저서는 21세기 일본 선교의 새로운 패러다임이 될 것이며 큰 돌파구가 될 것을 확신하면서 출간을 축하드리고 추천합니다.

조영상_일본 오아시스교회 담임목사 및 선교사
Cho, Young-sang_Pastor and Missionary of Oasis Church in Japan

국내 인재코디네이터-헤드헌팅 분야의 탁월한 CEO이자, 일터 교회에서 하나님 나라를 세워가는 영성이 겸비된 김동연 목사님의 출간을 축하드립니다. 21세기 선교의 화두 중 하나가 '일터교회'입니다. 기존 지역교회의 정체성이 Gathering Church였다면, 지금은 Scattering Church로서, 삶의 현장에서 김 목사님의 저술은 '21세기 선교전망과 그 대안'을 정확히 제시했음을 믿습니다.

감경철_CTS 회장
Gam, Kyung-chul, CEO of CTS(Christian Television)

김동연목사님은 만나면 복음의 열정이 회복되고 시대를 앞서가는 식견이 있으며 진취적이고 남보다 세상을 먼저 봅니다. 그리스도인이 일상의 삶 속에서 어떻게 주님을 증거하며 예배할 것인지, 직장과 사업체에서 어떻게 주님을 증거하며 예배할지를 고민할 때, 이 책은 그 고민에 대한 하나님께서 주신 해답임을 믿습니다. 지면마다 도전하며 일터교회로 초청합니다. 일터에서 어떤 사명으로 일어서야 할지를 보여줍니다. 여러분 모두를 이 책 안으로 초청합니다.

유관재_성광교회 유관재 담임목사
Yoo, Kwan-jae_Senior pastor, Sung Kwang Church

Recommendation

제가 아는 김동연 목사님(CEO)은 오랫동안 일터에서 하나님 나라의 통치를 구현하기 위해 노력해 오셨습니다. 그가 그동안 일터에서 부딪치는 신앙적 도전들이 응전해 오는 과정에서 진지하게 연구한 일터사역과 관련된 신학적, 선교학적, 교회론적 이슈와 실질적인 운영에 관한 제안과 사례들을 꼼꼼하게 정리하여 출판하게 됨을 축하드립니다. 기독교의 역동성을 불러오기를 소망합니다.

신갈렙_BTC , VISION MBA 대표, 선교사
Shin Caleb_CEO, BTC/Missionary, VISION MBA

김동연 목사님의 열정은 교회의 울타리를 넘어 직장에서 새로운 도전들을 성공적으로 사역하며 비전은 선교지를 향하고 있습니다. 세계선교의 정서는 최전방 이슬람권에서 선교사는 환영하지 않지만, 전문가와 비즈니스맨은 환영합니다. 저자는 선교사와의 협력을 통하여 일터사역을 선교현장으로 확대하고 있습니다. 최전방 선교지에서도 중동 북아프리카 이슬람권에도 일터사역이 절실히 필요합니다.

허드슨_중동이슬람권 선교사, 전 MVP선교회 본부장
Hudson_Middle Missionary, East Muslim

교회는 모이는 교회와 흩어지는 교회로 말합니다. 한국의 모든 교회는 모이는 교회를 갖추고 있는데 김동연 대표가 말하고 싶은 것은 일터공동체에 세워지는 예수공동체를 전하고 싶어합니다. 이를 일터교회라 칭합니다. 한국교세라정공㈜ 일터에 세워진 사랑의 공동체를 경험하며 가정과 일터에 하나님의 나라가 세워지는 꿈을 꾸며 쓴 글이기에 많은 독자에게 주의 마음을 전하리라 믿습니다.

전희인_한국교세라정공㈜ 전희인 대표이사, 충신교회 장로
Jeon, Hee-in_CEO,Elder, Kyocera Precision Co.,Ltd

이제 모두가 아는 것처럼 그리스도인의 삶에서 시간을 가장 많이 보내는 장소는 직장입니다. 이곳이 일터이면서 삶으로 복음을 전하는 선교지요, 삶으로 예배하는 교회입니다. 삶 속에서 일터에서 복음을 전하고 열매를 거두는 '일터교회', 이미 많은 곳에서 시작되었고 더 많이 확산될 것입니다. 이 책은 삶으로 복음을 전하고 함께 일하며 생명 있는 복음을 전하는 텍스트가 될 것입니다.

김석봉_㈜석봉토스트 대표이사 한국어린이전도협회 이사장 장로
Kim, Seok-bong_CEO, Seok-Bong Toast

| 책 앞에 다는 글 |

'일터 교회는 미래 구원사역의 뉴 패러다임이다'
(New Paradigm in Future Ministry of Redemption)
'주님과 함께 일합시다!'(Working together the Lord!)

21세기 마지막 때가 가까운 긴박한 시대에 그동안 빛과 소금의 역할을 소홀히 하여 한국사회로 부터 각성을 요구 받고있는 한국교회 앞에 또 그리스도인을 일깨우는 소명을 주신 하나님께 감사드린다. 본서는 일터에서 신앙적 도전을 받으며 그에 응전하는 과정에서 연구한 일터 사역과 관련된 신학적, 선교학적, 교회론적 이슈와 실질적인 운영에 관한 제안과 사례들을 꼼꼼하게 정리하여 출간하게 되었다.

본서에서 저자로서 교회도 경험하고 일터도 경험했기에 일터교회에 대해서 신학적인 이론으로 현장과 경험을 토대로 기술하였다. 본서는 일터 현장에서 일터와 교회, 일터와 선교의 접목을 위해 새로운 패러다임을 펼치고 있다. '일터 교회'는 생소한 이름이지만, '일터 따로' '교회 따로' 라는 양분법적 논리를 깨고 일터는 곧 교회이며, 지역 교회는 일터를 향해 문을 열어야 한다고 말한다. 본서는 '모이는교회'와 '흩어지는교회'로 시작하여 '핵교회'와 '확장하는교회'의 주제를 논한다. 일터 교회는 지역 교회 성도가 주중 5일 일터에서 예수의 공동체를 세워가는 사역이다.

성경이 가르치는 일터에 대한 교훈은, "교회가 주중 사역지이며, 주중 교회이고, 일하는 손끝의 움직움은 예배 행위"라고 한다. 본서는 이에 충실하여 개혁자들의 '일의 신학'을 심도 있게 다뤘다. 그리고 '일터 교회'와 '일터 선교' '일터 사역'의 지경이 넓혀지길 바라고 있다. 비지니스맨은 일터의 제사장이다. 하나님은 한 사람을 복음의 전임 사역자로 사용하시며, 많은 사람을 주중교회의 사역자로 불러 일터로 파송하셨다.

우리 교회 공동체로서 일터에서 하나님의 임재와 영광을 드러내고 하나님의 나라를 펼쳐나가야 한다.

저자는 일터의 증인이요 목회자로서 이 혁신적 깨달음을 성경과 개혁자들의 일터 신학에서 깨달았다. 이 땅의 일터 사역자들이 한국을 거룩한 일터 사역지로 만들어가기를 기도한다. 그리스도인은 세상과 구별된 존재이지만 세상 속에 존재할 이유가 있는 사람들이다. 세상 속에서 예수의 제자로 살아가는 그리스도인에게 일터는 매우 중요한 삶의 현장이다. 많은 교회가 일터의 삶과 사역에 관심을 갖지 못하는 일터 속에서 하나님의 나라를 이루어가는 것은 한국교회에 맡겨진 중요한 사명이다. 본서가 일터에 대한 새로운 사명을 감당하는 도구로 사용되기를 원한다.

교회는 세상을 향해 흘러야 하고 성도는 세상 속에서 변화의 주체로 살아가면서, 일터를 통한 평신도와 전문인 선교전략인 자비량 선교전략으로 열어가야 한다. 세계 선교의 정서는 이슬람권에서부터 세계적으로 점차 선교사는 거부하고 전문가와 비즈니스맨은 환영하는 추세이다. 한국의 세계 선교사 171개 국가 28,000여 명의 선교사와 협력을 통해 일터 사역을 세계선교 현장으로 확대해야 하는 당위(當爲)에 이른 것은. 최전방 어느 선교지라도 일터 사역이 절실히 요구되고 있기 때문이다. 저자는 본서를 통해 수많은 일터 선교 동역자와 비지너리들의 선교가 역동적으로 펼쳐질 날을 기대한다. 이 원고가 집필되면서 완성되도록 도움 주신 정인찬 총장님, 김선일 교수님, 최승근 교수님, 박병기 교수님, 주상락 교수님께 진심으로 감사의 말씀을 전한다.

저자 김동연 드림 Th. D., D.C.C.

일/터/교/회

| 목 차 |

일
/
터
/
교
/
회

일터 교회 영성 성숙도 연구

| Contents |

일
/
터
/
교
/
회

| 목 차 |

일 / 터 / 교 / 회

| Contents |

일 / 터 / 교 / 회

일/터/교/회

| 도표 목차 |

일
/
터
/
교
/
회

일 / 터 / 교 / 회

| 도표 목차 |

일 / 터 / 교 / 회

일터교회

>> 제 1 장 글을 시작하면서 …

1. 본 글의 주제와 부주제

한국교회는 이 글을 시작하는 장의 '일터 신학' 안에서 '일터 사역'이나 '일터 교회', 그리고 일터 선교의 주제를 요구하는 절실한 상황에 이르렀다고 보고 있다. 어느 때 보다 해일처럼 밀려오는 현실을 맞고 있으며, 바로 그 상황을 염두에 두고 있다. 본서는 이에 대한 마땅한 주제로서 '일터교회 사역 유형별 영성 성숙도 연구'로 설정해 보았으며, 부주제로는 '일터 신학의 관점에서' 생각해 보기로 한다. 현재 한국교회는 정통적인 근간에서의 교회와 복음의 수단에 근거한 어떤 해결책이라도 모색하려고 안간힘을 쓰고 있다. 그에 따른 일터 신학적인 관점에서의 일터 교회의 사역 유형별 연구에 맞는 대안을 찾아가면서 본 글에 대한 몰입도를 깊고 넓게 꾸며가도록 하겠다.

2. 전통적인 교회 사역에서 일터 사역으로

우리는 복음을 수용하면서 그동안 성경의 매개체를 통해서 전통적인 교회와 기독교와 교회, 신학과 믿음에 대한 전반적인 것을 이어온 것은 주지의 사실이다. 그리고 그 안에서 신학과 신앙, 그리고 영적인 믿음으로 구원의 공동체를 이루고 성령의 강한 역사로 세계 기독교 현장에서 이루지 못한 교회 급성장이라는 금자탑을 쌓은 것은 사실이다. 그러나 지금은 성장의 후유증을 앓듯이 이를 지탱해 오는 데만 급급하지 않았나 하는 반성을 해 본다. 그런데 미국이나 서구 교회로부터, 이 천년 대 전후로 한국교회와 그리스도인들에게 직장 안에서, '일터 사역' '일터 교회'라는 이슈가 회자(膾炙)되었다. 이에 대한 관심과 필요가 증폭되기 시작하면서 한국교회에도 '일터 사역'이나 '일터 교회'를 요구하게 되고 그것을 수용할 수밖에 없게 되었다.

제1절 이 책의 목적

<표 1> 기독교 일의 개념에 대한 인식변화

종교개혁 후에 기독교는 믿음의 영역을 이해하기 위한 다양한 연구를 시도하였다. 그중 믿음에 속한 노동과 그에 관계된 다양한 견해를 밝히기 위한 노력은 어제 오늘의 일이 아니었다.[1] 오늘의 '기독교 신앙'(Christian Faith)과 '노동의 관계'(Labor Relati- ons)를 규명하는 데 많은 관심을 쏟아온 것은 주지의 사실이다. 그 시기가 종교개혁 후부터 본격적이라는 것은 점차 성경적 진리를 그리스도인의 삶의 현실 가운데 현장에서 규명하기 시작했음을 의미한다.[2] 현대 개혁주의 신학을 대변할 수 있는 아브라함 카이퍼처럼, 칼빈주의나 개혁교회의 전통에서는 '하나님의 부르심'(God's Calling)이라는 일-노동의 또 다른 측면을 강조해왔다. 즉 개혁적인 시각에서 노동의 목적은 하나님을 높이고 인류를 번성케 하는 문화를 창출(創出)하는 것을 성경에서 명하는 교훈으로 받아들인다.[3]

철학의 지식은 그동안 인류에게 보편적 진리로 인식되고 보급되어온 논리였다. 나아가서 그 지식은 우리에게 일에 대하여 '천박적'인 개념을 많이 제공해 주었다. 철학적인 노동의 가치에 대하여 고대 그리스 철학이나 동양 철학 들에서는 사상의 가치에 비해서 하위에 속하는 것으로 평가 절하 했다고 볼 수 있다. 이에 반해, 유대-기독교적 전통은 성경의 창조 기사에 따라 노동의 기원을 신성하게 본다. 비록 인간의 타락으로 땅이 저주를 받았고, 노동이 힘겨워졌으나 기독교적 일-노동의 관점은 고대 사상에 비해서 긍정적이라 할 수 있다.

이에 연구자는 '일-노동'이라는 영역이 우리의 삶과 일터 속에 어떻게 융합될 수 있는가를 성경적, 신학적, 그리고 실천적 관점에서 연구하게 되었다. 따라서 본 논문은 일터신학적 관점에서 '일터교회의 사역 유형별 영성성숙도를 연구' 하고자 한다. 기독교적 일의 개념에 대한 인식변화로 신학에 비추어 볼 때 현재 일어나고 있는 일터 교회와 일터 사역 틀에서 얼마나 구성원들이 '영성성숙을 경험하고 있는지를 분석' 하고자 한다.

제2절 본 글의 문제점 제기

1. 일터 신학의 이슈-영성 성숙

근래 일터 신학에 대한 관심이 높아지고 있다. 대형교회들을 중심으로 일터사역을 실행하고자 한다. 그러나 일터 신학은 지금까지 사변적인 신학에 매여 있는 관계로 사역과 영성을 위한 실제적 역할을 충분히 담당하지 못하는 실정이다. 그러나 여기서 멈추지 않고 진정한 '일-노동'의 신학적인 문제를 성경적이고 교리적이며 역사적인 논리로 연구하여 정당한 학문적 논리를 갖추는 동시에, 오늘의 상황에서 일터 그리스도인들을 위한 영성 성숙을 진단하고 인도하는 데 도움을 줄 수 있는 연구가 필요하다고 본다.

2. 일터 교회의 이슈-일터 교회의 신학적 조화

특히 국내에서 한국 교회는 세계 어느 국가보다도 정통성과 보수성을 강하게 지니고 있다. 이러한 현장에 젖어있던 우리에게 일터 교회라는 정서가 선뜻 우리에게 와 닿지 못하는 감(感)이 있었다. 그러나 세계 교회, 특히 미국 교회 현장에서 일터 교회 문제를 80년대 초반부터 이슈화시켰으며, 이제 한국 교회도 논리적으로나 정서적으로 충분히 받아들이는 환경이 조성되었다. 또한 '일-노동'의 특성상 쉽사리 환경적으로 정착하기가 어려운 조건이 있지만, 워낙 거센 요구가 한국 교회 현장과 일터 현장에서 있으므로 일터 교회와 그에 대한 사역은 순순히 그 자리를 잡게 되었다고 볼 수 있다. 그래서 본 글에서는 일터 신학과 일터 교회의 조화를 추구하고자 한다.

3. 일터 선교의 이슈-새 패러다임 요구

현대 세계 선교현장은 전통적으로 선교사를 보내고 받던 패턴에서 이젠 새로운 패러다임의 전환을 요구하고 있다. 1980년대 이전 까지는 각 국가 마다 전통적으로 사역하던 선교사의 비자를 자유롭게 보장해 주었다. 하지만 점차적으로 그 비자를 제한하는 추세이다. 그래서 다른 대안으로 일터선교사로서 직업을 가지고 입국하여 그 나라에 머무름의 자유를 최대한 보장받으면서 사역할 수 있는 이점(利點)을 살리고 있다. 그러므로 일터(직업전문)선교사를 파송하는 교회와 선교단체가 늘고 있다. 본 글은 이런 점을 부각하여 그에 대한 사실들을 차분하게 하나씩 정리해 가게 되었다.

4. 일터 사역의 이슈-주중 사역으로 확대

한국 교회의 목회 방법은 주말을 중심으로 하는 1, 2일 사역이라고 표현하고 싶다. 실제적으로 주중 5일 사역은 아예 생각도 못했다. 혹시 그런 계획이 있더라도 우리의 목회 현장에서 시도조차 하기 힘든 이질적인 목회 환경이 되었다. 스킬이었다. 따라서 교인들의 주중 생활을 위한 일터 사역이 어쩌면 한국 교회가 관심 가져야 할 대안적 사역이 될 가능성이 있다. 사실, 주말의 하루나 이틀 정도의 사역보다는, 주중 5일 정도의 사역이 효과적일 수 있다는 논리가 목회(사역)자에게 더 설득력을 지니고 있다. 그렇다고 주일 사역을 외면하고 아예 주중으로 돌리자는 말은 아니다. '주말 사역'에서 '주중 사역'으로 확대(Expanding from 'weekend ministry' to 'weekday ministry')하자는 말이다.

이 글은 이러한 이슈들에 대하여 고심한 나머지 효율적인 대안을 제시하고 새로운 패러다임의 '목회 패턴'(The pastoral pattern)의 터전(A place)을 펼쳐 놓겠다는 말이다.

제3절 이 책의 연구의 배경과 중요성

1. 성경의 개념 적용을 위한 일터 교회, 일터 사역

논문 연구의 배경으로서 일터 교회와 일터 사역의 현장은 비교적 성경의 개념을 적용해야 한다는 과제를 가져야 한다고 생각한다. 한국 교회에서는 사무실이나 직장 안에서의 믿음의 활동을 일터의 모임이며 그에 따른 공동체의 활동으로 보면서 시작되는 경우가 많다. 그러나 기독교 신앙과 일터 사이를 분리하지 않고 현실적으로 그 상황을 받아들이며 신앙의 목적을 위하여 모임을 갖는 것이, '일터 교회', '일터 사역'의 개념으로 인정하는 경향이 있다. 그래서 논문 연구의 배경의 이슈로서 예전의 직업관이나 노동-일에 대한 관념을 재도입하여 본래적인 성경이 말하는 개념을 확인하면서, 일-노동에 있어서 종종 간과되었던 일터 영성성숙의 사역적 중요성을 분명하게 밝히고 그 대안을 타당성 있도록 제시하고자 한다.

2. 삶의 현장 경험을 통해서 얻는 일의 신학

논문 연구의 또 다른 배경으로서 일터 신학은 상아탑에서의 학문적인 노력만이 아니라, 삶의 현장에서부터 우러나와야 한다는 점을 고려하고 있다. 캐나다 리젠트칼리지에서 '장터 신학'(Theology of Marketplace)과 '리더십'(Leadership) 분야의 교수를 역임한 바 있는 폴 스티븐스(R. Paul Stevens)는 자신이 일의 현장 경험에 신학을 응용하여 일의 신학을 발전시켰다. '일의 신학'은 근대적 신학 개념으로써 서방으로부터 소개되기 시작했다.[4] 스티븐스 교수는 '삼위일체 신학', '창조 신학', '성령 신학', '하나님 나라 신학' 등에서 공통적으로 언급하고 있는 논리는 일에 대하여 삶의 현장에서 실제적인 체험을 통하여 신학적 주제로 풀어가야 함을 말한다.[5] 앞으로 한국교회에서 필요한 일의 신학은 일터에서 형성된 믿음의 공동체와 신자들의 일터 경험들을 주된 관찰 대상으로 삼아 이러한 현장을 위한 성경신학과 조직신학, 그리고 실천신학이 함께 하는 구조여야 할 것이다.

3. 제도적 노동은 일터 사역을 일으키는 수단

빌 하이벨스는 '노동-일'은 그 어떤 만족을 제공하는 통로라고 한다. 많은 사람들은 죄가 이 세상에 들어온 이후로 만족감이나 성취감을 거의 느낄 수 없거나 느끼기 힘들게 됐다고 생각한다. 그러나 직장(제도적 그룹)은 다양한 사람들에게 균등한 기회를 제공한다. 업무를 마치면 그 대가로 짧지만 만족감을 갖는 것에 대한 표현을 이렇게 한다. "일하는 사람들은 복잡한 서류에 사인을 하고 상당한 액수의 거래를 마친 영업사원, 논문의 마지막 페이지를 끝낸 학생, 막내 아이를 잠자리에 재운 엄마, 새로운 치료법을 발견한 의사, 추수를 끝마친 농부, 앙코르 연주까지 마친 음악가, 청소를 다 마친 일용 잡역부, '수업 끝!'하고 말하는 선생님, 마지막 벽돌을 쌓은 벽돌공 등, 이 모든 사람들은 일생 동안 노동-일을 통해 성취감을 맛보는 행복한 순간을 수없이 맛봤을 것을 짐작하게 한다."[6]

이러한 하이벨스의 진단은 본 글의 관심사인 일터에서의 영성 성숙을 통한 만족감과 연결된다. '노동-일'을 통하여 성취감을 쟁취한 그리스도인(시128:2, 살전4:11-12)은 자신에게 부여된 일을 하므로 그 대가로 외부적으로 부족함이 없는 상태를 나타내 보인다. 그러나 현실적으로 한국 교회와 그리스도인들이 일터(직장)에서 성취감과 행복을 얻고 있는가? 그리스도인 그룹은 집단적 공동 목적으로 노동-일을 어떤 형식으로 추구하고 있는가? 한 인간으로서 이런 일-노동의 수단을 통해 그들이 사회적인 요구에 응하면서, 일터 교회와 사역을 위한 공동체를 꿈꿀 수 있는 가능성은 얼마나 되는가?

본 글은 이런 질문들을 염두에 두고, 실제 일터교회의 현장에서의 사역자들과 그리스도인들이 경험한 사례들과 견해를 타당성 있게 수집하며 이에 대한 성경적이고 신학적인 근거 위에서 실천적인 평가를 제안할 것을 약속한다.

제4절 조사 질문 및 본 글의 한계

1. 일터 사역 공동체 교회의 필연적 수용

"일터에서 일하는 하나님의 백성들이 적합한 형태의 교회라는 새로운 개념은 많은 사람에게 혁명적 발상이다"라고 와그너가 피력한 한 것을 보면,[7] 일터 교회에 대한 발상과 도입은 전통교회 위에서 이천년 동안 굳어오면서 매우 힘들 것이라는 예측을 하게 된다. 와그너는 어차피 변화의 소용돌이 속에서 오늘의 상황이 일터 교회라는 새로운 이슈를 받아들일 수밖에 없는 상황에 놓여 있음을 볼 수 있다.

2. 새로운 일터 교회의 주체

새로운 일터 교회의 주체는 지역교회와 이미 그 공동체의 일원이 된 그리스도인이 중심이 된다. 그들에게 궁극적으로 사회변혁을 이루어 가야 하는 '대위임령(Great Mandate)'이 주어졌다. 그러나 직장 안에서 일터의 신앙공동체에 대한 지역교회의 부담감은 그 필요만큼 비례하며 드러나고 있다. 왜냐하면 세속적인 삶의 현장에서 거룩한 '일터 교회'라는 적용이 만만치 않기 때문이다. 어차피 국내 기독교권이나 그리스도인들에게 직장에서의 일터 교회 공동체들이 설립되어 각자의 일을 통하여, 아모스 5:24의 "오직 공법을 물 같이, 정의를 하수 같이 흘릴찌로다" 말씀처럼, 그리스도인의 영향력을 흘려보내며 사회변혁의 주축이 되기를 바란다. 또한 기존의 지역교회와의 대립이나 분리가 아니라, 일터교회와 지역교회가 협력하는 비전을 가질 필요가 있다.

제5절 이 책의 전개 방향

본 글을 시작하는 서론에서는 한국교회에 '일터 사역'이나 '일터 교회'를 요구하는 상황이 노도처럼 밀려오는 현실을 맞는 상황을 말하고 있다. 현재 한국교회는 교회와 복음의 사역을 위한 방향을 새롭게 제시하는 대안을 필요로 하고 있다. 그리고 그에 따른 일터 신학의 일터 교회, 일터 선교, 일터 사역에 대한 이슈를 제시한다.

2장은 일-노동'과 '일의 신학'에 대하여 살펴본다. '노동-일'에 대한 성경적 원리와 '일터 교회'의 용어, '일-노동'에 대한 개념 정리로서 하나님과의 관점, 철학적 관점, 일반 학문과의 관점 등을 살펴본다. 또 일에 대한 성경적 관점으로서 구약, 신약, 그리고 교회와의 관점 등도 연구한다. 한국교회의 일-노동과의 전통적인 관점에서 패러다임 전환을 요구하는 이슈와 일의 신학의 관점과 영적인 측면에서 '일의 훈련과 일터 사역', 그리고 일터 사역의 공동체의 자세를 살펴볼 것이다. 구속사의 큰 그림 속에 확대(일터) 교회로서 세속성을 주시하는 것과 직장은 새로운 선교현장이라는 이슈를 부각시켜 일터 훈련을 선행적으로 연구하여 일터 사역을 발전시켜 가게 한다.

3장은 '일터 교회 사역현장에 대한 방향 제시'의 선행연구의 장으로서 다음 주제로 일터의 사역현장에 대한 구체적 방향을 제시한다. 이를 위해 먼저 일터 교회 사역의 운영문제를 해결하며, 일터교회가 소속한 회사의 CEO의 설교사역 참여문제, 주일에 영업하는 문제, 일터교회 헌금관리 등을 다룬다. 또 일터 교회 공동체의 방향 제시로서 CEO와 전임 사역자의 사역 동참문제, 일을 어떻게 대해야 하는 문제, 그리고 일을 하는 자세 등을 다뤄볼 것이다.

4장은 '일터 선교 공동체와 선교'에 대한 주제이다. 일터 선교(공동체)와 선교 사역을 위한 부르심은 일터 선교의 대 위임령에 근거한 것이므로 그에 따른 다른 주제로서 '일터 교회는 세속 가운데 어떤 존재와 무슨 사명으로 일할 것인가? 그리고 '일터 선교(공동체)로서 선교론을 어떻게 정립할 것인가를 고민하면서 실제적인 일터 현장 가운데서 부여받은 선교 사역을 어떻게 수행해 가야 하는가?' 또 세계 선교적인 상황과 더불어 일터 선교사와 회사 관계를 생각해 본다.

5장은 솔로몬일터교회의 현장인 일터에서 복음 전도의 '사회적인 상황'과 '훈련계획'에 따라 사명을 감당하는 공동체의 사역을 소개한다. 첫째, 솔로몬일터교회가 사회 상황에서 일터 사역을 펼쳐가기 위한 '교회 비전'과 '교회 사명'을 확인한다. 둘째, 솔로몬일터교회의 지나온 발자취를 회고하면서 현재 위치한 지역사회에서 일터 선교사를 양성하면서 선교적 사명을 얼마만큼 감당할 수 있을까를 검토한다.

6장은 '솔로몬일터교회 현장연구로서의 분석과 결론' 부분이다. 내용적으로 솔로몬일터교회의 교육계획에 의해 훈련된 결과로 설문자료로 삼아 총 8개 기관(4개 일터 교회를 운영하는 직장(기업)과 4개 일터 사역과 훈련프로그램을 운영하는 교회)을 통해서 수집했다. 그 자료를 '통계코드'로 작성하여 '칼라그래프'로 분석을 시도했으며, 그 결과들을 상세하게 제시해 놓은 장이다. 아울러 '본 글의 향후 연구과제와 대안'을 제시한다.

7장은 이 책의 결론으로서 현재 교회와 복음의 사역을 위한 대안으로서 한국 교회가 아닌, 일터 교회가 새로운 패러다임으로서 그에 관한 대안과 수단이 되는 것을 제안하는 것이다. 한국 교회로는 더 이상 한국 사회와 기독교계를 개혁해 갈 수 없다는 결론에 이르렀다는 것을 다 수긍하고 있다. 본서는 일터 교회가 예리한 분석과 거침없는 개혁을 감행할 수 있다는 점을 고민하면서 작성되었다. 일터 신학적 관점에서 일터 교회, 일터 선교, 일터 사역, 일터 현장 등 사역 유형별 영성 성숙도를 연구하면서 그 방향을 제시한다. 가능한 실행 가능한 대안을 찾아가도록 하며, 다음 2장은 '일-노동'과 '일의 신학'에 대한 고찰'을 연구한다.

일 터 교 회

1부 일터 사역에 대하여
About Workplace Ministry

≫ 제 2 장 '일-노동'과 '일의 신학'에 대한 고찰

'일-노동'과
'일의 신학'에 대한 사역

제1절
'일 - 노동'에 대한 성경적 원리

'일-노동'과 '일의 신학'에 대한 살핌'을 주제로 생각한다. '일-노동'에 대한 성경적 원리와 '일터 교회'의 용어, '일-노동'에 대한 개념 정리로서 하나님과의 관점, 철학적 관점, 일반 학문과의 관점 등을 살핀다. 또 일에 대한 성경적 관점으로서 구약, 신약, 그리고 교회와의 관점 등도 생각한다. 나아가서 한국교회의 '일-노동'과의 전통적인 관점에서 패러다임 전환을 요구하는 이슈 등도 확인하며, 일의 신학의 관점, 종교개혁자의 일의 신학적 관점 등도 함께 살펴본다.

1. '일-노동'은 거룩한 흔적

인간은 하나님의 형상대로 지음받은 일꾼들이다. 우리는 하나님이 일 하시는 것처럼 인간도 일하도록 부르심을 받았다(창1:28).[8] 그러므로 "일은 선한 것이며 본질적으로 거룩하다"는 것이다. 하나님이 인간에 게 문화적인 명령을 주실 때, 하나님께서 자신이 하실 수 있는 창조 적인 일을 즉흥적(卽興的)으로 하지 않으셨다. 오직 창조주이신 하나 님만이 하실 수 있는 사역을 만세 전에 예정한 대로 행하셨다. 그리 고 피조물인 인간의 최초 조상 아담과 하와에게 본질적으로 '일-노동' 이 함축된 일, 세상을 관리하는 일을 맡기셨다. 하나님께서는 비록 창조주이시면서 피조물의 인간인 우리에게 하나님을 대신해서 당신의 일을 맡겼으므로 그 결과는 잘해줬으면 하는 암묵적인 계시(Implicit timing)였다고 본다.

하나님은 인간을 이 세상을 운영하시는 동역자로 삼으셨다. 우리는 인간의 조상에게 맡겼던 일을 장구한 세월을 지난 오늘에도 위임받아 계속 진행하고 있다. 거룩한 사역, 그 일을 하므로 세상을 재창조해가 며 문화를 만들며, 사물을 생산하고 아름다움을 형상해 간다. 즉 일은 우리의 흔적으로서 그것은 차마 거룩하다고 말할 수 있겠다.[9]

2. 하나님이 진지하게 생각하는 일

지식의 세계나 인간의 기본적인 관념 세계에서는 일을 낮은 차원으로 인식한다. 그러나 일에 대한 하나님의 판단은 상당히 진지하다고 볼 수 있다. 팀 켈러(Timothy Keller)는 그의 저서, 『일과 영성』, (Every

Good Endeavor)에서, "종교 개혁자 말틴 루터는 일에 대하여 '영적인 분야'와 '세속적인 분야'로 나누는 처사에 분개했다." 그리고 계속해서 "이원론은 [성(聖)과 속(俗)을 가르는 장벽을 설명하는데 쓰는 말로서], 죄와 일반 은총, 하나님의 뜻과 섭리에 대한 얄팍한 이해가 낳은 일차적인 피해다"라고 주장했다.10)

<표 2>   '일-노동'에 대한 개념 정리

주체	정의	설 명	관념	비고
하나님	천직 (calling)	Calling-인간, 일하도록 부름받음, 자신의 일을 인간에게 위임함	암묵적 계시	인간-일의 파트너
플라톤	질료 (metter)	형상-높은 차원의 이데아로 본다. 일-낮은 차원의 질료로 본다	낮은 질료	일손 놓은 상태 -최고 인정
아리스 토텔레스	일-목적 아님	한가(행복) 얻기 위해 바쁜 일 함. 행복은 여유 제공함, 일과 반대됨	땀이 행복 조건 못됨	한가함 가치- 행복 그 자체
일반 철학	야만적	인간이 할 짓이 못됨 인간-최고 본질은 관조하는 철학	얕잡아 봄	이분법 사고- 철학, 일 분리

개혁주의 신학자나 믿음의 선배들은 직업이나 일에 대한 개념을 극히 성경적으로 보고 있다. 인간이 정한 통속적인 관념이나 전해 받은 상식과 규범에 따라, 일에 대한 성과 속을 구분한 모순을 가지고 있다는 것을 유념해야 할 것이다. 특히, 현대사회의 기독교 사역 현장에서 별다른 여과 없이 이런 모순과 사고들이 발생되는 것을 교회 지도자나 성도들이 깨달아야 할 것이다.

3. 낮은 차원의 '질료'와 같은 수준-'일-노동'

또 다른 일의 개념을 말할 때, 플라톤(Plato)의 견해를 소개할 필요가 있다. 아담 스미스(Adam Smith), 칼 마르크스(Karl Marx), 막스 웨버(Maxx Weber), 벤자민 프랭클린(benjamin Franklin)의 노동과 일에 대한 개념과 주장에서 플라톤(Plato)이 말하는 일의 개념은 '형상' 과 '질료'의 차이를 가장 심한 차이를 두고 있었다.[11]

> 플라톤의 관심은 높은 차원에 있었다. 이 차원이 잠깐 있다가 없어질 영역보다 더 우수하다고 믿었다. 플라톤 사상은 자연계인 피조물과 엄격히 구별되는 영적인 세계가 있다고 믿는다. 절대불변의 우주적 진리를 추구했고 그 진리를 두 차원 가운데 더 높은 차원으로 간주했다. 이 높은 차원을 플라톤은 영원불변한 이데아인 형상(form)으로 불렀고, 낮은 차원을 질료(matter)라고 명명했다. 낮은 차원은 잠깐 있다 없어지는 것이요, 육적인 것이다.

플라톤은 일에 대하여 높은 차원의 영적인 세계를 비교하여 낮은 차원의 질료와 같은 수준의 '일-노동'으로 간주했다.[12] 이 영적 세계는 성경에 기록된 하나님 나라를 염두에 두고 말한 것과 다르다. 플라톤이 말하는 영적세계는 단지 철학을 바탕으로 하는 관념적 세계이다.

4. '노동-일'을 야만인이 하는 일로 여김

여가(閑暇)와 무위(無爲)는 경제적인 활동이나 정치적인 활동에서 벗어난 상태, 아무 일도 하지 않는 상태를 플라톤은 철학의 전제로 삼고 있다. 사람은 일손을 놓고 한가로운 상태에서 비로소 육신의 욕구에서 벗어나 사물의 본질을 관조(觀照)하는 철학을 할 수가 있다는 것이 그의 논리이다.

이밖에 오늘의 학교(school, schule)는 헬라어(그리스)의 여가(schole)에서 나오고, 이론(therory, theorie)은 헬라어의 관조(theoia)에서 유래한 것이다. 그런데 흥미 있는 것은 우리가 '여가'를 '일을 하지 않는 상태' 또는 '일손을 놓는 틈'을 비노동의 상태인 '무위'로 여긴 나머지 개념화하고 있었다는 사실이다.

5. '노동-일'을 생존을 위한 선한 일로 간주

이와 반대로 폴 스티븐스는 "생존을 위한 일은 일의 귀천을 떠나서 귀하고 선한 일이다"라고 했다.13) 그는 이어서 "생존을 위한 일은 경건한 일이다. 하나님께서 함께하시는 일이다. 생존을 위한 일은 자신의 가족을 위한 사랑으로, 혹은 이웃을 사랑하는 마음으로 할 수 있는 일이다"고 했다.14) 일이 인간의 무료함을 달래주고 여가를 제공해주는 개념과 상충되는 일-노동은 생존 그 자체요, 선한 일이라 했다.

제2절
'일터 교회'의 용어 및 개념

1. 일터 사역 공동체의 발생 동기

기독교에서 일에 대하여 성경적 관점과 신학적인 개념으로 정의하고 있다. 이것은 성경적으로 개혁주의 신학자들의 주장이 종교개혁 이후부터 계속 추진해 왔던 것을 전제(前提)로 한다. 그러므로 기독교 신학자들은 기독교 공동체 안에서 사역으로 행해지던 '일'(labor)을 '일터 교회'와 연결시켜 정제된 개념으로 정리하고 싶어 한다.

〈표 3〉   일터 안의 교회와 일터 교회

일터 안의 교회	The Church In the workplace
The Church of The Workplace	일터의 교회 혹은 일터교회

물론 사역은 일반적인 일이 될 수도 있고, 믿음 안에서의 일이 될 수도 있지만 여기서 말하는 것은 어떤 일이든지 영역을 구분하지 않고 순전히 땀 흘려 일하는 것을 의미하고 있다. 미국 풀러신학대학원 피터 와그너(Peter C. Wagner)박사는 그의 저서, 『일터교회가 오고 있다』The Church in The Workplace에서 '일터 안'(In the workplace)에서의 '교회'(The Church)를 말하고 있다. 위에서 소개한 도표는 '일터 교회'의 고유명사화된 과정이다. 이에 논문 연구자가 나름대로 도표화하여 이에 대한 이해를 돕도록 해 보았다.

2. 일터 교회의 사용 동기

와그너가 이 용어를 사용한 동기는 2001년 6월 미네소타의 신앙의 한 모임에서 일터 사역에 대한 강의를 요청받으면서이며, 그는 기도 중에 이 용어에 대한 연구를 시작하게 되었다. 이에 대한 특별한 동기를 경험한 그는 '장터'(Marketplace)와 '일터'Workplace)라는 두 개

념을 생각하는 가운데, 직장(일터) 안에 거룩한 공동체인 교회로서 '일터 교회'가 고정된 것이다.15) 그리고 그 개념은 직장인들의 주 5일 근무하는 일터에서의 그리스도인의 믿음의 삶을 이어가는 거룩한 터전을 말한다.

〈표 4〉   일-노동의 의미

노동-avodah(경배)의 의미	עֲבוֹדָה(히, avodah)에서 유래16)
노동-일로서 하나님께 영광 돌림	그리스도의 **일터 공동체(교회)** 중심사역

'신앙과 일' 등 중요한 저술 작업을 통해 '일터'에 대한 사역을 꽤 비중 있게 전개한 오스 힐먼(Os Hillman)17)은, "'일'과 '신앙'을 구별했던 기존의 종교적 통념을 깨뜨리는 신자들의 자발적인 운동이 활발히 일어나면서 미국의 기업문화가 크게 바뀌고 있다"고 [포춘]지의 아티클에서 '하나님과 비즈니스'에서 소개했다.18) 이런 운동이 발생하게 된 간접적인 동기로서 이제는 매우 타당한 이유로 밝혀지는 분위기가 조성되지 않았나 싶다. 그러므로 직업(Job)은 소명(calling)과 동일한 차원으로 받아들이는 성경적인 근간19)을 들고 있는 경우가 많다.

3. 일-노동을 통해 예수 그리스도 소개

예수 그리스도는 공생애 3년을 시작하기 전, 30년의 사생애 동안 성경이 그를 비춰 준 모습이 무엇인가? 예수님은 주로 일을 통해서 소개했는데, 예수님은 노동자의 가정에서 출생했으며, 아버지 요셉과 함

께 서른 살이 되기까지 목수 일을 하셨다. 특이한 것은 신약 성경은 예수님이 대중 앞에 모습을 드러낸 횟수가 132회에 달했다. 그중 10번을 제외한 나머지가 일상의 일터에서 이루어졌다.[20] 그리스도인은 하나님으로부터 부름(calling)을 받은 그때부터 '일-노동'을 통해 하나님께 영광을 돌리는 수단으로 믿음 생활을 수행한다. '일-노동'이라는 말은 '경배'를 뜻하는 히브리어 '아보다'(עֲבוֹדָה)에서 유래했으므로, 우리에게 노동의 기쁨을 본래대로 회복시켜 주셨다.[21]

4. 새로운 목회 패러다임의 시사

국제일터사역연합(International Coalition of Workplace Ministries) 대표인 오스 힐만은, 1990년대 중반에 미국에서 일터 영성사역에 관한 기관은 단 한 군데에 불과했다고 한다. 그러나 약 8년 동안에 수백 개에 달한다고 한다. 지금은 14,000개 정도의 기관들이 신앙과 일을 통합하여 일하고 있다고 말하고 있다.[22] 이에 관련하여 피터 와그너(C. Peter Wagner)는 다음과 같이 증언하고 있다.

1980년대 기독기업연합(Fellowship of Companies for Christ)이나 국제기독상공회의소(International Christian Chamber of Commerce)와 같이 중요한 일터 사역이 조직되었지만, 괄목한 만하게 상승을 시작한 것은 1990년대에 들어와서이다.[23] 이런 현상을 무엇으로 표현해야 할까? 지금이야말로 그동안 전통(기성) 지역교회에서 주일 예배 등 일주일에 하루만 집중적으로 사역하던 목회 패러다임을 새롭게 구성해야 함을 시사(時事)하고 있다.

■ ■ ■ ■ ■ 지금은 '주일 교회' 사역, 7일에 1일(주일)에 한정되던 사역을 '주 5일 사역'으로 늘리는 뉴패러다임을 요구하고 있음을 간파해야 하겠다. 새로운 목회 패러다임은 '주 1일 사역'이 '주 7일 사역으로 사역 모드를 전환하여 혁신하는 것'이며, 그 주도권을 일터 교회가 주도하여 미래사회를 향해 나가야 한다 ■ ■ ■ ■ ■ ■ ■

제3절
일에 대한 성경의 관점

1. 구약의 관점

가. 구약성경이 말하는 일-노동의 관점

(1) 하나님의 관점은 신성함

구약 성경은 일에 대한 시각으로서 시종일관 일을 하나님이 세상을 다스리는 수단의 일부로 여기고 있다. 일은 본래 하나님의 의도가 담긴 순수하고 신성한 것인데, 인간의 죄 때문에 퇴색되어 버린 것이 아닌가? 다음 구약 성경 구절이 증거해 주고 있다.

> "아담에게 이르시되 네가 네 아내의 말을 듣고 내가 네게 먹지 말라 한 나무의 열매를 먹었은즉 땅은 너로 말미암아 저주를 받고 너는 네 평생에 수고하여야 그 소산을 먹으리라 땅이 네게 가시덤불과 엉겅퀴를 낼 것이라 네가 먹을 것은 밭의 채소인즉 네가 흙으로 돌아갈 때까지 얼굴에 땀을 흘려야 먹을 것을 먹으리니 네가 그것에서 취함을 입었음이라 너는 흙이니 흙으로 돌아갈 것이니라 하시니라"(창3:17-19).

<표 5>　　　　　　　구약 성경의 일-노동에 대한 관점

일-노동	하나님의 창조 사역, 세상을 다스리는 수단 등	창조 이전부터 창조 이후, 영원까지	세상을 다스림

일-노동은 인간이 하나님의 복을 받는 유능한 수단으로 받아야 할 것을 말한다(시128:1,2). 그러므로 일-노동은 하나님의 창조사역을 더욱 빛나게 하고 그 뜻을 깊게 새겨준다. 성경은 곳곳에 인간이 행하는 일-노동이 하나님께서 명하신 절대적인 명령에 준거(準據)하고 있다고 한다. 말씀대로 따라 일하는 자는 복을 받는 것은 확실한 계명임을 알아야 한다.

> "하나님이 그들에게 복을 주시며 하나님이 그들에게 이르시되 생육하고 번성하여 땅에 충만하라, 땅을 정복하라, 바다의 물고기와 하늘의 새와 땅에 움직이는 모든 생물을 다스리라 하시니라"(창1:28).

(2) 순종의 의미로서의 일

하나님께서 세상을 창조하신 후에 안식과 창조의 과정에서 필요하여 안식일을 지키라는 계명은 외형적인 목적이라고 할 수 있다(창2:3). 하나님께서 말씀하시는 안식과 그 안식일을 지키는 것에 대한 일이 순종을 요구하는 것이다. 일을 통해서 인간의 오락이나 놀이 차원, 인간 중심으로 즐기는 것을 의미하는 것이 아니다. 진정한 안식은 인간이 하나님께 드리기 위하여 일의 행위, 예배로 드리고 노래로 드리는 것들이다. 인간이 하나님의 창조를 통해 즐거움을 얻는 숭고한 행위, 그 자체가 본원적인 복이라는 교훈을 담고 있다(신5:12-16).

나. 모세오경의 일-노동의 관점

〈표 6〉   모세 5경의 일에 대한 관점

일-노동	일의 주체- 사람 하나님 백성, 일하는 현장 묘사	엿새 동안 일, 일곱째 날 안식	하나님 백성의 일상생활 주목

(1) 일하는 현장을 어필

성경의 처음 다섯 책이라 일컬어지는 모세오경의 일에 대한 관점은 다음과 같다. 일의 주체인 사람들의 일상적인 일의 모습들이 담긴 앨범으로 묘사된다. 하나님 백성으로서의 일하는 사람들에 의하여 일이 이어져 가는 일의 현장의 기록이다. 또한 그 일하는 것에 대하여 그리고 그들을 위한 일이 기록된 서책(書冊)임을 밝히고 있다.

> "엿새 동안은 힘써 네 모든 일을 행할 것이나 일곱째 날은 네 하나님 여호와의 안식일인즉 너나 네 아들이나 네 딸이나 네 남종이나 네 여종이나 네 가축이나 네 문안에 머무는 객이라도 아무 일도 하지 말라"(출 20:9-10).

(2) 하나님과 인간관계 본원적 설정

창세기는 하나님의 일하심으로 시작된다. 그는 우주의 처음이자 최고의 일꾼이셨음을 증명한다(창1:1-5). 또 그 분부하심에 따라 최선으로 일에 돌입하는 모세와 하나님의 백성과 모세의 주변 인물의 행위에서 일에 대한 절대적 사명을 보인다. 하나님과 인간의 관계를 성립할 수 있는 제반 문제의 본질과 원리적인 면에서 다루고 있다(창 2:4-25).[24]

2. 신약의 관점

가. 신약 성경이 말하는 일-노동의 관점

(1) 일은 구속 사역을 바라는 것

신약성경은 구약과 동일한 관념으로 일에 대한 관점을 다루고 있다. 신약의 성경 기자들은 일에 대하여 중요하게 기록하고 있으며, 일을 '그리스도의 노동' 즉 그분의 사역과 기적들과 구속 사역에 비추어 바라고 있다. "예수께서 이르시되 나의 양식은 나를 보내신 이의 뜻을 행하며 그의 일을 온전히 이루는 이것이니라"(요4:34). 구속 사역은 성자 하나님 예수 그리스도께서 홀로 이끌어가지 않는다. 성부 하나님께서 일의 궁극적인 목적이 되는 구속을 행하기에 예수 그리스도께서도 함께 그 일을 이끌어 가신다(요6:29).

〈표 7〉　　　　신약성경의 '일-노동'에 대한 관점

일-노동	그리스도의 사역, 기적, 노동, 구속 사역 등	30년 사생애 3년 공생애	구속 사역을 위함

(2) 일은 주님의 구속을 성취하는 것

하나님이 나사렛 목수이셨던 예수 그리스도를 통해 성육신하신 사역은 일이 필요하고 선하다는 교훈을 온전히 이루셨다. 그러나 일상적으로 그리스도의 일은 하나님의 백성이 필연적으로 이루어 가야 한다 (요 9:1-5), 그러므로 일_노동은 사명의 차원으로 하나님을 섬기는 기쁨과 자유 가운데서 이끌어 가야 한다.25)

나. 사복음서의 일-노동의 관점

특별히 복음서들은 일에 대한 가치로서 노동의 고귀함으로 말하고 있다. 그러나 일, 그 자체나 그 산물들을 하나님 나라의 대안으로 삼으려는 접근법을 금하고 있다. 오히려 예수 그리스도를 통해서 누리는 천국 시민의 고유적인 특권은 일이라고 교훈하고 있다(요 9:3,4). 그러나 구원과정에서 구원 이전의 일과 이후의 일을 확실하게 구분 지으며 복음적인 관점에서 일에 대한 사명을 밝히고 있다. 구원 이전의 일은 삶에 있어서 무의미하거나 자신을 중심한 육적인 삶이었지만 구원 이후의 일은 복음에 초점을 맞추고 영적인 삶을 이루어 나갈 것을 교훈적으로 보이고 있다(마 9:37,38).

다. 서신서가 말하는 일-노동의 관점

신약 성경에서 바울 서신의 13가지와 그 밖의 서신들은 '일'과 '일상생활'을 하나님을 섬기는 영역으로 인정하고 그에 마땅한 그리스도인의 삶을 이루어 갈 것을 주문하고 있다. 여기서 일은 '주의 일'로서 구속에 관한 일만으로 이해할 수 있지만, 그보다 더 깊은 교훈은 그리스도께서 우리를 죄 가운데서 건지신 이후의 삶을 말한다. 새로운 지위26)를 얻은 우리는 새로운 차원의 영적인 영역, 그 거룩한 영역 속으로 돌입하여, 과거에 동일하게 행하던 그 '일'에 대해 새 의미를 부여하여 실천하는 일은, 보통 일이 아니라 오히려 구원을 이루어 가는 '일'(It's not normal anymore, the work that is being saved)이다.

"그러므로 내 사랑하는 형제들아 견실하며 흔들리지 말고 항상 '주의 일' 에 더욱 힘쓰는 자들이 되라 이는 너희 수고가 주 안에서 헛되지 않은 줄 앎이라"(고전15:58)

〈표 8〉   서신서의 일-노동에 대한 관점

일-노동	하나님 섬기는 영역 인정, 노동, 일상생활 등	새 지위에 합당한 그리스도인 삶	주의 일에 힘을 쏟음

그리스도인을 하나님의 동역자로 보며(고전 3:9), 그들의 우선 과제가 복음을 진척시키는 일이라고 본다. 그러므로 노동을 근실하게 하는 것이 서신서에서는 단순한 의무나 율법 준수가 아니라, 그리스도의 사역에 감사하여 복음에 걸맞는 삶을 권면한다(빌1:27). 그러므로 일에 대한 가치를 생각할 때, 육적인 것과 영적인 것으로 분별의 관점을 가지고 일하여 그리스도인의 건강한 삶을 살도록 요구하고 있다(롬13:12).

라. 성경 전체가 말하는 일-노동의 관점

하나님의 말씀은 시작의 책, 창세기에서 그 결말의 책, 요한계시록까지 기록되어 있으며, 이 전부를 통틀어 성경(Scripture, The Bible)이라고 한다. 성경 전체를 통해 아담과 하와, 족장, 선지자, 제사장, 왕, 특히 다윗, 예수, 바울, 12사도, 사도 요한, 복음 전도자 등과 같은 인물의 삶을 들여다본다. 그러면서 성경적이고 신학적인 이슈를 말하거나 결론에 이르면서 무수하게 발생했던 성경의 역사와 사건을 보여주고 있는 특징을 지니고 있다. 성경의 세계는 다양한 배경에서 조명되

는 일상적인 삶을 볼 수 있는데, 그 삶에서 자동적으로 표출되는 것
이 일(work)과 노동에 대해 배우는 과정이자 성경의 통일성을 지지하
는 작업이기도 하다.27)

성경이 궁극적으로 보여주고자 하는 중심적인 교훈은 성부 하나님이
신 창조 사역과 성자 예수님의 구속 사역에서 찾을 수 있다. 인간은
타락하기 전만 해도 수고와 땀 없이 땅을 경작할 수 있는 능력을 가
지고 있었다. 하지만 타락 후에는 노동이 더 이상 기쁨이 되지는 못
했는데, 예수 그리스도의 죽음의 구속은 에덴동산에서 잃어버린 모든
것이 회복하는 계기가 되었다.28) 바로 이 뜻은 사도 바울이 성령의
감동으로 기록한 말씀 중에서 찾을 수 있다.

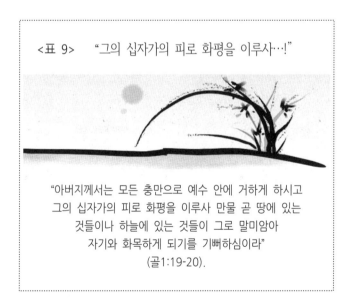

<표 9>   "그의 십자가의 피로 화평을 이루사…!"

"아버지께서는 모든 충만으로 예수 안에 거하게 하시고
그의 십자가의 피로 화평을 이루사 만물 곧 땅에 있는
것들이나 하늘에 있는 것들이 그로 말미암아
자기와 화목하게 되기를 기뻐하심이라"
(골1:19-20).

제4절
'일터 영성'의 정의와 '성숙'

1. '기독교 영성'의 정의와 '일터 영성'

'영성'(Spirituality)이란 무엇인가? 일반적인 영성은 인간이 종교나 수련을 통한 정신적 삶을 이루는 것이라면(각주), '기독교적인 영성'은 인간이 믿음을 통한 그리스도께 다가가 그를 닮아가는 삶이라고 할 수 있다. 이 삶에 대하여 다양한 표현이 있지만, 그중 하나로 말하면, 창조주 하나님을 아는데 눈을 바로 뜨는 사람들의 거룩한 삶이기도 하다.(각주) 이 거룩한 삶은 신령한 영역으로서 성령께서 그리스도인 안에 거하면서 능력을 베푸시므로 하나님의 계시된 뜻에 부합된 삶을 살게 되므로[29] 인간의 창조적인 본질을 찾는다. 영성은 인간의 존재론적인 의미에서 하나님을 인식하는 그 무엇이다. 피조물인 인간이 창조의 주인 되신 하나님을 상대로 자아(自我)가 절대적 하나님을 찾아가는 속성(Character)을 말한다.[30] 이 속성은 영성을 형성하는 거룩한 삶과 일을 하게 한다.

그래서 절대적 하나님을 찾아가는 '일-노동'의 과정에서 도출되는 일터에서 영성(靈性)의 본질을 찾을 수 있으므로 '일터 영성'(Workplace Spirituality)이라고 단언하게 된다.

가. 신학적 영성

신학적인 입장에서 영성과 신학의 관계를 뗄 수 없는 연합체(united)

로 보는 것은 하나님을 향한 추구의 속성으로서 절대 필요한 사역이기 때문이다.31) 곧 영성으로서의 신학은 성경을 근간(Original Source)으로 하는 신학의 원리(principle)로서 바르게 인식해야 할 가치가 있다. 바른 삶의 원리가 일반적인 법에 근거한다면 영적인 삶의 원리는 두말할 것도 없이 하나님의 법, 그의 말씀에 바탕을 두는 것이며, 그것은 곧 신학의 원리로 발전하고 조직화 되어 신학적인 영성으로 요구된다. 그러므로 신학적인 영성은 총체적인 삶을 낳게 되는 것으로서 영성의 진정한 삶을 요구하게 된다. 신학의 원리에 입각한 삶을 행하므로 균형 있는 그리스도인의 인격을 갖추게 한다.

나. 성숙을 추구하는 영성

영성이란, 하나님을 인식할 때 불완전한 인간이 '온전'을 향해 추구하는 것이다. 신약의 여러 곳에서 사용되는 '온전함'의 단어 의미는 "최종적 단계까지 추구함"을 의미한다. '온전함'(perfect)의 의미로서 헬라어, τέλειος32)를 사용하는데 하나님을 닮아가면서 추구하는 말이다 (마5:48). 하나님을 사랑하는 마음을 최선으로 추구하는 것이며, '영성'은 영적으로 성숙(maturity)하고 싶은 열망에서 추구하는 것을 포함한다.

성경 신학자 박윤선은, "믿음은 선을 발생시키고 선을 행하지 않고는 믿음이 식어진다" 해서, "믿음과 행위는 나누어 생각할 수 없으나 실제적으로 이 일은 나누어 생각할 수 없다"고 하는 그의 성경 신학적 사상을 엿볼 수 있다. "행위가 구원의 공로는 될 수 없으나 믿음의 한 방면의 성분으로 되어있다."33) 믿음(영성)과 행위(성숙)는 한 성분이라고 묶어서 '영성'으로 귀결지으면서 영성 성숙을 말할 수 있다.

영성(믿음)과 성숙(행위)은 한 성분이다.

"기독교 영성은 신앙의 체험(experience),
훈련(discipline), 실천(practice)으로 이루어지는
입체적이고 총체적인 삶이라고 표현할 수 있으므로,
그리스도 안에서 성령의 인도를 따라 하나님과의
합일(合一)을 추구하는 신앙의 삶이다."

다. 영성의 성숙을 위한 규범

영성을 형성하는 근본적인 규범은 성경이다. 하나님의 말씀은 하나님을 잘 계시하고 있으므로 영성의 근본적인 형성이 가능한 것이다. 영성의 기준은 성경의 계시의 정신 안에서만이 그 선명한 푯대를 찾을 수 있다. 말씀이 오용되거나 남용되는 혼란이 아닌, 성경이 절대적 영성의 잣대로서의 역할을 가능하게 된다. 성경이 명령하고 통제하고 지시하는 그 명확한 규범 안에서 영성은 시작하고 발전된다. 그 외의 다른 재료는 성경을 보조하는 역할에 머물 수밖에 없으므로 본질적 규범이라고 말할 수 없다. 이를 가리켜 '구현(具現)된 신앙을 위한 말씀을 본받는 행위로서의 기독교적인 영성의 성숙'이다. 하나님을 알고(knowing), 사랑하고(loving), 경험하는(experiencing) 것은 그리스도인의 가슴 속에 있는 원천적 동기이며 성숙하려는 기능으로 매우 필요한 조건이다. 하나님을 알고 사랑하고 경험하는 전 인격적인 관계 가운데서 하나님을 향한 근본적 성숙은 이뤄지게 된다.

제5절
일터에 대한 새로운 패러다임의 전환 요구

현대사회 속에서 누구에게나 묻는 질문에서 우리 한국교회에 대하여 변화를 요구해도 되는가?라고 한다면, 아마도 대부분의 사람들이 당연하다고 할 것이다. 오늘 이 시대는 한국교회에 대하여 패러다임의 전환을 요구하는 정황으로 빠져들고 말았다. 실례를 들면, 사도 바울은 이런 의미로 아담과 그리스도를 인류의 새로운 패러다임으로 간주하며 세우고 있으며.[34] 당연히 패러다임을 요구하고 있다(롬12:2). 사도 바울이 로마교회 그리스도인들에게 요구했던 것은 생각의 전환을 말하고 있다. 진정 우리 한국교회는 교회 밖으로부터 변화를 요구받고 있다는 것을 망각하지 말아야겠다.

이 변화의 요구에서 와그너는 다음과 같이 말한다. "새로운 경영 혁신이 소개되면 어떤 이들은 최초의 수용그룹이 되고, 그 다음 중간 수용그룹이 따르며, 다음으로 후기 수용그룹이 형성된다고 한다. 그리고 나머지 한 그룹은 어떤 혁신도 받아들이기를 거부한다고 한다."[35] 이 주장에 따르면 새로운 것을 수용하는 그룹이 4개 그룹 가운데 3개 그룹이라면 대다수가 변화의 패러다임을 원하고 있다. 그리고 나머지 한개 그룹은 변화를 원하지 않고 있다. 그동안 '모여 있었던 교회'에서 '흩어지는 교회', '일하는 교회'의 새로움을 모색해야 한다고 주장한다. '일터 교회'는 마땅히 새로운 것을 수용할 환경의 자세가 되어 있는 사회 환경 속으로 그 날개를 한껏 뻗어 나갈 채비를 해야 한다.

1. 사회적 책임-하나님의 뜻

가. 일터 교회 사역-일을 '소명'(calling)으로 정의

일터 사역은 일에 대하여 하나님의 소명(천직, calling)으로 정의한다. 일터에 대한 하나님의 사역은 얼마나 영광스러운 일인지 모른다. 제롬이 말했다. "당신을 선교사로 불렀다면 최대의 영광으로 인정하라, 세상에 하나님의 복음을 전하는 일처럼 위대한 것은 없다" 했다. 복음을 전하는 그 자체의 '일'(수고)에 대한 몫을 다하는 것은, 자신의 뜻이 아니라 하나님께서 내게 친히 맡겨주신 것이므로 하나님의 뜻이 담겨 있다.

나. 일에는 하나님의 명령 부가

κλῆσις(헬, 클레시스)의 용어에는 부르심이라는 말이다. 이 용어에는 사회적인 부르심의 의미가 함께 있다는 '직업', '지위'가 포함되어 있다. 사회적인 신분이나 지위를 말하는 것은 직업도 중요한 사항이지만 일에 따른 그 개인의 지위가 평가되기도 한다. 물론 이 지위나 직업에 대한 것은 종교적인 의미가 함께 포함되고 있다. 그러므로 한 개인의 직업이나 지위에 있어서 반드시 일에 대한 하나님의 명령이 부가되고 있다. 일 자체에 대하여는 귀하고 천한 것이 아니라, 일에 대한 책임을 다할 때, 개인의 지위는 자유와 속박이 결말로 다가온다는 것이며, 그 일은 자연적인 삶(natural life)을 존중하는 하나님의 뜻이 담겨 있다.

성경적 세계관의 틀과 문화를 도구로
다음 세대를 세우는 토론식 성경공부 교재

삶이 있는 신앙 시리즈

추천	전광식	고신대학교 전 총장
	신국원	총신대학교 명예교수
	홍민기	브리지임팩트사역원 이사장

BIBLE

우리가 만든 주일학교 교재는
성경적 세계관의 틀과 문화를 도구로 합니다.

왜 '성경적 세계관의 틀'인가?

진리가 하나의 견해로 전락한 시대에, 진리의 관점에서 세상의 견해를 분별하기 위해서

◇ 성경적 세계관의 틀은 성경적 시각으로 우리의 삶을 보게 만드는 원리입니다.
◇ 이 교재는 성경적 세계관의 틀로 현상을 보는 시각을 길러줍니다.

왜 '문화를 도구'로 하는가?

어린이, 청소년, 청년들의 삶에 가장 큰 영향을 끼치는 것이 문화이기 때문에

◇ 문화를 도구로 하는 이유는 우리의 자녀들이 문화 현상 속에 젖어 살고, 그 문화의 기초가 되는 사상(이론)을 자신도 모르게 이미 받아들이고 있기 때문입니다.
◇ 공부하는 학생들의 삶의 현장으로 들어갑니다(이원론 극복).

✦ **다른 세대가 아닌 다음 세대 양육**

자기 생각에 옳은 대로 하는 포스트모던적인 사고의 틀을 벗어나, 하나님의 말씀에 기초해서 생각하고 행동하는 성경적 세계관(창조, 타락, 구속)의 틀로 시대를 읽고 살아가는 "믿음의 다음 세대"를 세울 구체적인 지침서!

✦ **가정에서 실질적인 쉐마 교육 가능**

각 부서별(유년, 초등, 중등, 고등)의 눈높이에 맞게 집필하면서 모든 부서가 "동일한 주제의 다른 본문"으로 공부하도록 함으로써, 가정에서 부모와 자녀가 함께 성경에 대한 유대인들의 학습법인 하브루타식의 토론이 가능!

✦ **원하는 주제에 따라서 권별로 주제별 성경공부 가능**

성경말씀, 조직신학, 예수님의 생애, 제자도 등등

✦ **3년 교육 주기로 성경과 교리에 대한 기본적인 이해가 가능하도록 구성(삶이 있는 신앙)**

  – 1년차 : 성경말씀의 관점으로 본 창조 / 타락 / 구속
  – 2년차 : 구속사의 관점으로 본 창조 / 타락 / 구속
  – 3년차 : 하나님 나라의 관점으로 본 창조 / 타락 / 구속

"토론식 공과는 교사용과 학생용이 동일합니다!" (교사 자료는 "삶이있는신앙" 홈페이지에 있습니다)

1 목적 부지불식간(不知不識間)에 대중문화와 또래문화에 오염된 어린이들의 생각을 공과교육을 통해서 성경적 세계관으로 전환시킨다. 이를 위해 현실 세계를 분명하게 직시함과 동시에 그 현실을 믿음(성경적 세계관)으로 바라보며, 말씀의 빛을 따라 살아가도록 지도한다(이원론 극복).

2 구성 쉐 마 분명한 성경적 원리의 전달을 위해서 본문 주해를 비롯한 성경의 핵심 원리를 제공한다(씨앗심기, 열매맺기, 외울말씀).
문 화 지금까지 단순하게 성경적 지식 제공을 중심으로 한 주일학교 교육의 결과 중 하나가 신앙과 삶의 분리, 즉 주일의 삶과 월요일에서 토요일의 삶이 다른 이원론(二元論)이다. 우리 교재는 학생들의 삶 속에서 일어나는 문화를 토론의 주제로 삼아서 신앙과 삶의 하나 됨(일상성의 영성)을 적극적으로 시도한다(터다지기, 꽃피우기, HOT 토론).
세계관 오늘날 자기중심적인 시대정신에 노출된 학생들의 생각과 삶의 방식을 성경적 세계관을 토대로 바라보게 함으로써, 자신을 돌아보고 삶에 적용하는 것을 돕는다.

3 설교 학생들이 공과의 내용을 잘 이해하고, 공과 공부 시간을 풍성하게 하기 위해서, 부서 사역자가 매주 '동일한 주제의 다른 본문'으로 설교를 한 후에 공과를 진행한다.

권별	부서별	공과 제목	비고
시리즈 1권 (입문서)	유·초등부 공용	성경적으로 세계관을 세우기	신간 교재 발행!
	중·고등부 공용	성경적 세계관 세우기	
시리즈 2권	유년부	예수님 손잡고 말씀나라 여행	주기별 기존 공과 1년차-1/2분기
	초등부	예수님 걸음따라 말씀대로 살기	
	중등부	말씀과 톡(Talk)	
	고등부	말씀 팔로우	
시리즈 3권	유년부	예수님과 함께하는 제자나라 여행	주기별 기존 공과 1년차-3/4분기
	초등부	제자 STORY	
	중등부	나는 예수님 라인(Line)	
	고등부	Follow Me	
시리즈 4권	유년부	구속 어드벤처	주기별 기존 공과 2년차-1/2분기
	초등부	응답하라 9191	
	중등부	성경 속 구속 Lineup	
	고등부	하나님의 Saving Road	
시리즈 5권	유년부	하나님 백성 만들기	주기별 기존 공과 2년차-3/4분기
	초등부	신나고 놀라운 구원의 약속	
	중등부	THE BIG CHOICE	
	고등부	희망 로드 Road for Hope	
시리즈 6권	유년부		2024년 12월 발행 예정!
	초등부		
	중등부		
	고등부		

✅ 『삶이있는신앙시리즈』는 "입문서"인 1권을 먼저 공부하고 "성경적 세계관"을 정립합니다.
✅ 토론식 공과는 순서와 상관없이 관심있는 교재를 선택하여 6개월씩 성경공부를 할 수 있습니다.

성경적 세계관의 틀과 문화를 도구로 다음 세대를 세우고,
스토리story가 있는, 하브루타chavruta 학습법의 **토론식 성경공부 교재**

성경적 시각으로 포스트모던시대를 살아갈 힘을 주는
새로운 교회/주일학교 교재!

삶이 있는 신앙 시리즈

국민일보◎
CHRISTIAN EDU BRAND AWARD
기독교 교육 브랜드 대상

토론식 공과(12년간 커리큘럼) 전22종 발행!

기독교 세계관적 성경공부 교재 고신대학교 전 총장 전광식
신앙과 삶의 일치를 추구하는 토론식 공과 성산교회 담임목사 이재섭
다음세대가 하나님 말씀의 진리에 풍성히 거할 수 있게 될 것을 확신 총신대학교 명예교수 신국원
한국교회 주일학교 상황에 꼭 필요한 교재 브리지임팩트사역원 이사장 홍민기

소비 문화에 물든 십대들의 *세속적 세계관*을
바로잡는 눈높이 토론이 시작된다!

발행처 : 도서출판 **삶이 있는 신앙**
공급처 : 솔라피데출판유통 / 주소 : 경기도 파주시 문발로 123 솔라피데하우스
주문 및 문의 / 전화 : 031-992-8691 팩스 : 031-955-4433
홈페이지 : www.faithwithlife.com

다. 사회적인 책임-하나님의 뜻

일에 대한 경건함을 갖는 사람은, 종교적으로도 반드시 '경건함은 범사에 유익함'을 아는(딤전 4:8) 믿음의 덕목을 낳게 된다는 것이다. 이것은 사도 바울의 권면이다. 그러나 그는 그리스도인이 신인(神人)관계가 그 어떤 것보다 우선하지만, 그에 못지않게 인간(人間)관계도 중요하다는 교훈 아니겠는가?[36] 이에 경건함을 갖는다는 것은 하나님과의 관계와 이어서 사람과의 관계를 갖는다. 또 그에 따른 필수적인 사항, 일에 관한 이슈가 반드시 뒤따르게 됨을 알고 일-노동을 실천하며 사회적 책임을 다하는 사회적인 책임을 다하는 삶이다.

2. 노동-일, 하나님께 영광 돌리는 '모든 것'

'일'은 하나님께서 기름 부으신 것이다. 그리고 일은 마땅히 주님께 드려져야 한다. 일에 해당되는 히브리어는 아보다(avodah)인데, 이 낱말은 예배에 해당되는 히브리어와 어근이 같다. '서비스'(service)라는 영어 단어는 이 맛을 담고 있는 최적의 단어이다. 일은 하나님과 사람을 '섬기는'(service) 것이다. 이 하나의 깨달음을 가지고 신학을 전개해 나가면 오해할지도 모르겠지만, '일'은 "하나님께 영광을 돌리기 위해" 우리가 할 수 있는 "모든 것" 중의 한 부분임을 성경은 여기저기서 증거해 주고 있다. 일은 하나님께 드리는 예배의 한 모습이다. 그분에 대한 섬김의 한 모습이다."[37]

일의 영역은 어떠한 영역과 구분시킬 수 없다. 거룩한 영역이든지 세속적 영역이든지 우리에게 봉사라는 개념에서 고찰한다면, 사람과 하나님을 섬기는 차원에서 어떻게 구분시킬 수 있는가이다. 다만, 그 일이 죄와 직접적인 연관성이 없는 범위 내에서 그렇다는 것이다. 즉 그것은 그리스도인이 어떠한 세계관을 갖느냐 하는 것에서 찾을 수 있다. 왜냐하면 하나님은 모든 영역에서 섭리하고 간섭(일)하시기 때문에, 그 모든 것을 포괄하는 영역 속에서 역사하시는 하나님과 세계관을 살펴보게 된다.

가. '교회'와 '직장' 이분법적 나눔 금지

앞부분에서 이미 이중성 문제를 다룬 바 있다. 세상은 영적 관점에서의 상황을 바라보면, 거룩성의 영역과 세속성의 영역으로 확연하게 구분되어 있다. 우리는 거룩한 믿음을 가지고 세상 가운데 사는 그리스도인이다. 거룩성으로 세속성에 살아야 하는 이 땅위에서의 삶은 이중적 구조 속에서만 이 세상에서 존재할 수 있다는 것이다. 하나님의 창조의 뜻은 인간이 이중적인 구조 속에서 사는 것을 원하시지 않았다. 그러나 최초 인간이 타락하므로 그 죄 된 본성을 가지고 태어나면서 이중성으로 살아야 하는 숙명적인 존재가 되었다. 여기서 중요한 것은 거룩성을 가지고 있어서 세속성에 대한 정죄와 경계만을 삼아선 안 된다. 그리스도인의 신앙생활의 사이클 텀을 한 주간(7일)으로 볼 때, 하나님께서 창조하신 원리대로 마지막 날 안식한 것처럼, 우리는 주일(Sunday)에 교회에서 예배와 찬양하며 기도하면서 하루를 거룩하게 보낸다.

다음 날, 월요일부터 사업장이나 직장, 학교, 군대 단체 등에서 '세상일'을 하면서 보낸다. 그러면서 주일에 안식하는 것에 비해서 평일에 사회에서 6일간을 보내는 과정에서는 뭔가 편치 않다는 말이다. 그래서 세속성과 갈등하면서 사는 것을 발견할 수 있다. 왜 그런 현상이 드러나는 것일까? 그것은 교회와 직장이라는 이분법적으로만 분류하기 때문이다. 그러나 진정한 일터교회에서의 사역의 분명한 입장은 절대 일에 대한 편견을 가져서는 안 되는 줄 안다. 그 일이 죄와 직접적인 관련이 없는 것을 전제로 해서 말한다.

<표 10>　일의 신학 - 개혁주의 일(노동)에 대한 관념

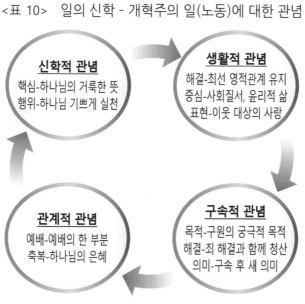

(일-노동에 대한 동기 유발/ 일-노동의 영적 재생산)

오히려 6일 동안 일하면서 직장 안에서 일터교회 사역자로서 일에 대한 기쁨과 소명의식으로 나갈 때, 일터 사역이 그로 인해 풍성함으로 맺혀진다.

제6절
'일의 신학'에 대한 고찰

1. 다양한 분야에 관련된 일의 신학

가. 성경의 원리에 근거한 일의 신학

'신학'(Theology)이란 하나님이 계시하신 진리를 신앙과 논리로 파악하려는 학문적 노력을 말한다. 그러나 그 근본은 성경의 원리에 속한 것은 분명하다.[38] 직장 안에서 일터사역 공동체 교회의 문제는 일의 신학적인 이슈와 뗄 수 없는 관계로 출발하는 것이 맞는 일이다. '일터 사역', '일터 교회', 그리고 '일터 선교사'는 일터 공동체에 대한 신학을 동시에 조명하는 것이 바람직하다고 본다.

먼저, '일의 신학'은 근대적 신학 개념에서 살필 수 있다. 종교개혁을 주도한 M. 루터와 J. 칼빈, 그리고 쯔윙글리 등에 의한 개혁주의적 신학사상과 그 외의 신학자들의 노력으로 세계 2차 대전 이후 서구 신학에 소개된 것으로서, 우리는 그러한 계기로 일의 신학(The theology of work)을 접하게 되었다.[39] 일의 신학 역시 성경의 원리에 속한 것이 분명하다. 그동안 기독교의 역사에서 16세기 초반의 개신교는 변증신학과 조직신학에 시간을 많이 할애했다. 그러다가 복음증거의 선교신학은 18세기 후부터 집중하기 시작했다. 그리고 일에 대한 이슈는 실천신학적인 내부적인 문제로 다뤄지다가 19세기부터 본격화되기 시작했다고 보고 있다.[40]

나. 일의 신학은 그리스도인의 삶 속에서…

일터사역 공동체와 그리스도인의 삶과 소명을 혁신시킬 새로운 일의 관점을 갖는 목회자요 자비량 선교사이며 신학교에서 교수로 활동하고 있으며, 한편 삶 속에서 목수로 활동하고 있는 폴 스티븐스는 그의 저서를 통해 우리에게 익숙한 성경 인물의 삶 속에서 일의 신학을 찾아내고 있다. 일의 신학적인 문제, 그리고 일터 속의 그리스도인의 반응은 하나님의 구속사를 통해 진행되면서 하나님의 나라에 도착하는 그때까지 계속된다고 말한다. 그것은 하나님의 성품과 역사, 창조, 타락, 구속과 그 성취로 엮인 성경적 신학을 깨닫게 된다고 한다. 따라서 일의 신학은 직업에 관한 조직신학과 개인의 성화를 위한 영성신학(Spiritual theology)을 담고 있다.41)

2. 하나님의 통치를 받는 그리스도인

가. 이중성-거룩성으로 세속성과 갈등

예수 그리스도를 믿음으로 하나님의 의에 이르는 특권을 받은 그리스도인은 하나님의 통치하심이 임하는 삶을 살아간다. 거룩성을 지닌 채, 세속성의 세상에서 살아야 하는 이 땅 위에서의 그리스도인의 삶은 이중성(duality)42)의 구조 속에서만 존재할 수밖에 없다. 본래 창조의 축복은 이중성이 필요한 것이 아닌, 거룩성 하나만 가지고도 존재할 수 있었다. 그러나 최초 인간이 타락하므로 그 죄 된 본성을 가지고 태어나면서 이중성으로 살아야 하는 숙명적인 존재가 되었다. 그러므로 헤르만 바빙크(Dr. H. Bavinck, 1854~1921)가 말한 대로

"인간은 거룩성으로 세속성과 갈등하면서 사는 존재임을 부인할 수 없으므로"[43] 주어진 현장 안에서 일하면서 삶을 꾸려가야 하는 인간을 말하면서, '일'과 '신학'은 상호 보완적인 개념으로서 이해할 때, 비로서 본 논문을 연구하는 주제를 이해하게 된다.

나. 일상적인 삶 속에서 반응

인간은 스스로 자신을 구원할 수 없는 필연적인 존재로 타락했으므로, 일생 동안 주어진 일과 함께 동반되는 수고를 통해 소득을 얻어 생존하게 되었다. 예수 그리스도께서 인간의 질고를 본질적으로 해결해 주시고자 하늘 보좌의 영광을 버리시고 이 땅에 찾아오셨다. 그리고 구원의 영역에 가담하신 예수 그리스도께서 인간에게 세상 안에서 분출되는 거룩성을 가지고 세속성에 맞대어, 일과 함께 살도록 조치하셨다.[44]

하나님의 백성(The People of God)이면서 세상에서 생명을 유지하면서 살아가는 사람들이 그리스도인이며,[45] 하나님의 백성이다. 우리는 하나님의 직접적인 통치가 있는 천국에 거주해야 함에도 지상에 거주하면서 생(Life)을 이어간다. 지상에서 삶을 이어간다는 그 자체가 녹녹치 않은 과정이다. 그래도 주어진 생(生)을 잘 감당하기 위해서 우리는 성경을 이 관점에서 주의 깊게 살펴야 한다. 하나님께서 자신의 백성과 어떻게 관계를 맺으시며, 그 백성이 자신의 일상적(日常的)인 삶 속에서 하나님께 어떻게 반응(응답)하는지 세밀하게 성찰을 게을리 하면 안 될 것이다. 우리는 일-노동에 관한 삶을 이어 가면서 스스로 감사하는 조건을 꼭 만들어야 할 덕목이다.[46]

다. 신실한 삶 요구, 일의 현장 가운데서

일터 교회 공동체가 하나님 앞에서 부여된 삶의 모든 영역의 신앙을 지닌 그리스인이 신실한 삶을 살아가는 것이 어떤 모습이라는 것을 깨달아야 한다. 그 속에서, '영적인 삶의 세 가지 요소'를 말하라고 한다면, '믿음이 명하는 대로', '사랑이 나누라는 대로', 그러면서 '소망을 동시에 지녀야 하는 삶의 요구에 대해 반응해야 한다. 영적인 삶을 육적인 삶의 현장에서 마음껏 나누면, 행여 세속성의 거친 정서속에서 큰 손상을 입어도, 그 부정적인 상황을 극복하라고 명하신다.

> "작은 일의 날이라고 멸시하는 자가 누구냐?…"(슥4:10).

'작은 일의 날'(The day of small things)은 별로 탐탁지 않을 수 있다는 선입감을 가질 수 있다. 하찮은 일에 당면한 사람이 손해를 입어도 책임감과 자세를 진지하도록 요청받는다. 일–노동에 대한 신실한 태도는 무엇을 말하는가? 일의 경중(輕重)이 어떠하든 주어진 일에 최선을 다하는 태도로 일관(一貫)하는 것이 하나님의 뜻이다.

제7절
종교개혁자 존 칼빈의 일의 신학

1. 노동–일에 대한 개혁주의 신학적 관념

중세 사람들은 인간의 노동을 이 땅에서 살아가는 동안 유익을 얻을 일시적인 수단으로 여겼을 뿐, 세상을 떠난 후에 다가올 세계에서 영원한 축복을 누리는 필요한 요소로는 여기지 않았다. 따라서 그들에게는 일-노동은 지엽적인 문제일 따름이었다. 그러나 종교개혁자들은 인간의 노동을 달리 보았다. 인생을 향한 거룩한 뜻의 핵심으로 파악했다는 것이 개혁주의 신학적 관념이다.[47]

가. 존 칼빈의 일-노동에 관한 신학적 관념

칼빈신학의 궁극적인 목표는 곧 하나님께 영광을 돌리는 삶으로 귀결되고 있다. 하나님 기쁘시게 하는 행위로서의 일-노동은 개혁주의 신학의 근간(根幹)을 이루고 있다. 존 칼빈은 개혁주의의 노동-일에 대한 신학적인 관념을 말했다. 하나님은 그의 뜻을 행하는 것으로써 언제나 선한 노동-일을 하도록 명령하였다. 그리고 일을 할 때는 하나님 앞에서 즐거운 마음을 갖도록 하였는데, 그것은 예수그리스도 안에서 가능하다(히3:21). 하나님을 기쁘시게 하는 일이란, 바로 인간이 온전하도록 자신의 삶을 위하며, 그의 가족이 필요한 것을 공급바는 일이다(살후3:10-13). 칼빈은 그리스도인 자신의 삶과 가족을 위한 삶 자체가 하나님을 기쁘시게 하는 일ㅇ;라고 밝히고 있다.[48]

2. 개혁주의 삶과 일-노동

가. 절대적 도덕적 삶의 해결-일

"기독교는 종교로부터 두 가지 요소들 즉, 세계관과 자기 판단을 가장 순수하게 파악하고 있다. 구원과 하나님의 나라라는 두 꼭지점(Two vertices)을 가진 타원이다. 그것은 동시에 종교와 도덕성이요 절대적 영적인 종교와 절대적 도덕적 종교이다."[49] 바빙크는 여기서 절대적 도덕성을 향한 자기 판단에서, 그 기준은 영적인 종교 안에 절대적 계시를 포함하고 있는 하나님의 말씀을 말하고 있다. 그리고 그리스도인에게 절대적인 도덕적인 종교의 해결은 신실한 자신의 일상적인 삶을 유지하는 일-노동에서 발생한다.

나. 윤리와 사회질서의 핵심-일

칼빈은 개혁주의 사상의 노동-일을 신과 인간 모두에게 영광을 돌릴 수 있는 자연의 윤리와 사회질서의 핵심으로 보았으며, 이는 노동과 직업이 인간의 삶과 분리될 수 없다는 당위성을 일깨워 주었다. 특히 인간 욕망의 한계를 시험하는 절제와 금욕적 직업정신(Vocatio ethos)을 고취함으로 노동을 남용하거나 착취하는 것을 죄악으로 생각했다. 또 인간은 직업을 통해서 하나님께 영광을 돌릴 수 있었고, 일의 게으름이나 기피는 실업(失業)을 유발하는 요인으로 보고 사회악(社會惡)으로 규정하였다. 칼빈은 축재(蓄財)와 사치로 타락한 가톨릭 수도사들의 무위도식(無爲徒食)을 보고, "잘 장식된 돼지 우리에 들어가 아무 일도 하지 않고 다른 사람의 돈으로 자신을 돼지처럼 살찌우는 이들은 그리스도의 명령을 뒤엎어 버리는 자들이다"라고 공격했다.[50]

다. 이웃 사랑의 표현, '일-노동'

칼빈도 루터와 같이 '일-노동'을 이웃 사랑의 표현으로 보았다. 그가 평소에 제네바 시민에게 귀가 아프도록 들려준 칼빈의 모토(motto)는 다음과 같은 말이다.

"나는 이웃을 위해서 나의 재산을 하나님으로부터 받았다"

칼빈의 금욕적 직업윤리의 중요 특성은 현대적인 의미에서 보면, 직업의 몰아적(沒我的) 헌신을 위하여 절제와 금욕을 요구한 것이다. 이러한 관점에서 직업에의 헌신은 인간의 욕망을 억압하는 것이 목적이 아니라, 각 개인의 위치에서 주어진 자신의 일에 최선을 다할 수 있는 진실한 정신적 자세와 태도이다. 그리고 칼빈이 말한 바와 같이 일-노동은 하나님의 은혜를 상기시키는 좋은 약이다.51)

3. 하나님의 관계와 일-노동

가. 하나님의 은혜, 예배의 한 부분-'일-노동'

종교개혁자들의 일의 신학에 대한 보편적인 견해는, 일은 분명하게 하나님이 주신 은혜요 축복이라고 한다. 하나님께서 우리 인간에게 안식일을 제정하신 이유는 바로 열심히 노동하고 난 다음에 주는 안식의 복을 주기 위함이었다. 즉, '안식의 복'은 곧 일-노동을 전제(前提)한 것이며, 안식일에 하나님께 예배로서 영광을 돌리지만, 일을 통해서도 하나님께 영광을 돌릴 수 있다는 사실을 가르쳐 준다. 그래서 어떤 이는 좀 지나치기는 하지만 "일은 예배의 한 부분"이라고 했다.

모든 칼빈주의자들은 노동-일을 하나님의 은혜와 축복으로 보고 있다. 특히 네델란드 개혁주의자 헤르만 바빙크(Herman Bavinck)는 '일-노동'의 선한 일을 위하여 예수 그리스도뿐 아니라 성령님까지도 우리에게 보내주셨다고 했다. 하나님께서 인간에게 일을 맡기시기 위한 섭리의 조치가 지극하다는 것을 잘 시사하고 있다.

> "우리가 하나님을 섬기되 강요와 두려움 없이 오직 사랑으로부터 우리
> 자신의 본성의 자극에 따라 섬기는데 있다. 주님께서 우리에게 그의 아
> 들만 아니라 성령을 선물하신 것은, 그들(삼위 하나님)이 우리를 중생시
> 키셔서 그의 법을 우리의 마음에 기록하고 우리로 모든 선한 일을 할
> 수 있도록 하기 위함일 것이다."52)

4. 일터 사역자의 구속과 일-노동

가. 구원의 궁극적 목적은 일-노동

우리 그리스도인들에 대한 구원의 궁극적인 목적을 또한 명확하게 밝
히고 있다. "중생, 양자됨, 성화 및 영화는 하나님께서 그의 자녀들을
자유에 이르도록 양육하고, 거기에 결코 괴로움이 없는 사랑의 열매
(liefdedienst)에 이르게 하는 증명들이다"라고 했다.53) 또 그리스도인
들의 마땅한 열매들이 하나님께서 인간에게 일에 대한 신학적 개념을
증명하는 것이다. 얀 메이스터(Jan Meester)목사는 "일은 바로 하나님
에 대한 인간의 봉사"라고 규정했다. 그러므로 종교 생활은 거룩하지
만 일은 속되다고 생각하는 것은 잘못된 이론적인 생각이다. 구원의
궁극적인 목적은 노동-일을 통하여 결론지어진다.

나. 죄 문제 해결 전, 일의 무의미

인간이 죄로 말미암아 타락한 것은 하나님과 인간과의 관계가 깨어짐
을 의미한다. 인간의 죄는 곧 하나님께 대한 반역이며 피조물인 인간

이 창조주인 하나님을 대신하려는 망동(妄動)이었다. 이때부터 인간의 일-노동의 의미는 변해 버렸다. 하나님 없는 일-노동은 비록 땀을 많이 흘린다고 해도 하나님과는 무관(無關)한 것이 되고 말았다. 그일 자체가 고통이고 형벌이었다. 그렇다고 하나님께서 주신 문화적 명령이 취소된 것은 아니다. 인간이 죄의 문제를 해결하기 전에는 일-노동의 의미도 목적도 없다고 할 수 있다.

인간은 땀 흘려 노동하지만, 그 열매를 가지고 죄짓는 데 사용한다. 노동을 통해 얻어진 문화는 소돔과 고모라와 같은 타락한 탕자(蕩子) 문화를 만들어 낼뿐이다. 노동에는 육체적 노동도 있고 정신적 노동도 있지만, 믿음 없이 일하는 일, 그 자체로는 수고만 있고 열매는 없다. 인간은 근본적으로 타락한 존재이므로 어느 쪽이든 불신앙의 열매를 맺을 수밖에 없다(창3:17-19). 인간의 범죄로 종신토록 수고해서 그 소산을 먹을 것이고, 땅에 가시덤불과 엉겅퀴를 낼 것이고, 얼굴에 땀을 흘려야 식물을 먹을 것이고, 결국 흙으로 돌아간다는 것이다.
이 말씀은 사회가 인간을 망하게 한 것이 아니라, 인간의 죄가 사회를 병들게 했고, 환경의 오염이 있기 전에 인간의 오염이 있었다는 것을 말해준다. 죄가 노동의 의미를 바꾸어 놓았다.

　다. 구속함으로 일은 새 의미가 주어짐

타락한 인간은 예수그리스도 안에서 믿음으로 구속함을 받았다. 이것은 또한 인간의 일-노동에서도 새로운 의미를 지니게 되었다. 인간이 타락했을 때에는 노동이 하나님 없이 내 욕심을 위해서 또는 죽지 못해서 하는 고통스러운 노동이었다. 그러나 그리스도 안에서 재창조함을 얻은 그리스도인들의 일-노동은 자연히 예수 그리스도의 구원의 은혜에 감사 감격하여 기쁨으로 일하는 것이다. 같은 일인데도 죄 가운데 살 때의 노동과 그리스도로 말미암아 구속함을 받은 후의 노동은 하늘과 땅 같은 차이라고 말할 수 있다.

라. 일-노동은 저주가 아니고 하나님 명령

그리스도의 구속이 우리의 모든 분야에 미치듯, 일-노동의 의미도 달라졌다. 일-노동은 저주가 아니라 하나님의 명령이며 하나님의 부르시는 소명이다. 노동을 통해서 하나님을 영화롭게 하는 것이 개혁주의자들의 '일-노동'관이다. 칼빈은 노동을 기독교의 삶과 관련시켰으며,54) 노동은 하나님의 일에 참여하는 복음적인 면을 강조했다.

지금까지 '일-노동'과 '일의 신학'에 대한 주제는 성경적 원리와 '일터 교회'의 용어, '일-노동'에 대한 개념 정리로서 하나님과의 관점, 철학적, 일반 학문과의 관점 등을 살펴보았다. 일에 대한 성경적 관점으로서 구약, 신약, 그리고 교회와의 관점도 나름대로 정리했다. 한국교회의 그리스도인의 삶의 현장에서는 일-노동과의 전통적인 관점에서 패러다임 전환을 요구하고 있다는 것을 이슈로 그 대안을 살펴서 나열했다. 결국, 일의 신학이 목회 현장에 등장하므로 종교개혁자의 일-노동에 대한 신학적 입장은 성경적 입장으로 이를 반갑게 받아들이는 것으로 확인되었다.

제8절
일의 훈련과 일터 사역

영적인 측면에서 '일의 훈련과 일터 사역'에 대해 살펴본다. 내용은, 성경에 기록된 하나님의 궁극적 관심을 도출하면서 일의 훈련에 대하여 생각해 나간다. 일터 사역에 대한 교회 공동체의 자세를 연구하는 데 따르는 하나님의 구속사의 큰 그림을 몇 단계로 간파하는 것도 중요한 일이다.

족장시대의 가나안의 하나님의 새 백성의 의무를 다하여, 확대(일터) 교회로서 어떻게 세속성에 적응하며 확장해 나아가야 하는 것을 생각해야 한다. 또 그리스도인의 직장은 새로운 선교현장이라는 이슈를 부각시켜 전통적인 목회적 근간에서 일터에서 사역적인 훈련을 강화하여 일터 사역을 경건한 영성이 성숙하도록 기독교 문화로 변화시켜 가도록 한다.

1. 일터 사역 공동체의 자세

하나님께서는 우리에게 맡겨진 분량(分量)보다 적게 일하기보다는 '전심전력으로' 일하기를 원하신다. 나아가서 해야 할 의무 그 이상으로 일하기를 원하신다. 많은 사람들이 이상적인 작업환경, 긴 휴가, 더 많은 여가 등을 추구한다. 성경은 추워도 혹은 비가 오거나 불편하거나 어떤 상황이든 간에 나가서 일할 것을 요구하고 있다. 그렇지 않으면 우리는 지속적인 소득을 얻지 못할 것이다. 성경은 어떤 일을 하든 최선을 다하라고 이야기하고 있는데, 구약의 역사현장에서의 광야의 이스라엘 백성을 들어서 일-노동의 의미를 찾아보는 것이 일터 사역의 공동체로서 자세를 음미할 수 있다.

일터 사역의 현장은 마치 족장시대의 이스라엘 백성이 광야 한가운데서 가나안에서 얻는 구원을 찾아가는 과정과 같다고 볼 수 있다.[55) 이스라엘 백성, 그들은 천신만고 끝에 광야에서 가나안에 이르렀다. 하나님 나라의 백성인 그리스도인들이 세상 가운데 있는 일터 속에서 하나님의 선교적 구원의 공동체로 형성되었다. 직장과 일반적 일터의 세속 현장 가운데서 얻은 구원은 우리를 향한 하나님의 절대적 구속적 경륜에 따른 것이며, 여전한 은총이다. 하나님의 백성은 하나님의 구원 계획에 따라 펼쳐지는 일터 사역을 통해 구속사로 결론짓는 것이다. 우리는 하나님의 백성으로서 주어진 일터사역 현장에서 우리의 사명을 위하여 어떠한 자세가 필요한가를 살펴보는 것이 중요하다.

가. 하나님의 구속사를 간파

우리는 일터 사역에 대한 비젼을 이루기 위해서, 우리를 향하여 베풀어지는 일반적인 하나님의 구속사를 살펴보는 것이 유이하다. 즉 현대교회 공동체가 일터 사역 현장 속에서 어떠한 비젼으로 그 사명을 수행할 것인가를 확인해 본다. 하나님께서 세속의 역사를 진행하시는 것은 궁극적으로 하나님의 구속사를 성취하시기 위해 친히 역사를 이끄시는 구속사의 큰 그림을 살펴보아야 한다[56). 그의 구속의 계획은 그의 역사적인 섭리와 성취하는 것으로 초점(Focus)이 맞춰져 있다. 바울은 이 구속에 대해 다음과 같이 말하고 있다.[57) 하나님의 구속사의 큰 그림 제시된 〈표 10〉은 일-노동을 통한 하나님의 구속사로서의 큰 그림을 제시하는데 4단계로 설명하고 있다. 먼저 3단계는 믿음과 구원과 그리고 간증이다. 1단계 마다 각 주제가 있는데, 그것은 믿음-반응, 구원-구원, 간증-자랑과 강조라는 것을 말하고 있다. 마지막 4단계는 '구속사'와 '일-노동'은 불가불 관계를 맺고 있다는 것을 보여주면서, 그리스도인의 궁극적 목적은 일을 통해 하나님께 영광을 돌리는 성경적인 사상을 이해하면 된다.

나. 하나님의 명령을 망각한 결과

(1) 이스라엘 백성의 구습(Old self)-
잔류를 용납, 역사적 갈등 연속

하나님과 인간의 계약의 뚜렷한 증거는 하나님의 말씀이다. 이 말씀을 지키면 영원한 축복이 따라오지만 지키지 못하면 영원한 저주가 따른다. 돌이켜보면, 이스라엘 백성은 천신만고 끝에 40년 동안 광야를 헤매다 가나안 땅에 입성하게 된다. 그러나 정복했던 가나안 일곱 족속을 완전히 섬멸하지 못하고 잔류를 용납햇다. 나중에 이 잔류들은 두고두고 이스라엘의 분란과 싸움, 원망과 갈등의 불씨가 되었다. 바로, 이점을 우리는 절대 간과해서는 아니 된다. 이스라엘 백성에게 하나님께서 묻는다면, 이렇게 물으실 것이 분명하다. "너의 구습(Old self)은 얼마나 남아 있는가?' 여호수아, 그리고 하나님께서 이스라엘에 행하신 일을 직접 체험했던 광야시대의 제1세대가 열조(列朝)에게 돌아간 후였다. 그렇게도 바라던 제2세대의 이스라엘 백성의 거룩한 삶은 하나님 구원의 은혜를 잊어버리고, 패역한 백성이 된 것은 하나님의 은혜를 망각했기 때문이었다.

〈표 11〉 일을 통한 하나님 구속사 큰 그림- 4단계

4-1 믿음 (엡2:8)

반응 인간이 취해야 할 태도, 하나님의 허락 안에서 받음
"너희는 그 은혜에 의하여 믿음으로 말미암아 구원을
받았으니 이것은 너희에게서 난 것이 아니요 하나님의
선물이라".

4-2 구원 (엡2:9)

구원 하나님이 주시는 은혜, 믿음으로 받게 하면서
구원 얻게 하는 것.
"행위로 난 것이 아니니 이는 누구든지 자랑치 못하게
함이라".

4-3 간증 (엡2:1-7)

간증 우리의 자랑, 오로지 예수 믿는 그 믿음으로 구원받음.
강조 우리의 능력, 행동, 지식, 수단으로 구원얻은 것 아님
엡2:1/그는 허물과 죄로 죽었던 너희를 살리셨도다.

구원 이전 상태
엡2:2-3/그 때에 너희는 그 가운데서 행하여 이 세상
풍조를 따르고 공중의 권세 잡은 자를 따랐으니…
본질상 진노의 자녀이었더니.

구원 이후 상태
엡2:4-5/긍휼이 풍성한 하나님이 우리를 사랑하신
그 큰 사랑을 인해 허물로 죽은 우리를 그리스도와
함께 살리셨고(너희는 은혜로 구원을).

죽음 이후 상태
엡2:6-7/또 함께 일으키사 그리스도 예수 안에서 함께
하늘에 앉히시니 예수 안에서 …그 은혜의 지극히
풍성함을 오는 여러 세대에 나타내려 하심이라.

4-4 목적 일을 통해 **하나님께** 영광

목적 우리의 궁극적 목적, 맡겨진 일을 통해 하나님께
영광을 돌림.

(2) 사사시대에서 죄의 악순환 고리-5 단계(5 S)

이스라엘 백성의 축복의 조건을 잃어버리게 한 단계적 죄의 악순환
은, '①범죄/ ②노예화/ ③간구/ ④구원/ ⑤망각'이었다. 이 5단계는
사사기의 특징으로서, 혼돈 그 자체를 말하고 있다. 하나님의 구원과
축복의 역사를 망각하는 이런 악순환이 반복되면서 이스라엘 백성의
범죄와 노예의 역사는 400년 동안 지속된다. 얼마나 무지했던 역사적
반복인가? 그러나 역설적인 것은 오랫동안 계속된 죄의 악순환은 오
히려 하나님의 구속사를 요구하는 결과를 가져왔다.

<표 12>   이스라엘 백성 불이행 5단계 사이클

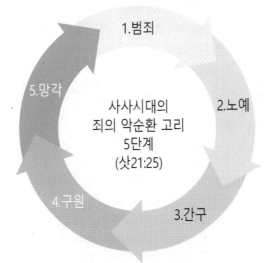

"각각 그 소견에 옳은 대로 행하였더라!"
(삿21:25)

이스라엘의 범죄의 악순환으로 오랜세월 동안 참던 하나님께서 이스
라엘 백성을 세밀하게 간섭하신다. 그분의 간섭은 시도 때도 없이 침
략을 일삼아 오던 주변 강국들 가운데 이스라엘 백성을 위해 가나안

을 사수해 주시고, 불구덩이 속에서 지켜주셨다. 정녕, 위대한 하나님의 구속사 앞에 변명할 여지가 없는 이런 상황 앞에서 오점(汚點)으로 기록된 과거 역사를 뒤돌아봐야 한다.

(3) 가나안의 세속성을 주의 깊게 살피라

이스라엘 백성에게 가장 주의 깊게 경계해야 할 사상은 가나안의 세속성이다. 그와 같은 믿음의 공동체가 경계해야 할 점은 현대사회에서의 구원받은 교회 공동체도 동일하게 적용시킬 수 있는 문제이다. 오늘의 교회 공동체는 어떻게 그 구원을 이루며 그에 따른 사명을 이루어가야 하는가? 우리는 지금의 일터 공동체로서 과거 사건을 돌아보면서 자신을 성찰해야 할 것이다.

하나님의 구원의 백성이 되어 그 분의 명령으로서 사명을 이루는 일터교회 현장은 세속성이 가득한 곳이다. 이런 곳에서 사명을 이루도록 하나님께서 직접적인 명령이 주어졌다는 것을 깨달아야 한다. 그러므로 이스라엘 백성이 천신만고 끝에 가나안에 입성하여 젖과 꿀이 흐르는 환경에 젖어 들면서. 그들을 유혹하고 위협한 것은 세속성의 이방 문화, 혼합 종교사상이었다. 하나님은 이런 장애물을 가볍게 넘기지 말 것을 당부하고 계신 것처럼 오늘의 교회도 이런 점을 삼가 조심해야 한다.

* 가나안 사회구성-농경문화로 이루어짐.
* 원주민 종교사상-바알, 아스다롯 신에 대한 우상숭배 주도함.
* 주류 종족 구성-함 계통 원주민이 타민족, 유랑 민족을 배척함 (창 9:18-22).

다. 가나안의 새 백성으로서 의무

(1) 이스라엘 백성이 원주민에 대한 정책 경계
가나안에 입성한 그의 백성들에게 하나님께서 특별한 명령이 하달된
다. 가나안의 사회 구성이나 종교적 분포, 그리고 주류(主流) 종족의
구성에서 보듯이, 절대적으로 이러한 면을 잘 간파하고 계신 하나님
께서 가나안의 원주민에 대하여 말씀하신다. 이스라엘이 그 세속의

<표 13>　일터공동체 회복운동 3단계

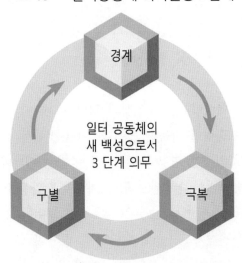

"너희는 그의 나라와 그의 의를 구하라!"(마6:33)

정책을 조심하고 경계하여 그 의무를 잘 이행할 것을 주문하신 것이
다. 이스라엘이 경계하는 정책으로서 원주민에 대한 조심스럽고, 세속
과 타협하지 말 것과 그 유혹에 맞서서 극복해야 한다. 거룩한 선민
으로서 구별됨이 있어야 한다(고후6:15). 거룩한 하나님의 백성인 이

스라엘 민족은 새로운 가나안 땅을 정복한 후에 주어진 계명을 지키는 조건은 '경계'와 '극복'과 '구별'됨이다.

(2) 일터사역 공동체의 거룩성의 진가

일터사역 공동체는 가나안 세속성을 상대로 지키는 조건들은 '경계'와 '극복'과 '구별'됨이므로 세속성을 경계하지 않으면 세속화되는 것은 당연하다. 세상의 유혹과 시험은 항상 순결한 신앙을 유지하려는 그리스도인을 상대로 거세게 밀려와 침략하고 망하게 하므로 기어코 그것을 극복해야만 한다. 그럴 때 거룩한 하나님의 백성은 세속사회 안에서 깨끗하게 구별될 수 있다. 이것이 일터 공동체로서 그리스도인된 새 백성의 의무이다. 즉 일터 공동체로써 믿음을 가진 구원의 백성이 지닌 거룩성은 신약의 그리스도인들이 예수 그리스도를 통해서 값없이 얻은 구원이고 그것은 믿음에 의한 것이므로 이 거룩성의 진가는 세속성을 경계하고 극복하여 그 가운데서 구별된 삶을 이뤄간다.

<표 14>   일터(확대) 교회-세속성 주시

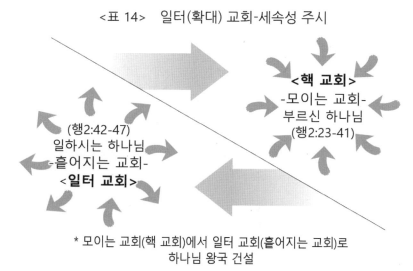

＜핵 교회＞
-모이는 교회-
부르신 하나님
(행2:23-41)

(행2:42-47)
일하시는 하나님
-흩어지는 교회-
＜일터 교회＞

* 모이는 교회(핵 교회)에서 일터 교회(흩어지는 교회)로
하나님 왕국 건설

(3) 확대(일터) 교회로서 세속성 주시

오늘, 우리의 교회는 모이는 교회이다. 구원의 하나님을 전혀 알지 못한 상태에서 예수 그리스도 십자가 대속의 은혜로 죄 가운데서 속죄의 은총을 통해 구원받아 십자가 아래로 모인 '모이는 교회'였다. 그러다가 지역적으로 분산되어 이루어진 '핵교회'(nuclear church)[58]에서 '흩어지는 교회'로, 그리고 일상적인 삶터 속으로 퍼져가는 '확대교회'(extended church)[59]로 이뤄져 간다. 일터교회로 모인 공동체의 상황은 세속성이 강한 곳이라는 점을 항상 간과해서는 안 된다.

(4) 교회의 두 가지 형태

본 논문에서 계속 말하는 것처럼, 일터에 교회가 분명히 존재하고 있다. 여기서 교회는 에클레시아(ekklesia)라는 말이다. 이 말의 어원적 의미는 부름 받은 하나님의 백성이다. 이 의미는 신약 성경에서 두 가지 방식으로 사용된다. 하나는 교회로서 모이는 하나님 백성이며, 다른 하나는 어디에 있든지 일반적으로 가르키는 말이다[60]

이에 따라 교회의 본질적인 속성인 거룩성은 스스로 깨끗해지지 않는다. 계속 지키고 보전하고 이어가야 한다. 왜 그럴까? 그것은 거룩성이 세속성의 기운(氣運)가운데 있기 때문이다. 거룩성의 특성은 무얼까? 세속성 가운데서 있을 때 거룩성 그것은 더 강해져야 하고 더 역동적으로 활동해야 한다. 우리가 추구하는 교회는 전통교회로서 그 자리에서 안주하는 것이 아닌, 확대교회로서 세속사회 현장 가운데로 더 나아가 확장하고 정복하고 이기는 것이 세속성을 주시하고 확장하는 사명을 넉넉히 감당해야 한다.

(5) 확대교회-일터사역 공동체의 각오

일터 사역 공동체의 의무로서 세속사회와 타협하지 말고 적응하면서, 복음으로 세상을 극복하고 이겨야 한다. 일터 사역 공동체는 주어진 의무를 성실하게 이행하므로 주변의 세속사회와 엄격한 구별이 되는 것이다. 이것은 주님께서 새로운 사역 공동체로서 주어진 의무와 구별로서 누려야 할 축복을 온전히 누리게 하려는 것이다. 주어진 의무와 구별됨은 누려야 할 축복이 비례된다는 것을 말하고 있다.

일터사역 공동체는 그동안 모였던 교회, 지역적으로 분산되었다가 다시 이루어진 '핵교회'에서 이제는 흩어지는 교회, 일상적인 삶터 속으로 퍼져가는 '확대교회'로 번성하는 교회의 사명을 감당해야 한다. 여기서 중요한 역할을 몇 가지로 살펴보았다. 그리고 우리의 자세를 바로 견지해야 하겠다. 일터사역에 처해진 상황, 세속사회의 세속성, 그 가운데서 거룩성의 일터 사역의 고유의 속성을 성취해 가야 한다.

2. 직장은 새로운 선교 현장

가. 한국교회 일터사역 시작

한편, 기독교 문화의 사회적 경제적 배경을 지닌 미국의 기독교권 내에서 기업이나 직장이 믿음의 근간으로 움직이고 있다는 것은 조금 때늦은 감이 없지 않다. 나중에 설명하겠지만 서방세계와 미국으로부터 복음을 받은 한국은 이미 1970년대부터 기독교 직장 사역이 시작되었다고 한다. 처음, 공식적으로 직장예배로 시작한 일터교회의 기업이 지금 한국 내에서 굴지의 기업그룹으로 성장한 벽산그룹이다. 벽산그룹 본사에서 일주일에 한 번(월요일), 전 직원과 초대 회장 김인득 장로까지 참여하여 예배를 드렸다.[61]

이를 뒷받침하는 증언을 분당의 '한국칼빈주의연구원' 설립자이자 현재도 원장으로 수고하시는 정성구 박사로부터 들을 수 있었다. 당시에 총신대학의 학장(지금의 총장)으로 재직시 매주 한 번씩 본사 사무실에 가서 전 직원이 모인 가운데 예배를 인도했다고 한다. 그 외에 비공식으로 각 지역에 산재한 중소기업에서도 오너가 신실한 그리스도인이라면 반드시 한 주간이 시작되는 월요일 이른 아침부터 직원과 사장이 함께 모여 외부 목회자(강사)를 불러 예배를 드리곤 했다고 한다. 아마도 이런 일이 한국의 직장에서 교회가 시작되었던 효시(曉示)가 아닐 수 없다.

사회 속에서 한 개인이 일반적으로 관계를 맺을 수 있는 사람이 20-30명 정도라고 한다. 그 사람이 좋은 영향이든 나쁜 영향이든지 보통 이 정도의 영향력은 행사하면서 살아가고 있다. 또한 "통계에 따르면, 한 사람의 그리스도인이 사회 영역이나 직장, 그리고 그의 활동 범위에서 25명 정도에게 영향력을 행사할 수 있다고 한다."[62] 그렇다면, 1,000명의 그리스도인들이 직장에서 사무실 책상 사이의 공간이 선교현장으로 인식한다면, 25,000명을 영적인 영향을 미칠 수 있다. 직장은 새로운 선교현장이라는 인식이 필요하다.
오늘 그리스도인들이 사회나 직장 안에서 얼마나 강력한 선한 영향력을 가지고 살아가고 있는가?라는 물음을 교회 앞에 던진다면 어떤 응답으로 돌아올까? 그들의 조사에 따르면, "성경이 가르치는 신앙을 직장생활에 적용하는 훈련을 받지 못한 기독교인이 전체의 90내지는

97%에 달한다"고 한다.[63]

본 장에서 영적인 측면에서 '일의 훈련과 일터 사역'에 대해 살폈다. 성경에 기록된 하나님의 궁극적 관심을 도출하는 과정에서 일의 훈련 과정을 연구하며 아울러 일터 사역에 대한 교회 공동체의 자세를 여러 면에서 확인했다. 그 결과 일터(직장)는 새로운 선교현장일 수밖에 없다. 이런 이슈를 살려 일터사역을 전통 목회적 중심에서 새로운 목회의 대안으로서 기존 일터를 변화시킬 운동이 필요하다. 따라서 하나님의 구속사의 큰 그림을 몇 단계로 간파하며, 가나안의 새 백성으로서 의무를 다하여, 일터(확대) 교회로서 세속성을 주시하면서 직장은 새로운 선교현장이라는 이슈를 부각시켜 일터 훈련을 선행적으로 연구하여 일터 사역을 변화시켜 가겠다. 다음 장에서는 '일터 교회 사역 현장과 올바른 자세'를 생각해 본다.

일 터 교 회

2부 일터 교회에 대하여
About The Workplace Church

≫ 제 3 장 일터 교회 사역현장의 올바른 자세

일터교회 사역 현장의 올바른 자세

Chapter 3
The Workplace Church on the Field the Right Posture

'일터 교회 사역현장의 올바른 자세'를 생각해 보는 장으로서 다음과 같은 주제로 일터 교회의 사역 현장에 대한 올바른 자세를 제시해 본다. 먼저 일터 교회 사역을 위한 성경적 대 위임령을 살펴본다. (문호적명령과 복음적(선교) 명령, 모이는교회와 흩어지는교회, 그리고 핵교회와 확대교회 등의 성경적인 교훈과 신학적인 이슈를 연구한다. 또 일터 교회 사역의 운영문제를 해소하는 문제, 일터교회가 소속한 회사의 CEO의 설교사역 개입 문제, 주일에 영업하는 문제, 일터교회 헌금관리 등의 이슈를 체크해 본다. 또한 공동체의 올바른 자세를 견지하므로 CEO와 전임 사역자 사이의 사역 동참문제, 일을 어떻게 대해야 하는 문제와 일을 하는 자세 등을 살펴보겠다.

그리스도의 공생애 사역현장, 일터

예수 그리스도의 공생애 3년 동안 사역하신 곳(A place of working)
은 주로 유대인들의 삶의 애환(哀歡)이 서린 일터였다. 제자를 부르신
곳도, 병자를 고치고 치유하신 곳도, 말씀을 증거하거나 하나님 나라
를 전파하셨던 곳도 일상적인 일터(workplace)였다. 예수 그리스도는
거의 일터에서 세상의 버림받은 생명들을 구원하시는 일에 몰두하셨
으며, 그는 2000여 년 전 이스라엘이라는 시대적 배경에서 일터의 공
간에서 일터의 공동체에게 모범을 보여 귀한 가르침을 주셨다.

이 귀한 일은 우리가 평범하게 생각하면서도 한편으로 매우 비범한
것으로 간주하고 있다. 비록 시간적으로 수천 년간의 갭을 뛰어넘은
현재의 상황에 이른 오늘날 한국의 비즈니스 환경에 알맞도록, 현재
의 상황에 적용할 수 있도록 하는 것은 쉽지 않을 수 있다. 공간적으
로 예수 그리스도의 일터는 성경이 집중적으로 기록하여 보전하고 전
달해주므로 이보다 더 생생한 일터에 대한 증거는 없다.

제1절
뉴 패러다임의 일터 교회 영향력

1. 히브리적 개념의 일원론

'헤브라이즘 사상'은 성경적이며 히브리적인 인생관은 플라톤의 사상
과는 전혀 다르다. 히브리 세계관에서는 인간이 중심이 아니라 하나

님이 중심이 된다. 진리는 인간에게서 나오지 않는다. 하나님의 계시가 진리이다. 그 계시는 하나님에게서 나오는 것이다. 이 계시의 근원적인 면에서 한 발짝도 세상에 양보할 수 없는 것이므로, 히브리인에겐 하나님만이 오직 가장 절대적이고 가장 높은 차원에 계신다. 보이는 것이든 보이지 않는 것이든 모든 것이 하나님 아래 존재한다.

히브리적 사고는 '거룩한 것'과 세속적인 것을 구분하지 않는다. 사업은 세속적인 것이고, 예배는 거룩한 것인가? 유대인들은 이 땅에서, 소위 이야기하는 '세속적인 삶' 속에서 어떻게 살 것인지에 대한 지혜를 가진 사람들이기에, 세속적인 것을 초월하면서 그것을 거룩한 것으로 화(化)하려고 노력하는 점은 분명히 있다.
헤브라이즘 사상은 성(聖, holy)과 속(俗, secular)이 구분되어 있지 않아 자칫 방종으로 빠질 위험도 있다고 본다. 그러나 이 부분은 이방인에게 적용된 복음으로서 보완되어야 할 부분이다. 결과적으로 히브리적 사고는 인본주의인 헬라적인 사고와 교회로 나타났다는 것을 기독교 역사가 증명하고 있다.[64]

2. 헬라적 사고의 이원론(dualism)

'헬레니즘 사상'(Hellenism thought)은 플라톤 철학의 영향으로 이데아와 세상을 구분하는 이원론적 사상이다.[65] 헬라 사상의 핵심 중 하나는 타락한 이 세상의 죄악과 모순, 부족함을 설명하기 위해 완벽한 이데아라는 개념을 만들어 낸 것이다. 이 세상과 이데아의 구분, 이것이 오늘날 기독교로 흘러 들어가 자연스럽게 접목이 되면서 거룩성과 세속성을 구분하는 이원론의 시작이 되었다.

헬라 철학은 인간이 주체(主體)가 되고 인간으로부터 출발한 학문(學問)이며, 이러한 철학의 영향은 중세의 교회 신학사상까지 지배하게 된다. 현대의 인본적인 자연주의, 다원주의 사상이 모두 헬라적 사고의 이원론이 그 근원이 되고 있다.

3. 사회변혁의 도구로서의 두 명령

기독교 사상은 이원론에 반(反)하며, 일의 신학적인 배경은 구약의 문화명령과 신약의 복음명령에 그 근간을 두고 전개해 가는 것을 원리로 한다. 여기서는 복음명령의 확장으로서 원리를 세우면서 뉴 패러다임을 위한 복음전도명령(Evangelical mandate)과 뉴 패러다임을 위한 문화명령(Cultural Mandate)을 논하고자 한다.

가. 사회변혁을 위한 대 위임령

성경은 본질적으로 전체적인 교회를 계시하고 있다. 그 안에서 구약의 교회와 신약의 교회로 분류할 수 있다. 구약과 신약을 받쳐주는 두 기둥이 있는데 그것이 '두 가지 대위임령'이다.

나. 구약의 교회를 받쳐주는 명령이 문화명령이다(창1:28).

> "하나님이 그들에게 복을 주시며 하나님이 그들에게 이르시되 생육하고 번성하여 땅에 충만하라, 땅을 정복하라, 바다의 물고기와 하늘의 새와 땅에 움직이는 모든 생물을 다스리라 하시니라".

E. M.

God-Heavenly
복음적 사명-선교적 하나님
(God's Gospel, 행2:37-41)
수직적
Evangelical Mandate

−Revelation−
하나님 공급
인간 반응
(기다림-신앙, 회계)

C. M.

Man-Sin
문화적 사명-일하는 하나님
(Messiah World, 행2:42-47)
수평적
Cultural Mandate

−Temporal−
형제, 복지
(헌신, 육신 충족)

문화적 사명 - Diakonia(작은 자 돌봄, 마25장)
Evangelical Mandate - Kerygma(선포)
복음적 사명 - Marturia(증인)
Ministry of Jesus - Kerygma+Diakonia(영혼 충족)

다. 신약의 교회를 받쳐주는 명령은
복음전도명령이다(마28:18-20).

"예수께서 나아와 말씀하여 이르시되 하늘과 땅의 모든 권세를 내게 주
셨으니 그러므로 너희는 가서 모든 민족을 제자로 삼아 아버지와 아들
과 성령의 이름으로 세례를 베풀고 내가 너희에게 분부한 모든 것을 가
르쳐 지키게 하라 볼지어다 내가 세상 끝날까지 너희와 항상 함께 있으
리라 하시니라".

오늘을 사는 그리스도인들은 누구나 예외 없이 저마다의 일터 공간에서 삶을 유지하고 사는 존재들이다. 여기에 어떤 이유를 댄다 해도 이 두 가지 예수 그리스도의 명령은 거역할 수 없는 준수사항임에는 틀림이 없다.

라. 문화명령66)

구약의 공동체를 받쳐주는 기둥이라고 하는 명령은, 문화명령이다. 이 명령은 하나님 공동체(The people of God)를 세우고, 인간의 회복을 질적質的, 양적量的으로 추구하여, 성경적 구속사의 진리를 이상을 현실에 함께 접목시킨다. 따라서 구원의 현장에 하나님의 왕국 건설을 실제로 적용하게 한다.

마. 복음전도명령

신약의 공동체를 받쳐주는 기둥이라 할 수 있는 명령은 복음전도명령이다.67) 그러나 오늘 현대 교회의 모습은 이 명령들을 수행할 능력을 상실해가고 있다는 것이 교회 안과 밖에서 이구동성으로 말하는 화두(話頭)이다. 먼저 이런 이유를 살펴볼 수 있는 몇 가지 진단의 주제들을 던져보면 알 수 있다.

> 첫째, 영적 각성 - 영적으로 각성이 되고 있는가?
> 둘째, 피스 메이커 - 사회적인 평화를 만드는 메이커가 되는가?
> 셋째, 관념 형성 - 추구하는 종교와 물질적 관념이 어떻게 형성되고
>   있는가?

넷째, 영향력 - 종교가 당면한 사회 속에서 법과 질서에 얼마나 영향력을
　　　미치는가?
다섯째, 주도적 역할 - 육체적 생태학적 변화에 주도적인 역할을
　　　　하고 있는가?

바. 일터 선교 공동체의 두 명령

일터 선교의 공동체 된 일터의 그리스도인은 하나님으로부터 크게 두
가지 명령을 기성교회 처럼 동일하게 적용받는다. 그것이 '문화명령'
(창1:28)과 '선교명령'(복음명령, 마28:18-20)이다. 그리스도인으로서
문화명령에 의하여 자신이 속한 일터교회에서 거룩한 믿음을 근간으
로 하는 사랑의 언어와 행동으로 선한 청지기의 사명을 다하는 것이
다. 또 하나는 선교명령인데, 영혼을 사랑하는 마음으로 예수 그리스
도를 전하여 하나님의 백성(The people of God)이 되게 한다.

훌러신학교 세계선교대학원의 '성서선교학'교수 찰스 반 엥겐(Charles
Van Engen)은 "캐리(William Carey)는 성경을 선교명령(복음명령)의
원천으로 보고 있다. 마태복음 28장 18에서 20절의 지상명령을 가장
근본적인 선교사명의 연결고리로 간주했다"고 저서를 통해 밝힌다.[68]
다음은 일터 선교공동체로서 두 명령을 복음적 사명을 수직적인 개념
과 문화적 사명을 수평적인 개념으로 필자가 사역하는 일터교회에 적
용할 것을 예상하면서 위의 〈표 15〉를 작성하여 제시해 본다. 직장
내에서 믿지 않는 이들에게 '복음적인 사명감'으로 접근하여 그 명령
을 준행하면서 다양한 방법을 사용해야 하겠다. 상대의 형편과 처지
에 맞게끔 전도하는 지혜가 필요하다. 지나치게 일방적이어서 상대가

거부감을 느낄 정도로 무례하게 접근한다면 오히려 반발을 불러일으킬 수 있다. 요즈음은 인간관계의 중요성이 부각되고 있다.

이에 대하여 파머(Parker J. Palmer)는 '일과 창조성과 보살핌'이라고 했다. 이 세 가지 주제는 상호 배타적이지 않고 상대와 종종 얽혀있지만 유익한 관계를 맺고[69] 신뢰를 조성해 놓을 때, 상대에게 복음을 받아들이게 하는데 긍정적 작용을 하게 된다. 이런 관계는 문화명령 기반 위에서 선교명령인 복음적인 사명(명령)을 받은 그리스도인으로서 거부하지 못할 하나님의 요구이기에[70] 일터 교회의 공동체로서 두 가지 절대적인 명령에 준거하여 하나님 나라 확장에 임해야 한다.

4. 새로운 두 형태 교회의 개념

가. 모이는 교회와 흩어지는 교회

| 모이는 교회 – 주일에 지역교회에 모이는 회중적 모임으로서 교회
| 흩어지는 교회 – 일터에 흩어진 성도들의 몸으로서의 교회

교회가 두 형태를 취한다는 사실은 전통적인 교회론으로 움직일 수 없는 사실이다. 하나는 '매 주일 지역 교회에 모이는 회중의 모임'으로서의 주말 혹은 주일(Saturday or Sunday) 교회이고, 다른 하나는 주중(Weekday) 교회의 '엿새 혹은 닷새 동안 일터에 흩어진 성도들의 몸'으로서의 교회를 말한다. 그들은 같은 백성, 즉 하나님의 백성이다. 기독교 세계관으로 보면 이 두 모습의 교회는 적대적이거나 경쟁적이지 않고 조화롭게 존재하는 한 교회이다. 다원화된 오늘의 세

계에서 그리고 하나님의 주권이 인간의 전 삶과 우주에 펼쳐지는 피조의 세계에, 교회의 개념도 새로운 지경과 경계의 모색이 필요함을 느끼게 한다.

피터 와그너는 '모이는 교회'와 '흩어지는 교회'라는 표현을 사용함으로 새로운 패러다임을 도입하고 있다. 이것은 두 교회 모두 동등하게 중요하다는 것을 잘 표현 해주기 때문이다. 그러나 피터 와그너는 여기서 '모이는 교회와 흩어지는 교회'의 개념에서 한 단계 발전한 사고를 제시하고 있다. 이를 주저 없이 표현하기를 "마치 축구선수들이 그라운드에서 뛸 때의 모습과 선수 대기실에서의 모습이 무척다르다"고 비교하면서 신약의 교회 개념을 기능적으로 적절하게 나타내 보이고 있다.71)

그러면서 '모이는 교회'가 거룩한 개념으로 생각했던 교회라면, '흩어지는 교회'의 개념을 속된 개념으로 간주하거나 암시해왔던 것을 부정할 수 없다고 말한다. 이어서 그는 더 발전적인 개념으로서 '핵교회'와 '확대교회'의 용어를 추천하고 있다. 필자도 새로운 두 형태 교회의 개념에 동의하며 더 발전해 가고 싶을 뿐이다.

나. 핵교회와 확대교회의 개념

| 핵교회 – 이 교회의 개념으로서 사회적으로 익숙한 핵가족과 확대가족 개념에서 도출한 '핵교회'-Nuclear Church를 말하고 있다. 핵교회란 건물을 포함한 기존의 교회 개념을 가르키고 있다.72)
| 확대교회 – 여기서 확대교회의 개념은 일터 사역자와 삶의 현장과

일터까지 확장된 교회를 의미한다. 그러므로 '확대교회'-Extended Church라는 용어를 언급하면서 사용하고 있으므로 이에 동일한 개념으로 일터교회의 개념을 제시해 나가겠다.

플라톤은 육체의 연약함을 말하며 그 실체의 한계를 지적하며 그에 대한 이론을 폈다. 또 마르크스는 경제적 구조의 불평등의 문제점을 지적하며 평등한 이론을 주장했다.
프로이트는 인간의 내면 문제와 욕구 문제, 양심과의 사이에서 무의식과 갈등을 분석했다. 사르트르는 인간은 한없이 자유를 누리는 존재이므로 어느 것에도 구속하지 않는다고 했다.[73] 이들이 문제 삼는 것은 서로 다를 수 있다고 보지만, 사실 공통적인 문제점이 드러나고 있다. 그것은 인간의 존재 구조의 불완전성에서 탈피하지 못한 논리를 말하고 있다.

다. 세상 문제는 인간 스스로 바꾸지 못함

인간이 세상에 존재하는 동안 그에 따라 발생하는 문제는 인간이 본질적으로 개선하거나 바꿀 수 없다는 한계를 지니고 있다. 법이 바뀌고 제도를 다시 세우거나 사람과 환경을 바꾼다고 해서, 본질적인 세상나라의 문제가 해결될 수 없다는 탄식밖에 없다. 인간이 모여 야단법석과 소문을 내고 심지어 혁신(Innovation)한다고 하지만 더이상 근원적으로 새로워질 수 없다는 한계를 토하게 된다. 세상의 영웅, 장사, 지혜자, 권력가, 사상가, 철학자 등이 그 어떤 본질적인 해결책을 스스로 제시하거나 혹 문제를 종결할 수 있는 열쇠를 가지고 있지 않다. 절대 그렇게 할 수 없는 존재가 이 땅 위에서 존재하는 인간이란 실존이다. 인간은 창조주이신 하나님을 향하여 궁극적으로 영광을 올려드리며 예배하며 삶을 유지하고 나갈 때 진정한 생존이 보장된다.

라. 세상이 교회를 염려하는 처지

그렇다면 우리는 무엇으로 우리에게 당면한 문제를 해결할 수 있는가? 어떤 물리적인 힘(ability)으로, 사상(thought)으로, 이념(ideology)으로, 군대(military)로, 제도(system)로 본질적인 해결이 되지 않는다. 그러기에 주님께서 피 흘려 몸 찢기고 희생하신 보혈의 능력으로 되기 때문에, 그리스도 앞에서 고백하는 무리들로 회중을 이루어 교회로 나가야 한다. 그러나 이 교회마저도 세상의 기대치에 미치지 못할 뿐 아니라, 당연히 교회가 세상을 염려해야 하지만, 우리의 현실은 오히려 세상이 교회를 염려하는 지경에 이르게 되었다.

이 상황을 그 누가 부정할 수 있겠는가? 오히려 부정적인 상황이 일터 교회 앞에 이르더라도 부정을 긍정으로 전환하는 믿음이 요구되듯, 한국교회에 새롭게 변화하는 도구가 필요하다. 그것이 바로 일터 교회의 공동체의 패러다임이라고 말할 수 있다.

마. 확대교회의 진보를 위한 방편

1) Obeying-순종하므로 믿음으로 한 걸음씩 내딛으라.
2) Lowering-주예수 그리스도께 힘껏 드리도록 자신을 낮추라.
3) Thanking-하나님의 선하심에 감사하고 찬양하며 예배하라.
4) Looking-일터 교회 지체로서 예수 그리스를 향해 생생한
   목표를 바라보라.

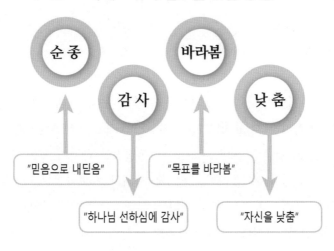

<표 16>　확대교회의 진보를 위한 방편

순종

감사

바라봄

낮춤

"믿음으로 내딛음"

"목표를 바라봄"

"하나님 선하심에 감사"

"자신을 낮춤"

5. 극복해야 할 치열한 경쟁 현장, 일터

기업인들에게 한 치 앞도 내다볼 수 없는 치열한 경쟁의 경영환경은 두려움인가? 흥미진진한 기회인가? 실시간으로 극복할 당면과제에 대한 고민이 되면서 그것을 피할 수 없다면, 그리스도인으로서 대안을 찾는 방법을 알아야 할 것이다.[74] 즉 고민을 질문으로 바꿔야 할 것이다. 좋은 질문을 찾기만 하면 긍정적인 해답도, 시원스러운 해결도 어렵지 않다. 특히, 일터에 있어서 윤리성과 탁월성은 지속(持續) 가능한 경영을 위한 핵심요소이다. 함께 협력해야 할 사람들은, 기업인이자 일터사역의 최고의 책임자 CEO, 목회자, 신학자, 경영인, 일터교회의 멤버(성도) 등이다. 이들과 함께 협력하여, 성경의 지혜로 그리스도인의 기업과 일터 교회의 성공을 향한 문제점을 극복해 간다.

제2절
일터 교회 사역 및 운영

1. 일터 교회 CEO의 말씀 사역?

가. 성경적인 일터 교회의 정의

본서의 핵심적인 주제에 대한 설문에 응답하여 협력한 '한국교세라'(일터교회 기관)는 기독교 기업으로서 회사 내에 별도 예배실을 마련하고 소위 '일터 교회'(The Workplace Church)를 운영하고 있다. 그리고 지역교회 목사님을 초빙하여 매주 월요일 또는 수요일 점심시간에 예배를 드린다. 초빙된 목회자가 방문 못 한 경우, 그 회사 경영자인 장로나 집사가 말씀을 전하기도 한다. 매달 첫 주 예배에만 헌금 시간을 가진다. 이런 경우를 두고, 필자가 소속한 교단(노회) 목회자는 "주일에 교회를 나가지 않고 회사 내 회의실에서나 대강당에서 예배를 드리는 것은 제대로 된 예배로 볼 수 없다"고 한다. 심지어 이러한 예배에서 장로나 집사가 말씀을 전하는 것은 공식 예배로 볼 수 없다고까지 한다. 예배 시에는 반드시 목사의 설교와 축도, 헌금이 따라야 한다는 것이다. 그러나 성경적으로 본다면 이런 판단은 너무 편파적이고 비성경적인 판단이 아닌가 싶다.

그렇다면 공인된 교회 예배란? 십자가를 설치한 교회 건물 내에서만 드려지는 것으로 한정되어야 하는가? 필히 정기적으로 회사 내에서 예배를 드릴 경우, 별도의 사목(社牧)[75]을 두어야만 하는가? 그리고 사내(社內) 예배에서 목사 대신 장로나 집사가 말씀을 전하는 것이 가능한가를 검토해 본다.

나. 일터(직장) 교회의 투톱 시스템

<표 17> 일터 교회, 투톱 시스템

To Lead 전문 사역자	가장 합리적인 투톱 시스템 지상의 하나님 나라를 세속적 공간 속에 확장	To Support 경영자(CEO)
일터(직장)교회의 영성 성숙 사역		일터(직장)교회의 영성 성숙 사역

여기서 조심스럽게 견해를 밝혀 보건대, 가장 이상적인 일터교회의 사역은, '투톱 시스템'으로 세우는 것이다. 영성훈련은 회사의 목회자가 관리하고, 그 목회자의 일터교회의 사역을 돕는 사람은 해당 기업의 CEO 장로나 집사가 협력하면 될 일이다. 이런 방법으로 일터사역을 이끌어 가면, 가장 합리적인 일터교회가 될 것으로 사료 된다.

일터 내의 신앙모임이 성경적인 교회형태로 발전하기 원한다면, 일터 사역을 위한 사목을 두거나 일터 사역 지도자로 하여금 신학교를 거쳐 목사안수 과정을 밟도록 하는 것이 좋다. 이것은 일터교회를 이끌어가는 지도자로서 목회자에게 전문적으로 요구되는 신학적 교육과 영성훈련 과정을 거치는 것이 바람직하다고 보기 때문이다. 그리고 일터를 기반으로 만들어진 교회는 기존의 일터와는 분리시켜 투톱 시스템으로 영성훈련은 사목이 맡는다.

또 사목의 사역을 돕는 자는 경영인 장로나 집사가 협력하여 일터사역을 이끌어 가면, 가장 효과적인 일터교회가 될 것으로 본다. 경영자가 교회를 일터와 동일한 수준으로 취급하는 것은, 경영의 연장선상에서 교회운영에 개입하여 좌지우지하는 형태로 나타나므로 바람직하지 않다. 이럴 경우, 신학교육과 영성훈련을 거쳐 목사 안수를 받은 사람을 일터 교회 담임 사역 목사로 임명한다. 그리고 일터 교회를 그의 책임하에 목회하도록 하는 것이 바람직하다.76)

다. 예배 장소와 시간의 보편성

신약성경에서는 예배에 관해 장소와 시간의 보편성을 말하고 있다. 요한복음에서 사마리아 여인은 예수님에게 "우리 조상들은 이 산에서 예배하였는데, 당신들의 말은 예배할 곳이 예루살렘에 있다 하더이다."(요 4:20)라는 질문을 한다. 이에 대해 예수 그리스도는 다음과 같은 답을 성경을 통해 교훈하고 계신다.

> "예수께서 이르시되 여자여 내 말을 믿으라 이 산에서도 말고 예루살렘에서도 말고 너희가 아버지께 예배할 때가 이르리라 너희는 알지 못하는 것을 예배하고 우리는 아는 것을 예배하노니 이는 구원이 유대인에게서 남이라 아버지께 참되게 예배하는 자들은 영과 진리로 예배할 때가 오나니 곧 이 때라 아버지께서는 자기에게 이렇게 예배하는 자들을 찾으시느니라"(요4:21-23).

예수 그리스도는 예배란 장소의 문제가 아니며 영과 진리의 문제임을 말씀하신다. 교회 내의 공간은 거룩하고, 교회 바깥의 세상 공간은 악하다는 식의 논리는 헬라식 이분법적 논리이다. 한 인격 내에 성령님이 임하시면 그가 가는 곳이 가정이든, 일터이든, 공장이든, 비행기 여행 중이든, 배를 타고 있든지 그곳이 예배하는 자리가 될 수 있다.

라. 일터교회 사역은 전문 사목(목회자)에게

주중(Week days)에 드려지는 예배나 성경공부, 기도모임에서 성령의 충만한 임재를 통해 일터는 신앙공동체가 될 수 있다. 그러기 위해서, 일터교회에서 이루어지는 특수한 공동체 활동은 교단 헌법이나 제도화된 형태 교회와는 맞지 않을 수 있다. 한국의 대부분 지역교회는 교회 창립 시 특정 노회(지방회)로 부터 공식 창립절차를 밟는다. 그리고 총회에 소속된 노회의 법을 준수하므로 교회로 인정받는다.[77) 교단의 질서유지라는 관점에서 볼 때, 아직은 이런 규정을 적용하지 않는 일터 신앙공동체를 공식적인 제도교회라고 볼 수 없다. 다만 특정 기업이나 직장이 사목을 선임 배치하고 그 사목이 말씀과 신앙 양육을 맡는 등 영적인 부분은 목회자에게 일임하면서 기성교단에 가입을 할 수 있다. 물론 일터의 교회를 허락하는 교단인지 아닌지에 따라 교단 가입이 가능할 것으로 사료된다. 현재 해당 관공서에 등록되어있는 정상적인 교단과 일터 교회의 관계를 정립할 필요가 있다.

일터 교회에서 예배에 참여할 때는, 경영자나 직원들이 소속한 지역교회 목회자를 초빙하거나 일터 인근 소재 지역교회 목회자를 설교자로 초빙하는 것이 바람직하다. 일터교회에서 예배를 운영할 때, 장로나 집사가 설교를 할 수 있느냐는 문제는, 담당 사역자 또는 초빙 목회자가 없을 경우 일시적으로는 가능하다고 할 것이다. 그러나 정상적인 교회의 형태로 발전하려 한다면 상시적으로는 바람직하지 않다. 여기서 예배에서의 '설교'(말씀선포)는 반드시 교단 헌법에 근거하여 수행하여야 한다. 교단 헌법(五.정치, 제5장 32조)에 "목사는 교회 대표로서 하나님의 말씀을 교훈(설교)하며"명시되어 있으며, 또 다른 곳에는 "교회대표로 설교와 치리를 겸한 자를 목사라 하고"라고 되어있다.[78] 그러므로 일터교회도 역시, 정상적인 교회 기능을 다하기 위해 교회 정치를 시행하며 말씀에 대한 권위를 스스로 지켜가야 한다.

마. 일터 교회에서도 신앙 생활화 실천

일터사역에 관심을 가진 경영자나 직장인들은 복음적 신앙을 가진 거듭난 그리스도인이 대부분이다. 복음적 신앙이란 예수 그리스도를 영접하여 얻은 구원의 진실된 그리스도인을 말한다.[79] 그런데 복음적 신앙을 가진 사람들도 신앙생활이란, 공식적인 교회 건물 내에서와 교회 프로그램 시간 속에서만 이루어진다고 생각하는 경우가 많다. 나아가 교회 생활과 세상 생활을 성(聖)과 속(俗)의 구분 하에 공간적이나 시간적으로 구분하려고 한다. 중요한 점은 주일에 교회라는 건물에 와서 보내는 몇 시간이 신앙생활의 전부가 아니다.[80] 하나님은 우리의 24시간, 365일 모든 시간에 우리와 함께 계시고, 그러므로 우리의 일거수일투족에 관심을 가지고 지켜보고 계신다는 것을 깨달아야 한다. 이것이 일상생활의 신학이다. 그리스도인이 모인 곳은 곧 성전이 되고, 그곳에서 활동하는 시간 안에서 신앙생활이 이루어진다.

바. 무슨 일이든지 경중이 없는 존엄성을 가짐

"그리스도인들은 본질적으로 노동을 가벼이 생각할 수 없으며 물질세계에 깊이 개입해야 마땅하다. 그저 잔디 깎는 노동일지라도 물질계를 보살피고 가꾸는 가치 있는 일이다. 이는 '세상적인 일들도 목회를 비롯한 이른바 '거룩한' 일들과 똑같은 존엄성과 고귀함을 갖는다는 뜻이기도 하다."[81]

세상에는 창조주께서 일하신 패턴을 좇지 않아도 괜찮을 만큼 존엄성이 떨어지는 일상사도 없으며, 주님이 보여주신 유형으로서 한계를 초월하는 대형거래나 공공정책 사업도 없다. 아울러 하나님은 손수 지으신 피조물들을 가꾸는 방법과 이유를 저마다 알아서 찾아내도록 하는 것이 아닌, 일의 목표를 분명하게 제시하며 당신의 뜻을 따르라고 신실하게 부르신다. 여기서 일-노동이 소명이라는 확실한 증거를 붙잡고 당당(堂堂)하게 나아갈 수 있다.[82]

일상생활의 신학의 모토는 일-노동에 관하여 본질적으로 존귀한 마음 가짐을 지니고 주어진 일에 대한 긍지를 가져야 한다. 마치 날마다 피조 세계를 가꿔 나가는 것은 누구나 감당해야 할 일이다.[83] 우리가 가정에 있든지 일터에 있든지 지하철에 있든지 사람들과 거래를 하고 계약을 하고 먹고 마시는 곳 그곳이 바로 신앙생활의 장(場)이다. 교회를 특정한 건물이나 장소로만 이해하려는 것은 구약적인 성소와 성전 중심의 사고에 머무르기 때문이다. 특정한 공간에서 특정한 시간에만 모이는 모임을 교회로 보는 예배당(장소) 중심의 교회론에는 문제가 야기될 수 있다.

사도 바울은 그리스도인에게 예수님의 영, 성령이 거주하시는 여부에 따라 하나님의 사람, '그리스도인'이라고 선언하듯 단명(端明)하게 밝히고 있다. 장소와 시, 그리고 건물(형태)을 초월한 개념이다.

> "만일 너희 속에 하나님의 영이 거하시면 너희가 육신에 있지 아니하고 영에 있나니 누구든지 그리스도의 영이 없으면 그리스도의 사람이 아니라"(롬8:9).

2. 주일 근무(영업)의 경우, 신앙생활

가. 일터 교회의 구성원으로서 마음 중심

직장 현장에서 주일 근무를 하게 되는 상황이 발생하는 경우가 있다. 그때, 신앙 중심에 너무 고통 받지 말고 차선책을 생각해야 한다. 주일 근무는 하되, 아침예배에 참여하고 난 후 출근하거나, 아니면 퇴근 후 예배에 참여하는 것이 바람직할 것이다. 요즘 지역교회 주일예배는 이른 아침이나 저녁 시간에도 있으므로 근무시간을 피해 예배에 참여하는 것이 가능하다. 다만 시간이나 거리상의 이유로 본인이 출석하는 교회에서 예배하기 어렵다면 일터와 가까운 교회에서 예배할 수 있다. 역시, 이때도 신령과 진정으로 예배한다는 마음이 중요하다.

특히 개인적으로 해외 출장 시에는 현지 근무지에 위치한 교회에 참석할 수 있다. 만약 교회를 찾기 힘든 경우나 혹은 지금처럼 코로나 19 사태가 발생하며 사회적 거리두기로 모여서 예배를 드리기 힘들 때가 발생한다. 이런 경우에 최근의 발달된 초고속 IT 환경을 고려하여, 컴퓨터나 모바일 폰을 활용한 인터넷 예배를 불가피하게 차선책으로 선택할 수 있다. 중요한 것은, 주일근무를 할 수밖에 없는 상황이 생길지라도 믿음의 마음이 어디에 있는가이다. 그리스도인으로서 의도적이고 습관적으로 주일예배를 거르고 무시하는 행위는 범하지 말아야 한다. 그러나 불가피한 사정으로 주일근무를 할 수밖에 없어서, 정기적으로 출석하는 지역교회 예배에 참여할 수 없다면, 가능한 방법으로 주님을 경배하려는 안타깝고 간절한 마음가짐이 중요하다.

나. 십계명에 안식일 준수 명함

주일(Sunday)의 의미는 안식(Sabbath)의 성격이 강하다. 하나님은 창
세기 1장에서 첫째 날부터 여섯째 날까지 창조를 마치시고, "그 하신
일에 대해 보시기에 좋았더라!"고 말씀하셨다. 그리고 "오직 일곱째
날을 복 주사 그날을 거룩하게 하셨다"고 말씀하셨다. 그 이유로 일
곱 번째 날에 안식하셨다. 그래서 하나님께서 안식을 거룩하게 하셨
으므로 우리는 안식을 중요하게 보고 있다.

한편, 육적으로 신체 리듬상 안식(쉼)하지 않고서는 다음 주 중에 힘
있게 일할 수 없다. 새로운 창조도 안식(쉼)을 통해 다가온다. 질 높
은 생산성도 안식을 통한 후에 이루어진다. 그래서 사람이 안식을 지
키는 것이 아니라, 안식일이 사람을 지켜준다.[84] 성경은 일에 대한 명
령을 기록하고 전달해 주고 있다.

> "안식일을 기억하여 거룩하게 지키라 엿새 동안은 힘써 네 모든 일을
> 행할 것이나 일곱째 날은 네 하나님 여호와의 안식일인즉 … 아무 일도
> 하지 말라 이는 엿새 동안에 나 여호와가 하늘과 땅과 바다와 그 가운
> 데 모든 것을 만들고 일곱째 날에 쉬었음이라 …"(출20:8-11).

다. 교회법적인 교회와 예배

-교회의 특수적 기능: 교회의 헌법(혹은 교단)은 교회의 특수적 기능
을 다음과 같이 정의한다. 예배지침 제1장 교회와 예배, 제1조 교회에
서, "교회는 하나님의 말씀을 정확하게 선포하며, 성례를 올바르게 집
행하고 권징이 정당하게 시행되어야 한다"고 했다.[85]

-교회의 예배 지침: 또 "예배는 예수 그리스도를 믿음으로 하나님의 자녀가 된 신자들이 하나님의 은혜를 받은 자의 대표적인 행위이다. 예배는 언제 어디서나 할 수 있으나 모든 신자들이 함께 모여 드리는 공중예배는 성별된 장소인 예배당에서 드리는 것이 마땅하고, 예수 그리스도가 부활하신 주일에 드리는 것이 마땅하다"고 필자가 속한 교단 헌법에 규정하고 있다.[86]

라. 주일 예배 섬김의 원리 적용-일터 교회 예배에서

신약시대에서 '예배하는 자가 신령과 진정으로 드리는 예배'가 성경적인 섬김의 원칙으로 알고 지켜야 한다(요 4:24). 주일(Sunday)에 영적으로 충만한 예배를 하나님께 드림으로 한 주간을 힘 있게 일할 수 있다. 예배를 통해 우리는 하나님의 임재를 맛본다. 영적으로 충만한 예배를 드려야, 한 주간의 세상 삶을 역동적으로 살아갈 수 있다. 주일예배는 우리가 맛보아야 할 축복이다. 그리스도인 경영자는 주일에는 예배드린다는 원칙을 반드시 고수해야 한다. 기독교는 시간을 성별해 드리는 특징이 있다.

마. 신약의 안식일 준수

신약에서의 주일은 예수 그리스도께서 부활하신 날을 기념하여 지켜오고 있으며, 한국교회와 그리스도인은 주일을 안식일로 지키고 있는 것은 엄연한 현실이다. 우리가 일요일을 주일로 지키는 것은, 안식일의 정신을 기리면서 예수 그리스도의 부활하신 날을 기념하는 의미에서 지키는 것이다. 기독교에서는 평일을 정례적인 예배일로 보지 않는다. 평일에 드리는 예배가 있을 수 있지만, 평일에 드리는 예배로 주일 예배를 대체할 수는 없다. 주일성수는 기독교인으로서 지켜야 할 거룩한 습관이다. 그리스도인 경영자로서 주일 영업이나 근무를 당연하게 여긴다면 신앙인으로서 정통 신앙을 의심받기 충분하다.

서비스업, 요식업, 유통업의 경우도 평일에는 일하고 주일에는 문 닫는 것이 정착화된 경우가 많다. 주일에 고객을 받으려는 서비스업이나 음식업체의 경우는 불가피하게 고민이 생기기도 한다. 그러나 월요일에서 토요일까지 영업을 한다면, 주일에는 당연히 쉬어야 한다. 사정과 형편을 일일이 따지지 말고 무조건 '주일에는 쉰다'라는 원칙을 지켜나가야 한다. 만일 주일에 어쩔 수 없이 문을 열 수밖에 없다면, '주일에는 비근무(非勤務)가 이루어지게 해주세요', 경영자부터 모두가 강력하게 기도해야 한다.

  바. 경영자는 배려정신(爲愛精神)으로

그리스도인의 경영의 원리로 볼 때, 경영자는 배려정신(爲愛精神)을 가져야 하며, 직원들이 충분한 휴식을 누리고 근무 현장에 돌아올 수 있도록 해야 한다. 안식을 주지 않고 시간 외 근무나 휴일 근무를 계속 시키는 것은 경영자의 책임의 원리에도 위배 된다. 반면에 피고용자인 근로자는 하나님과 함께 누리는 안식의 시간을 통해 충전됨으로써, 기존에 일상적으로 하던 일도 새롭게 더 효과적으로 할 수 있다는 것을 경영자는 잊지 말아야 한다. 그러나 안식일이 사람을 위하여 있는 것이지, 사람이 안식일을 위하여 있는 것이 아니다.[87] 예수님도 안식일에 병자를 고치셨고, 물건을 옮기시는 일도 하셨다. 주일성수가 어떤 면에서 사람을 옭아매는 굴레가 되어서는 곤란하다.

정말 공공의 직업인으로서 의사나 간호사, 119 대원이나 경찰, 경비원, 안전관리원, 청소부 등과 같이, 주일에도 사람들의 안전과 건강을 위해 예외적으로 근무해야 할 사람이 있다. 이런 경우, 주일 근무를 하는 사람들에게 주일성수를 이행하지 않는다고 지적하는 것은, 바리새인적인 율법은 아닌지 돌아볼 일이다. 안식의 정신에서 영과 육간에 건강과 재창조를 위해 주일성수를 한다. 일반사업체 기업의 경우 불가피하게 주일에 일을 해야 할 경우란 어떤 경우인가? 영업현장이나 생산현장에서 비즈니스 운영 면에서 납기준수 등으로 불가피하게 주일에도 연장하여 근무할 경우가 있다. 이럴 때, 본질적인 의미에서 주일성수의 믿음을 잃지 않는 것이 중요하므로 그에 연관된 말씀을 상고하며 기도하며 주일을 범하지 않고 지킨다는 마음을 다지는 것이 유익하다.

3. 일터교회 헌금관리

그리스도인으로서, 또 그리스도인 경영자로서, 회사 내의 일터사역의 예배 및 성경공부, 봉사모임 시에 재정지원을 하고 있다. 그리고 현재 가난한 농어촌 교회, 해외 선교사에게 일정 금액을 정기적으로 돕고 있는 경우가 있다. 또 십일조 중 일부를 이런 곳에 쓰는 경우가 생기게 된다. 그런데 내가 섬기는 교회 목사님은 온전한 십일조를 섬기는 교회에 드리는 것이 성경적이라고 한다. 한편, 목회자의 권면에 따라 순종하면서 헌금을 바치는 신앙인으로서 목회자의 권면이 올바른 견해인지 고민이 된다. 내가 지금 예배로 섬기는 하나님 앞에서 바치는 각종 헌금, 십일조 등이 성경적 교훈에 의해 실천하는 일은 분명하다.

믿음의 활동은 교회 내의 것이나 사내(社內)의 사역이나 동일한 것이지 결코 다른 것은 아니다. 그러므로 신앙 양심이나 믿음의 분량에 거리낌 없이, 헌금을 집행하면 되는 것이다. 어떤 규례가 설정된 것은 아니다. 그러다 보니 이러한 사역을 위한 재정적 필요와 지역교회에 드리는 헌금 간에 우선순위를 놓고 많은 고민을 하게 된다. 그런데 이런 문제를 놓고 지역교회 목사님에게 상담하기란 어렵다. 왜냐하면, 이러한 고민을 털어놓을 경우 목사님은 받아들이지 못할 것이라고 생각하기 때문이다. 그래서 아예 이런 문제의 상담은 하지 않게 된다. 다만, 이 문제는 신앙에 위배되는 사례가 아니라서 큰 고민거리는 아니라고 말하고 싶다.[88]

가. 일터사역 헌금문제 처리

회사의 경영자나 직장인으로서 혹은 일반 사업자이든 일터사역의 구성원으로서 헌금에 대한 세부사항은 기도와 신앙양심에 따라야 할 것이다. 정직한 십일조의 기준은 무엇인가? 자신이 취득한 소득의 10%를 교회 예배 중에 하나님께 헌금명목으로 드리는 것이다. 소득 금액은 본인이 합리적으로 산정할 수 있는 차원에서 본인에게 귀속되는 금액으로 하면 된다. 소득을 총소득으로 볼 것인가? 아니면 세금이나 4대 사회보험료 등을 공제하고 난 이후의 순소득으로 볼 것인가? 총소득이 맞다. 총 소득과 순 소득을 따지기보다 감사로 자원하는 마음이 중요하다. 이는 금융자본주의 시대에 십일조 기준으로 논란이 있을 수 있다. 직장인의 근로 소득은 유리지갑 성격으로 비교적 투명성이 강하다.[89] 소득 금액도 분명하다. 반면, CEO의 종합소득은 정확하게 자기 소득이 얼마인지 산출하기 애매모호한 경우가 많다.

특히, 주식이나 채권, 부동산 등 투자 차익 관련 소득이 증가함에 따라 이익이 난 경우는 소득이라 볼 수 있지만, 손실이 난 경우는 어떻게 할 것인지도 문제이다. 주식 매매관련 차익, 배당소득, 부동산 임대소득, 양도관련 차익소득은 소득이 발생한 시점에서, 소득금액을 산정하고 십일조를 산출하면 될 것이다. 다만, 손해를 본 경우에는 마이너스 소득이므로 헌금하기는 어려울 것이다. 이런 경우 자신을 다시 돌아보고 왜 이런 손실 상황이 생겼는지를 묻는 묵상의 시간을 갖는 것이 바람직하다.

나. 일터 사역지, 신우회 헌금 처리

십일조는 내가 속해 있고 은혜를 받는 교회에 드리는 것이 바람직하다. 그러나 자신이 관계하는 교회나 선교단체, 복지기관, 신학교 등이 여러 곳일 경우, 십일조는 내가 섬기는 교회나 일터 교회에 해야 할 것이다. 그 외의 다른 섬김의 사역지나 신우회 선교기관의 재정지원, 후원 헌금 등은 특별하게 추가할 수도 있다. 또, 타 선교기관이나 어려운 교회를 도우려는 경우, 자신이 속한 지역교회에 헌금을 낸 후, 목사님과 협의하여 그곳으로 헌금이 가도록 할 수도 있다. 이런 사안을 놓고 깨끗한 헌금관리를 위해 전통적인 교회나 선교단체처럼, 헌금을 투명하게 관리하면서 하나님 뜻이 무엇인지를 구하고 겸손하게 기도할 문제이다. 결국, 헌금 사항은 그리스도인 한 사람 한사람의 신앙 양심에 맡길 수밖에 없다.[90] 그리고 나중에 하나님이 그 정직성과

순전함을 보시고 하나님이 갚아주신다(고후9:10-11)

4. 지역교회의 평신도와 목회자 관계

지역교회를 섬기는 그리스도인 경영자 다수는 장로나 집사로서 주일의 대부분 시간을 교회에서 보내게 된다. 그리고 월요일부터는 회사일에 매달려야 한다. 교회 행사나 회의가 많을 경우, 수요일, 금요일, 토요일 등 평일에도 빈번하게 교회에 가야 한다. 교회 새벽기도회도 가능한 빠지지 않으려고 한다. 그러나 평일의 교회행사가 너무 많을 경우에는 힘이 든다. 어떤 때는 목회자가 교인들을 너무 교회에만 묶어두려 한다는 생각이 들기도 한다. 나아가, 목사님이 사업현장에서 경영자와 직장인의 힘들고 바쁜 현실을 이해하지 못한다는 생각이 든다. 특히, 성도가 개척교회나 중소교회를 섬겨야 하는 경우, 지역교회 새벽기도회나 수요예배, 금요예배 출석을 등한시 하는 때가 있다.

이런 경우, 율법적 성향이 강한 목회자는 교인들이 세상일에 빠져 있다고 나무란다. 심지어, 영적인 것을 도외시하고 세상적인 것, 육적인 것을 우선시 한다. 그리고 설교를 통해 질책하기도 한다.[91] 이러한 상황을 자주 겪을 경우, 스스로 자괴감이 들고, 담임 목사님과 보이지 않는 거리가 형성된다. 특히, 일터 예배에 초빙되어 오시는 지역교회 목사님이 회사의 경영을 간섭하려 할 경우, 어디까지 받아들여야 할까?에서 고민해 본다.
또한 특정한 사람의 채용을 요청할 경우, 그간 수차례 부탁했는데 이번에 또 거절하는 경우일 때, 매우 난처한 경우에 처하게 될 수도 있었다고 한다.

가. 목회자와 평신도의 역할 구분

구약에서는 레위인(레위 지파) 만이 제사장이 될 수 있었으며, 제사장만이 제사를 드릴 수 있었다. 그리고 제사장들은 제사 및 성전과 관련된 일에만 종사하였고, 일반인들이 가져오는 제물이나 그들의 십일조로 경제생활을 하였다. 제사의 영역은 오로지 제사장만이 할 수 있었다. 사울이 전쟁 중에 사무엘이 오는 것을 기다리지 않고, 자기 임의대로 제사를 드린 것 때문에 사무엘은 제사장으로서 사울 왕을 질책했다. 구약에 나오는 많은 예언자나 선지자들도 하나님의 말씀을 왕이나 백성들에게 대언하는 역할을 하였다. 다윗의 잘못에 대해 나단 선지자가 질책하자 다윗은 무릎을 끓고 회개할 수밖에 없었다.

이처럼 구약에서의 제사장, 예언자는 하나님께로부터 기름부음 받은 자였다. 이 점이 그들이 가지는 영적 권위의 근간이었다. 이런 점에서 구약에 나오는 제사장이나 선지자는 하나님과 백성사이에 위치하는 사람이었다. 왕이나 관리, 백성들은 제사장이나 선지자를 통해서만 하나님께 나아갈 수 있었다. 이러한 하나님나라 안에서는 하나님의 통치가 유효했으며, 그 앞에서 누구든지 하나님께 나아가는 한 라인만 있게 되었다.

나. 만인 제사장 론

신약에 이르러서는 기름부음, 즉 성령의 임재가 보편화 되었다. 오순절 마가의 다락방에 모인 모든 이들에게 성령이 불같이 임하였다. 바울은 제사장이든 비제사장이든, 유대인이든 이방인이건 모든 이들에게 하나님께서 성령을 부어주신다고 말한다(행 1:8). 베드로는 너희 모두가 왕 같은 제사장이라고 말한다(벧전 2:9). 모두가 왕 같은 제사장이다. 다만 사도들은 이후에 교회질서를 위하여 감독과 장로, 집사의 선출기준을 정했다.

루터와 칼빈의 종교개혁 정신은 로마 가톨릭의 사제들만이 성경을 읽을 수 있고, 그들만이 영적 권위를 가진다는 것에 대한 도전이었다.[92] 루터의 만인 제사장론에 근거한 기독교에서는 목사와 평신도 간에는 신분적으로 차이가 없다.[93] 그래서 모든 믿는 이들이 직접 하나님께 나아갈 수 있다.

이에 대한 종교개혁자, 칼빈의 신학적인 견해를 살펴볼 필요가 있다. "주님께서 사도직을 제정하셨다. 그것은 전 세계에 복음을 전하기 위해서였다. 그들은 가는 곳마다 모든 족속과 방언 가운데서 대사직을 수행하지 않으면 안되었다. 이 점에서 사도와 목사 사이에는 차이가 있다."[94] 부언하면, 로마 가톨릭에서 직책과 신분적으로 차별을 두는 것과 달리, 기독교(개신교)에서 누구든지 만인 제사장의 역할을 감당하므로 본질적인 차별을 두지 않았다. 이로서 효과적 직책을 수행하여 하나님 나라의 확장을 꾀해 나갔다.

팀 켈러는 "신약 성경의 목회서신에서 '부르다'라는 뜻을 가진 그리스도 칼레오(kaleo)는 보통 믿음으로 구원 받고 예수님과 더불어 하나가 되라는 하나님의 요청을 묘사할 때 사용되는 말이다(롬 8:30, 고전 1:9)"라고 밝히고 있다. 덧붙여 "실은, 교회를 가리키는 그리스도어 에클레시아(ekklesia) 자체가 '부르심을 받은 이들'을 의미한다"[95]고

했다. 구원받은 사람(복수)이 '하나'(단수)의 개념으로 모이는 것이 하나님의 요청이라면 그 하나 안에는 신분, 직책, 연령, 성별의 차이가 없음이 분명하다고 했다.

이처럼 목사와 평신도 간에는 신분상으로는 왕 같은 제사장으로서 서로 간 차이가 없다. 그러나 서로가 맡은 교회 내에서의 역할은 다르다고 보아야 한다. 다만 총회의 교회법에 따르는 대부분의 교회는 설교와 축도, 성찬 집례 수행자를 목사만의 역할로 한정하고 있다. 따라서 교회와 관련한 의사결정, 개인의 신앙생활에 관한 조언에서는 목사 의견을 따르는 것이 바람직하다.
반면에 교회의 재정 운용과 관련한 의사결정은 당회와 제직회의 역할로 정해 놓고 있다. 물론 교단마다 차이가 있기도 하다. 목회 방침의 추진, 교회 제직의 인사 및 재정운영과 관련한 방침과 의사결정에서도 목사와 장로 간 협력 형태는 다양하다.

  다. 지역교회의 목회적 권위를 존중

지역교회의 제직들인 장로나 집사는 교회의 목회적인 권위에 순종하는 자세가 바람직하다.[96] 제대로 된 목회자라면 그는 교인들을 위하여 모든 일에서 기도하는 책임을 지고 있다. 목회자를 잘 섬기고 따라주는 것은 자신의 영적성장을 위해서도 필요하다. 따라서 지역교회에서 예배와 선교, 설교와 양육, 교회 프로그램 운영 등 목회와 관련된 부분은 장로나 집사가 목회자의 의사결정에 지나치게 개입하지 않는 것이 바람직하다. 목회자는 평신도 지도자를 동역자로 알고 충분히 협의하고 논의하면 민주적이고 투명하게 운영해야 한다. 그리고 교회재정이나 평신도 지도자에게 위임된 사역부분에 있어서는 장로나 집사가 자율적으로 역할을 이끌 수 있도록 해야 한다. 목회자도 평신도 지도자의 고유 영역에 대해서 장로, 집사의 의견을 존중하고 따르는 것이 필요하다.[97]

라. 다양성으로 일치를 이뤄내는 일터사역자

신약시대 당시, 이방 지역의 시리아의 안디옥교회로 세계 최초로 해외 선교사로 파송받은 인물은 바울과 바나바였다. 그들이 2차 선교여행을 떠날 때, 동역자 마가의 문제로 갈등이 심해 헤어져 각자의 길로 나아갔다. 이는 바울의 일만을 중심하는 기질과 바나바의 사람만을 중심하는 기질이 서로 부딪혔기 때문이다. 똑같은 복음 안에 있다 할지라도 생각이 다르고 신앙 표현이 다를 수 있다.[98] 그러나 서로 다른 생각 때문에 관계를 악화시키는 것은 성숙한 그리스도인의 모습이 아니다. 다양한 출신과 성분의 사람들이 모인 공동체는 갈등의 문제가 상존한다. 그 갈등을 통하여 삭여서 성숙하게 풀어나가며 새로운 연합을 이루는 것이야말로, 이 시대 일터사역자에게 요구되는 중요과제이다.[99] 그러므로 다양한 것은 좋은 것이다. 그리스도 안에서 하나라는 믿음을 가지면서, 다양성 가운데 일치(Unity in Diversity)를 추구하는 것이야말로, 이 시대 일터 사역을 담당하는 그리스도인에게 요구되는 과제라고 할 수 있다.[100]

5. 일터 교회를 통한 비그리스도인 관계

기업을 기독교 정신으로 경영하는 비전을 소유한 경영자라면 기독교 기업임을 대내외적으로 표방하는 것이 바람직하다. 일터사역 중 사내에서 운영되는 예배 등 기독교적인 사역은 비 그리스도인에게는 생소한 사역이다. 하지만, 이미 자신이 기독교 기업을 선택하여 입사했기 때문에 별다른 이의 제기가 어려울 것이다. 일터교회의 중요한 사역으로서 매주 월요일 또는 수요일 일터 예배를 섬길 때, 지역교회 목회자를 초빙하여 드리는 경우에 근무시간 내에 드려야 하는가? 아니면 근무시간 전후 등을 활용해야 하는가?

그리스도인과 비그리스도인 간의 채용 및 승진 등에서 그리스도인을 선호하는 성향을 어느 정도 가져야 하는가? 아니면 아예 신앙적인 요소는 배제해야 하는가? 기독교적인 회사 정서를 갖추어 나가다 보면, 한편, 능력 있는 비그리스도인의 경우, '자신이 언젠가는 차별받을 것'이라며 회사를 퇴직하는 일이 있다. 이런 경우 어떻게 해야 하는가? 이상 몇 가지 질문은 일터 사역을 이루어 갈 때, 비그리스도인과의 관계를 깨끗하게 정립하여 가는 지혜가 필요하다.

  가. 비그리스도인을 배려하는 경영

직장 내에서 비그리스도인이 자신들이 소외된다거나 차별받는다는 느낌을 가진다면, 진실하게 복음을 전하는 데 걸림돌이 될 수 있다. 기업 활동 속에서 선교명령을 어느 정도로 추구해야 하는가는, 좀 더 신중하게 고려해야 할 문제이다. 이것은 기독교 기업이라는 이미지를 외부적으로 얼마나 표방할 것인가? 혹은 내부적으로는 비그리스도인이 불편하게 느낄 수 있는가? 하는 분위기 정도를 잘 알아서 일터교회를 운영해야 할 것이다. 경영자는 비그리스도인을 배려하면서, 신앙적 요소로 직원을 관리하는데 적극 반영하려고 노력하는 경영자의 배려가 있어야 한다. 이렇게 하면, 비그리스도인은 신앙적으로 생소한 직장의 일터 교회에서도 차별받는다는 생각을 갖지 않을 것이다.[101]

나. 종교적 편견 없는 인사관리

그리스도인 CEO는 기독교 기업임을 표방하는 것이 좋지만, 인사 관리적 요소는 신앙과 별개로 해야 한다. 일반적으로 비그리스도인이 그리스도인에 대한 생각은, 기독교는 타 종교를 인정하지 않으며, 자신들만의 종교적 문화를 강요하는 배타성이 심하다. 따라서 기독교 기업을 표방하는 경우에, 기독교적인 것에 대한 배타심을 갖지 않도록 하는 것이 중요하다. 비그리스도인을 기다려 주고 품어주는 포용성이 요구된다. 아예 설립 때부터 기독교 기업을 내세운 이랜드 그룹 등의 경우도 임직원 중 기독교인 비율은 50%를 넘지 않는다고 한다.

결국, 이 문제는 기독교 기업인이 자신의 기업을 얼마나 기독교 기업으로 끌어갈 것이냐는 의지에 달려 있다. '주일은 쉽니다'라는 기독교 이미지를 대내외적으로 표방하는 한국벽산그룹(故, 회장 김인득 장로)의 경우처럼, 기독교적 정체성이라는 기본을 유지하되, 비그리스도인이 기독교 조직문화를 거부감 없이 수용하도록 하는 지혜도 필요하다. 직원에 대한 인사관리에서는 능력과 성과, 연공에 따라 평가하고 보상하되, 신앙 여부는 플러스 알파 요소로만 고려해야 할 것이다. 따라서 승진과 같은 인사평가에서, 직원들을 신앙유무에 따라 차등하는 것은, 기업을 책임지고 경영하는 CEO로서 바람직하지 않다.

다. 세계관이 동일한 임원 선정

기독교적인 기업으로서 비전을 가지고, 중요 임원으로 승진시킬 경우, 해당자의 신앙 상태를 심각하게 고려해야 한다. 세계관이 다른 비그리스도인과 회사 미래가 달린 중요한 의사결정을 함께 하기는 어려울 것이기 때문이다. 다만 경영자는 기독교적 분위기에 익숙하지 않은 신입 사원 및 기타 사원에게 시간을 주고 기다려 주는 것이 필요하다. 또한, 이러한 기독교적 기업 이념을 회사 사명이나 비전 선언문, 취업규칙과 단체협약에 명시하여, 기독교 기업으로서의 정체성을 분명히 하는 것이 유리하다. 나중에 노동관계법 상의 차별금지 문제에서 벗어날 수 있을 것이다.

그리고 직원을 채용할 때, 교회 목회자 추천서를 첨부하도록 하는 것이 유리하다. 학교의 사학법 개정 요구에서처럼, 기독교 기업으로서 예배 참여 여부를 부과하는 것은 차별이 아니라는 것을 인정받아야 한다. 왜냐하면 이미 기독교 기업 또는 학교임을 사전에 명시했기 때문이다. 공개적으로 사전에 기독교적 기업임을 표방할 경우, 입사하는 직원이나 거래하는 고객에게 관련 정보가 사전에 주어진 상태에서 그들이 선택한 만큼, 차별이라는 법적인 문제를 제기하지 못한다.

이번 장은 '일터 교회 사역 현장의 올바른 자세'의 주제와 일터의 사역 현장에 대한 조언으로 일터 교회의 사역에 따르는 운영문제를 해결하는 항목을 다뤄보았다. 일터교회가 소속한 회사의 대표(CEO)가 설교 사역에 개입해야 하는가의 문제, 주일에 회사가 영업을 해야 하는가의 문제, 일터교회에서 발생하는 헌금을 어떻게 관리해야 하는가? 또 일터교회가 불신자와의 관계 등을 살펴보았으며, 일터교회 공동체의 올바른 자세를 가짐으로서 일터(직장) 대표(CEO)와 일터 교회 전임 사역자 사이의 사역 업무 관계 등을 정리해 놓았다. 또 일터교회로서 어떤 일이라도 비중 있는 관심으로 자존감 문제 등을 사려 깊게 살펴보고 그 대안들을 나름대로 제시해 놓았다. 다음 장은 '일터 공동체(교회)와 선교'에 관한 주제로 생각해 나가겠다.

일 터 교 회

3부 일터 선교에 대하여
About The Workplace Mission

>> **제 4 장 일터 선교 공동체(교회)와 선교에 관하여**

일터 선교 공동체와
선교에 관하여

Chapter 4
Mission Community of The Workplace About Mission

이 장은 '일터 선교공동체'와 '선교'에 대한 주제로 꾸며져 있다. 일터 선교공동체(Missionary community of Workplace)와 선교 사역(Mission work)을 위한 부르심은 일터 선교의 대위임령(The Great Comandment)에 근거한 것이다. 그에 따른 다른 주제로서 '일터 교회는 세속성 가운데 어떤 존재와 무슨 사명으로 일할 것인가를 연구해 가겠다. 그리고 '일터 선교(공동체)로서 선교론을 어떻게 정립할 것인가를 고민하면서 실제적인 일터 현장 가운데서 부여받은 선교 사역을 어떻게 수행해 가야 하는가?' 또 세계 선교적인 상황과 더불어 일터 선교사와 선교사가 소속되어 있는 기업과의 관계를 생각해 본다.

제1절
기독교 선교란 무엇인가?

1. 선교의 정의

가. 광의적 의미

광의적인 의미에서 기독교 선교란 무엇인가? 기독교에서 절대적인 명제가 있는데 그것이 '선교'(Mission)라는 과제이다. 이미 기독교는 예수 그리스도의 마지막 지상명령(The Great Command)을 수행하는 것에서부터 본격적으로 시작된다. 그러므로 하나님의 선교는 인간의 생각, 계획, 방법, 수단, 상식과 대치된다. 선교는 순전히 하나님의 고유한 뜻에 의존하면서 진행해 가는 특별한 방법이다.

인간은 완전히 타락되었기(Be fully depravity) 때문에 그 상태에서 사랑 그 자체이신 하나님의 관심을 받을 수밖에 없다. 그러므로 선교는 하나님 편에서 인간에게 최대 관심을 두는 그 무엇이다. 그리고 하나님 자신의 사역을 행하여 나가는 실천이다. 선교는 하나님 편에서 인간에게 성육신으로 찾아오시는 것이다(요3:16-18).

나. 협의적 의미

하나님의 선교에 있어서 협의적인 의미는, 세상 속에서 구속사역을 행하도록 그의 백성들을 교회 공동체로 모이게 하셨던 바, 그 사역에 대한 임무의 총체적인 것을 말한다. 또 이 의미는 선교의 협의적인 정의를 엿보게 되고 굳이 그것을 구분하여 살펴본다면, 교회 개척 (Build the Church), 말씀 선포(Proclamation of the word), 지리적 확장(Geographic expansion) 등으로 연구되어야 한다.102)

2. 선교학의 정의

기독교 선교를 말할 때, 선교학의 용어는 'Missiology'(영)이다. 선교학자들은 그동안 선교학에 대하여 여러 가지로 정의해 왔다.

| J.T.L. Dantz _ 교회 역사학자. 단츠는 선교학을 사도적 학문이라했으며, [신학백과사전 및 방법론]에서 '사도학'(Apostolik)이라고 번역했다.103)

| Abraham Kyper _ 개혁주의 신학자 아브라함 카이퍼는 선교학을 증가학(Prostheics)이라 했다. 사도행전 2:41, 5:14에 기초하여 구원받는 사람의 수를 증가 시키는 학문이라고 주장했다.104)

| J. H. Bavinck_선교신학자 요한 바빙크는 초대교회는 "왜 우리가 선교해야 하는가?'라는 질문을 해 보지도 않은 채, 선교를 자명한 일로 생각하고 선교를 수행해 왔으며, 그 방법에 관하여 문제를 제기해본 적도 없다"고 했다.105)

| Herman Ridderbos _ 바울 신학으로 저명한 개혁주의 신학자 헤르만 리델보스는 자신의 저서, [바울 신학-PAUL, An Outline of His Theology]에서 사도 바울의 선교적 관점에 대해 "그의 선교적 사고의 주요한 주제는 모든 민족의(민족들에의) 복음 선포의 획기적 진전이라고 할 수 있다"(롬1:16, 3:22)106)고 했다.

이에 따라서 비록 소수 학자의 인용이라도 핵심적인 기독교 선교적인 견해라는 것에는 동의한다. 선교학(Missiology)이란 하나님의 사람 (The people of God)이 동기가 되고, 그리스도의 지상 위임이 명령이 되어, 땅끝까지 하나님의 나라를 확장하기 위하여 수립된 계획과 실천된 실제와 세계에 끼친 영향을 연구하는 학문적 진보를 위한 훈련 이라고 할 수 있다.107)

3. 선교 학자들의 견해

다음은 선교학자들이 말하는 중요 센텐스를 소개한 것이다. 이들이 말하는 중요 공통점은 적극적인 선교의 정신을 주장하고 있다. 교회 가 세상을 향하여 관대한 마음가짐으로 대처하지 않으면 안 될 절대 적인 책임을 명하는 것이다.

| John Stott _ 복음주의 신학자, 존 스토트는 "선교란 무엇을 행하도록 세상 속에 하나님이 그의 백성을 보내는 것이 선교이 다"라고 밝혔다.108)

| Donald McGavran _ 교회성장학자, 맥가브란은 "예수 그리스도의 복음을 선포하는 것이 선교이며, 사람에게 설득하여 예수의 제자를 만들고 교회의 회원으로 헌신하게 하는 하나의 기업이다. 선교는 또 다른 의식주 같은 상대적인 문제가 아니라 영혼을 살리는 절대적인 문제이다"라고 말했다.109)

| David Bosch _ 선교학자, 대이빗 보쉬는 "모든 것이 선교라하면(Everything is Mission), 선교는 아무것도 아닐 수 있다. 선교는 국경을 넘어가면서 하지않으면 안될 그 어떤 일이다"했다.110)

│ George Peters _ 선교신학자, 조지 피터스는 "선교는 설교를 선포하는 것이다. 그 교훈으로 그리스도의 제자를 삼는 다이나믹 한 과정이 또한 선교이다"라고 한 것은 우리가 주지할 부분이다.

그러므로 일터 교회 공동체로서 그 궁극적인 사명은 선교라서 본질적 인 선교적 본분을 다짐해야 한다. 성경에서도 누누이 강조하는 것은 세상의 삶만 추구하던 사람 중 하나하나가 일단 교회로 모이면, 거기 서부터 주님의 분부를 이행해야 한다. 그것이 예수 그리스도의 마지 막 지상명령이므로 우리는 그것을 외면할 수 없다(마28:18-20).

4. 현대 선교의 의미

기독교에서 선교의 발전은 근대 선교의 아버지라 불리는 윌리암 케리 (William Cary, 1761-1834년)111)에 의해 본격적으로 이뤄졌다. 당시 그 누구도 세계 선교에 관심을 갖지 못하던 시기였다. 그는 지도를 집에 걸어두고 선교적 관점에서 성경을 공부하기 시작하였다. 1792년 32세 되던 해 캐리는 87쪽 짜리 선교 책자를 발행하였으며, 이 책에 서 세계 선교의 필요성을 역설하였다. 노팅검에서 개최된 선교 대회 에서 캐리는 유명한 메시지를 선포했다. 그 메시지는 오늘 현대사회 에 전달되어 일터 교회 공동체에게도 생생하게 들려오고 있다.

│ Expect_great_things_from_God! │
│ 하나님으로부터_위대한_일들을_기대하라! │
│ Attempt_great_things_for_God! │
│ 하나님을_위해_위대한_일들을_성취하라! │

캐리 이후 세계 교회는 선교에 큰 관심을 갖게 되었고 스코틀랜드, 네덜란드, 영국 등 각 나라에서 선교회가 조직되어 19세기 기독교 선교의 황금시대를 열어 나갔다. 윌리암 캐리는 그칠 줄 모르는 뜨거운 열정과 끈질긴 도전으로 영적으로 잠자는 나태한 영국을 제사장의 나라로 만들었다. 그로 인해 1세기를 훌쩍 넘기면서 세계 선교의 주도권(initiative)을 확실하게 잡아가게 되었다. 이전 수세기 까지만 해도 세계 선교의 주도권을 로마 가톨릭에서 주도해 왔었다.

이에 탄력을 받은 기독교 선교학은 기독교의 선교 분야에 대한 학문 그 자체로서 신학 내의 한 분야로 고유한 활동을 전제로 발전을 거듭해 왔다. 그래서 기독교 신학의 모든 면에 선교학은 불가피하게 선교적인 측면이 자리하면서 그 안에 내포하게 된다. 선교학은 기독교 신학 안에서 복합된 요소를 통합하여 설명하고 있으며, 선교적 측면이 강하게 나타나 있는 바를 연구한다. 그리고 그 의의를 찾아 오늘의 정황 속에서 예수 그리스도께서는 선교를 시행하도록 일터 교회 공동체에게 요청하고 있는 복음의 메시지를 외면하지 말아야 한다.

가. 현대 선교는 지구촌의 개념으로

선교를 개념으로서 나타낼 때, 종전처럼 한 문화권을 넘어 국외에서 행하는 전도행위만을 중심하여 말하지 않는다. 선교는 전 세계를 염두에 두는 개념에서 다뤄져야 한다. 즉 지구촌(Global Village)의 개념으로 선교를 받아들여야 한다. 이것은 21세기에 당면한 세계가 요청하고 있다. 나아가서 선교는 자국을 벗어난 지역뿐 아니라, 자국 내에서도 발생하는 구체적이고 확실한 구속사역이라고 보게 된다.

아니, 국가의 단위를 더 좁혀서 민족, 종족, 사회, 단체 가정, 직장 단위까지를 선교적용의 개념으로 보는 것이 현대사회의 마땅한 요구이다. 아마도 이 요구는 인간 개인까지도 예외가 될 수 없다는 주장으로 여겨야 하지 않을까?

나. 선교의 사명 발생의 원인

〈표 18〉　선교의 사명 발생원인

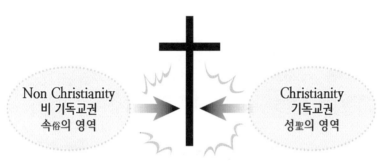

일터 교회 공동체는 선교사역을 위하여 선교 사명의 원인을 찾으면서 어떠한 경계를 이해하지 않을 수 없다. 이것은 양극단 사이의 경계를 구분 지으며 거기서 발생하는 선교(복음)를 발견할 수 있다.112) 전통 교회는 물론, 일터 교회 공동체에게도 선교(복음)의 사명을 강력히 발생시킨다. 이것은 '비기독교권'과 '기독교권'의 분리된 영역에서 서로의 경계가 뚜렷해질 때 선교(복음)의 불길이 일어난다. 불신앙과 신앙이 나누어진 속(俗)스러운 영역과 성(聖)스러운 영역, 그 경계 사이에서 선교의 행위가 드러나므로 일터 교회는 주어진 삶 속에서 본래적인 사명, 선교(복음)르 감당할 수 있다.113)

두 영역의 특성으로 인하여 갈등과 문제가 발생하므로 양극단의 그 경계 사이에서 발생한 선교적 사역을 일터 교회와 일터 그리스도인들이 떠안고 거기서부터 선교를 추진해 가야 한다.

제2절
기독교 세계관
World-View of Christianity

1. 세계관-실체에 대한 인간의 궁극적 질문

가. 무엇이 실제인가? 물음의 응답이 세계관 시작

인간 세계의 모든 문화의 핵심부에는 '세계관'(World-View)이 자리 잡고 있다. 세계관은 문화의 가장 근본이 되는 "무엇이 실제인가?"-What is real?라는 질문의 대답이다. 여러 가지 분야 중 문화에서의 이 영역은 실체에 대한 가장 궁극적인 질문이다. 그러므로 무엇이 실제인가? 라는 물음에 대한 반등이 바로 세계관이라는 것이다. 세계관은 이 질문에서부터 시작된다고 볼 수 있다.

최근 한국 교회에서 '세계관'이란 말을 보편적으로 사용하고 있다. 세계관이란, 사람이 세상을 바라보는 시각이라고 한다.114) 세계관에서 문화가 줄 수 있는 가장 중요한 해답을 찾을 수 있다. 문화는 인간이 남긴 자연스러운 산물이기 때문이다. 한 예를 들면, 불교나 힌두교 권에서는 인간이 추구했던 종교로 남긴 흔적에 대하여 "인생은 순환한다"고 생각하기 때문에 죽음도 환생(還生)을 위한 일부라고 생각한다. 그래서 그들은 시간의 개념도 순환적인 인식을 가지고 있다.

철학은 의미와 진리와 생각의 근거와 생각이 떠오르도록 하는 방법의 근거를 비판적으로 고찰하는 것이다. 그래서 철학에서 세계관은 인간이 당면한 현실 세계에 시선을 고정시킨 나머지, 이상적인 세계를 더 이상 보지 않으려 하는 면이 있다. 즉 철학적인 세계관은 인간 실존과 실제적인 세계 현상의 차원의 세계를 보는 데만 중점을 두고 있다. 세계관에 있어서 철학의 모순과 한계는 자신이 보고자 하는 거기서 세상을 보고 그 시야 안에서 보이는 것이 '모두'라는 개념이다.

그에 비하여 기독교권에서는 인생을 직선적 개념으로 인식하기 때문에 죽음을 매우 치명적인 것으로 생각을 한다. 그래서 기독교 신앙은 죽음 이후에 영원한 생명을 내다보고 소망하는 것이다. 그것이 두 종교 문화권에서 사람들의 삶의 양식을 결정하는 근본적인 동기가 되는 것이다. 삶의 양식을 통해서 문화가 생성되고 그 문화 가운데 '세계관'이라는 움직일 수 없는 개념이 자리를 잡는 것이다.

2. 기독교 세계관에 대하여

가. 칼빈주의 세계관-세상 인간 나라까지 인정

세계관에 있어서 '기독교 세계관'을 말하라 하면, 진보적인 신학 입장과 개혁 보수주의 신학 입장으로 구분해 보고 싶다. 그중에서 개혁주의 신학의 입장에서 언급하자면, 칼빈주의 세계관은 하나님의 주권적인 영역 안에서 영적인 세계(영역)에서 인간과 열방의 세계 각 나라까지 인정하고, 그에 해당하는 모든 영역 안에서 하나님의 영광이 도래하기를 열망하며 세계관에 입각한 삶을 영위(營爲)해 가는 것이다.

기독교 세계관은 개인적인 구원을 넘어서서 국가와 문화, 자연과 우주에 이르는 광범위한 영역에 하나님의 뜻이 실현되는 것이다. 특히 개혁신학을 대변할 수 있는 신학자였던 존 칼빈은 목회자이면서 행정가로 봉사하면서 어떠한 영역도 소홀히 하지 않았다. 그는 교육, 경제, 사회적 삶, 정치적인 문제까지 하나님의 뜻에 따라 질서가 유지되어야 한다고 세계관을 정립했다.115)

　나. 성경적 세계관-모든 사람의 전 영역까지

아브라함 카이퍼와 헤르만 바빙크는 더욱 발전된 칼빈 신학을 바탕으로, 그 사상을 펴는 신학자로서, 자국(自國)인 네델란드의 전 영역에 하나님의 뜻을 실현하기 위해서 노력했다.116) A. 카이퍼는 더 나아가서 자신의 인생관, 세계관은 물론 모든 이들의 삶의 모든 영역에 드러나는 하나님의 주권을 믿었다. 그리고 예수 그리스도께서 주(The Lord)가 되심에 대한 비전과 현실에 대한 확신을 꽉 붙잡은 신뢰가 그의 신학사상 중심에 자리잡고 있었다.

그러므로 그는 믿음을 통한 비전, 형편에 대한 시간과 공간을 초월하는 신뢰성을 믿음으로 승화시켜 세계관을 소유했으며, 그것을 주변의 사람들에게 증거하는 삶을 살아갔다.

　다. 성경적 세계관의 패러다임을 세워감

이와 같이 성경적 세계관을 지녔던 A. 카이퍼는 기독교 세계관과 대치되는 진화론적 유물주의적, 인본주의 세계관을 부정하면서 오히려 기독교 세계관을 역설적으로 설파(說破)한 것이다. 계속해서 기독교 세계관을 증거함과 동시에 역사와 인생을 하나님께로 바로 이끌 수 있다고 했다. A. 카이퍼는 기독교 세계관의 도구(tools)로 성경적인 세계관을 학문적으로 만들어 놓고 그것을 진두지휘하여 사상적인 체계를 세웠다.

3. 기독교 세계관의 확립

가. 성경의 가르침에 근거한다

세계관은 그 사람의 가치관에 근거가 되고 행동의 원동력이 된다. 따라서 세계관이 어떤 것인가에 따라서 종교적인 행위와 삶의 결과가 전혀 다르게 나타나기도 한다. '기독교 세계관의 확립'은 성경의 가르침에 근거해야 한다. 특별히 기독교의 신앙의 출발점으로서 하나님의 이해와 하나님의 창조에 의한 피조적 존재, 그리고 인간의 타락과 하나님의 구원, 나아가서 하나님의 뜻대로 지으신 피조물에 대한 섭리를 전제로 하는 기독교의 세계관을 분명하게 지니고 있어야 사상적이고 믿음의 혼돈이 가중되는 시대에 온전한 그리스도인으로 존재하여 하나님께 영광 돌리는 결과를 얻는다.

나. 하나님의 관점에서 판단한다

그러므로 '기독교 세계관'은 무속적인 경향이나 종교적 습성이나 전통에 얽매이지 않는 것이며, 비 진리적인 것을 무분별하게 받아들이지 않는다. 그래서 중요한 자기 방어적 기능과 동시에 자기 확립의 기능을 가지고, 오로지 하나님의 관점에서 모든 것을 수용하고 판단하고 따르는 건전한 그리스도인의 삶이 따라오게 된다.

기독교 세계관에 확고히 서 있는 그리스도인은 하나님의 말씀이 '가라!' 하면 지체하지 않고 간다!, '서라!' 하면 그 자리에서 선다!, 그리고 '앉으라!' 하면 그냥 그대로 앉는다.

4. 일하는 현장이 일터 교회 사역의 영역

기독교 세계관은 삶의 영역에 대부분의 비중을 차지하고 있는 일터를 사역의 현장으로 인식하고 있다. 그러기 때문에 세계관에 입각한 그리스도인은 일에 대한 비중을 더욱 중요한 의미로 부여하고 있다. 모든 영역에 하나님의 뜻을 실현하기 위하여 하나님께서 일에 대하여 거룩하게 여기시고 위임하신 것을 깨닫고 있기 때문이다.

세속적인 일터에서 하는 일들이 확실한 기독교 사역이라는 믿음 위에 굳게 서 있다. 오늘 우리의 현장이 어디라는 것이 문제가 되지 않는다. 그리스도인들이 일하는 곳이 사역지이고 일의 현장이 되는 것이다. 하나님께서 세상을 창조하신 후 인간에게 문화적인 명령을 하달하신다.

> "··· 생육하고 번성하여 땅에 충만하라, 땅을 정복하라, 바다의 물고기와
> 하늘의 새와 땅에 움직이는 모든 생물을 다스리라 하시니라"(창1:28).

삶의 터전 가운데서 일하는 그 형태는 거룩하기 때문에 거기서 문화적인 명령을 하셨다.

제3절
부르심-일터 선교 공동체

1. 단순한 논리를 망각하지 않는 것

사도 바울은 전도하지 않으면 그 자신에게 화가 임할 것이라고 했다 (고전9:16). 무슨 의미일까? 지금 바울은 선교 현장의 최전선에서 선교사역을 진행하고 있으며, 밤낮없이 복음을 증거하는 상황에 놓여 있었다. 당연히 그의 선교사역은 그 누구도 따를 수 없을 만큼 역동적(dynamic)이라 할 수 있다. 그러나 아무리 선교의 장수(將帥) 같은 바울이라 할지라도 피할 수 없는 복음증거의 사명 앞에서 늘 자신을 채찍질하는 심정으로 임했다. 자신을 영적으로 성찰하면서 복음을 필연적(inevitable)으로 증거하는 것을 교훈하고 있다.117) 아무리 많은 사람을 구원으로 인도했지만, 지금 복음을 증거 하지 않으면 복이 화로 변할 수 있다는 자각(自覺)을 했다. 누가봐도 바울은 자신에게 주어진 복음증거의 사명을 감당하는 것에서 넘치는 분량으로 임했으며, 부족하거나 아쉬운 점이 없었다.

2. 일터 공동체로 부르신 근본적 목적

하나님께서 우리를 일터 공동체로 부르신 근본적 목적이 있음을 우리는 명확하게 알고 있다. 그것은 복음적인 선교사역을 감당하게 하시려고 부르셨다는 점이다. 여기서 일터 선교공동체로 부르신 것에 마땅히 응답하는 자세가 절실하게 필요하다는 것을 깨닫는다. "지금 복음을 증거한다면 복(福)이고, 지금 복음을 증거하지 않으면 화가 된다"(If you preach the gospel now, you'll be blessing, If you don't preach the gospel now, you'll be angry).라는 단순한 논리를 망각해서는 안 되겠다.

〈표 19〉 하나님의 왕국건설을 위한 Process
-선교적 특수역사에 의한 공동체-

민 족 공동체	왕 국 공동체	교 회 공동체
(창12:1-3) 복의 근원-큰민족	(삼상22:1-3) 아둘람 400명	(마28:18-20) 모든 족속-열방

하나님께서 구약에서 최초로 아브라함을 부르시고 복의 근원으로서 족장시대에 이르러 '민족 공동체'를 이루셨다. 그 후 장구한 세월을 지나 왕국시대에 사울이 망쳐버린 이스라엘 왕국을 다윗을 불러 든든한 '왕국 공동체'를 세우셨다. 이어서 신약으로 넘어와 예수 그리스도의 지상명령에 순응한 12제자와 성령충만한 무리들로 '교회 공동체'를 세워 지상의 공동체를 이루셨다. 그 공동체를 이어받은 일터 공동체가 선교 공동체로서 이 시대의 마지막 사명을 다할 것이다. 그러기 위해 사도 바울의 마지막까지 사명을 다한 순간을 되새겨 본다.

"너희는 내게 배우고 받고 듣고 본 바를 행하라 그리하면 평강의
하나님이 너희와 함께 계시리라"(빌4:9).

제4절
일터 선교는 선교 대 위임령에 근거

1. 선교하도록 존재하는 성직

'성직'118)이라는 목사의 자리를 하나의 권위나 위계적인 계급으로 보는 것이 아니라, 교회 안에서 하나의 리더십의 차원에서 보는 것이 무리 없는 성직개념일 수 있다. '성직'을 삼중적(왕, 제사장, 선지자) 리더십에 대한 개념으로 보는 것 역시 성경적인 가르침이다(벧전2:9). 평신도들이 세상에서 단순한 교회라는 공간에서가 아니라, 전 영역(Whole place)에서 그리스도의 빛과 소금의 정탐꾼으로 양육되도록 성직자는 노력해야 한다. 그러므로 일터교회의 역할과 정체성은 하나의 조직교회(The Organization Church)로서 존재하는가? 세상을 위해서 존재하는가를 일터 선교적 입장에서 생각하는 것이 유익하다.

2. 일터 선교는 삼위일체의 근간으로부터 시작

목사의 특별한 위계적, 권위적, 분리적 직분에서 사역이 연유되어지는 것이 아니라, '종 된'(servanted), '온 백성'(The people)으로부터 일터 선교는 출발한다. 성직자와 평신도의 관계는 상하주종(上下主從) 관계나 기계적이지 않다. 오직 유기적인 관계로서 이러한 모든 원리의 근원은 삼위일체 교리에 근간을 두고 있다.119) 교회 안에서의 개인은 곧 공동체로 귀결되어 진다. 이를테면, 'I am We'-'나는 우리'라는 것으로서, 삼위일체의 세 분의 하나님이면서, 한 분이신 하나님 안에 나와 우리가 존재한다. 더 나아가 하나님과 우리 인간, 그리고 교회가 생물적(유기적)으로 연결(Organically connected)되어야 한다.

3. 선교의 대 위임령

선교의 대위임령(The great mandate of mission)을 실천하기 위하여 문명과 문화의 개념을 간파해야 한다. 문명이란, "인류가 이룩한 물질적, 기술적, 사회 구조적인 발전"을 뜻한다.120) 따라서 조정하고 또한 함께 나누고 있는 통일된 사상, 감정, 가치관, 그리고 그것들의 연합된 행동유형과 그 산물이라고 정의하고 있다.121) 문화 인류학자인 폴 힐버트는 "문화란 한 집단 공동체가 생각하고 느끼고 행동하는 것을 조직하는 것이며, 집단의 사람들이 함께 나누고 있는 통일된 사상, 감정, 가치관과 그것들의 연합된 행동유형과 그 산물들"을 말한다.122)

혹은 문화를 "사람이 배워서 나누어 가지는 태도, 가치, 행동 양식이며 또한 사람들의 예술품들"이라 정의한다.123) 문화는 인간의 삶의 흔적이라 할 수 있는데, 여기서 문화의 주체인 인간을 생각해야 하므로 인간과 문화는 본질적으로 관련되어 있다고 보면서, 문화인류학을 연구하라는 명령이 성경 말씀으로부터 우리에게 하달되었다.

> "하나님이 그들에게 복을 주시며 하나님이 그들에게 이르시되 생육하고 번성하여 땅에 충만하라, 땅을 정복하라, 바다의 물고기와 하늘의 새와 땅에 움직이는 모든 생물을 다스리라 하시니라"(창1:28).

문화인류학은 학문적인 용어로서 일반적인 학문으로 사용되다가 근대에 선교학자들에 의해 'Anthropology(인류학)'으로 조명을 받기 시작했다. 그 용어의 유래는 'ἄνθρωπος-Anthropos'(헬, 사람)와 'λοΥος-Logos'(말씀)에서 온 것이다. 문화인류학은 '인간 연구-人間 研究', 즉 사람을 대상으로 연구하는 학문이다. '문화인류학'은 과학적, 신학적으로 함께 사용하는 명칭이다. 인류의 기원과 역사, 인류의 일반적인 인종들의 특수한 생리적 구조와 심리적 특징을 연구한다. 곧 인종적, 언어적, 문화적인 총 개념으로서의 환경을 고려하여 궁극적으로 종교적 발전 등을 연구하는 학문으로 정의한다.124)

제5절
세속성에 도전하는 일터 선교

1. '일터 선교'는 교차문화권으로

일터 선교는 교회 공동체로서 선교적인 '지상대위임령'을 준행하기 위해 타문화권과 상호문화를 배울 수 있는 '교차문화권'(Cross-Cultural Zone)으로 나가야 한다. 그동안 선교역사에서 나타났듯이, 단일 문화권에 머물던 선교사들이 단일 문화적인 접근 방식으로 선교를 감당했다. 그러나 일터 선교가 더욱 시급해진 이유는 이미 다양한 문화가 자리잡기 시작한 한국사회에서 찾아볼 수 있다. 우리나라 사회구조는 단일 민족, 단일 문화의 구조에서 다문화사회로 접어들었기 때문이다.

공식적으로 외국인이 150만이나 체류하는 시대에서, 앞으로 얼마나 한국 내 체류하는 외국인이 증가할지 모른다.125) "복음주의자들이 하나님 말씀을 전할 때 종종 문화적 요소의 중요성과 영향력을 무시하거나 과소평가하는 경향이 있어 왔다. 복음의 순수성(the purity of the Gospel)을 지키려는 열의에 찬 나머지, 정작 복음을 듣는(받는) 사람들의 관습, 생각, 패턴, 가치 체계, 행동 양식과 같은 것들에 대해서 민감하지 못할 때가 많았다."[126] 이 기회에 한국의 기업 속에 산재한 직장 신우회와 일터 교회 공동체가 일터 사역으로 주어진 선교적 사명을 준행하는 관점이 중요하다. 그러므로 모든 사람에게 예수 그리스도 안에 있는 구원을 전달할 사명을 위해 부름을 받아야 한다.

2. 일터교회 공동체의 선교적 사명

일터교회의 선교적인 사명은 기성 교회의 내부적 성격, 사명, 교회의 계획으로부터 본연적으로 유출된다. 에밀 부르너(Emil Brunner)는 "불이 타는 것으로 존재하는 것과 같이 교회는 선교함으로 존재하는 것이다"는 말처럼, 일터교회의 선교가 얼마나 선교적인가를 끊임없이 되묻고 점검하는 과정을 통해서 이루어진다.[127]

3. 일터 교회 공동체의 선교적 활동

제임스 패커(J. I. Packer)는 "교회의 선교의 개념은 죄인을 불러 예수 그리스도를 구주로 뿐만 아니라, 교회의 교제 속에서 왕으로 모시는 것"이라고 한다. 그리고 "그 교회란 예배하며 선교할 뿐 아니라 땅 위에서 주를 위해서 일하는 사명을 가진 성도들의 모임"이라고 했다. 나아가서 이 지상에 세워진 믿음의 공동체로서 천국 공동체의 모형이다. 원형은 물론 천국에 하나님께서 손으로 짓지 않은 하나님 나라(The Kingdom of God)를 말한다. 일터교회는 직장 안에서 모인 공동체(회중)의 교회로서, 그 사역 또한 선교지향적 교회여야 한다.

일터교회 공동체는 선교형 공동체로 나가기 위한 전위부대와 같은 역할을 해야 한다. 일터교회에 속한 구성원들이 하나님으로 부터 선교하는 백성으로 부름을 받아 선교하는 본질을 다해야 한다. 마치 가두리 양식장과 같은 제한된 회사의 생활 가운데 놓여있다 해도 철저히 일터에서 선교를 실천해 간다면, 일터교회 공동체는 선교하는 그리스도의 몸으로서의 일터교회 공동체가 되기에 충분하다. 일주일의 시간의 85%를 보내는 일터야 말로 일터 사역자, 선교사로 준비되기에 가장 좋은 곳이다. 그러므로 선교라는 것은 교회의 여러 가지 사역 가운데 하나가 아니라, 하나님의 백성들이 온 인류를 하나님의 백성이 되도록 하는 성육신적(Incarnationally) 사역이 되어야 한다.128)

4. 그리스도는 교차문화권의 선교사

예수 그리스도는 성부 하나님께서 이 땅에 파송하신 최초의 타문화권에 대한 교차 문화권 선교사(Cross-cultural missionary)였다. 그는 교차 문화적인 선교를 시도하다가 결국은 십자가에 못 박혀 죽으셨다. 예수 그리스도께서는 성경의 주제인 구속사의 흐름(The Stream of Redemption)의 핵심에 있다. 그러므로 우리는 모든 민족에게 나아가서 복음을 전할 때, 저들의 문화 가운데서 복음이 선포하고자 하는 생명력 있는 사실들을 증거해야 한다. 그리고 세상의 생명을 기꺼이 살리는 구속의 역사를 다해야 하겠다. 그러므로 일터교회는 지상의 직장 그리스도인 공동체로서 구속적 실체이신 예수 그리스도를 전하는 '왕의 사역'(King's ministry에 헌신해야 한다.

제6절
일터 공동체로서 제자 삼는 사명

일터 공동체에 주어진 사명, 그것은 예수 그리스도의 제자를 삼는 사명, 복음적 명령으로서 대헌장이다.

> "그러므로 너희는 가서 모든 족속으로 제자를 삼아 아버지와 아들과 성령의 이름으로 세례를 주고 내가 네게 분부한 모든 것을 가르쳐 지키게 하라"(마28:19-20).

그러나 이 말씀은, 마태 16:17-19과 분리해서 이해해서는 안 된다. 소개하는 텍스트의 양자를 비교하면, 결국 교회의 사명은 '제자를 삼아서 가르쳐 지키게까지'하는 절대적 명령(Absolute command)이다.

1. 일터 공동체로서 선교는 구원의 도구

교회는 전적으로 구원의 기관, 곧 구원의 방편이다. 교회는 사람들을 말씀과 그리스도에게로 인도하는 것이다. 이것은 한마디로 교회가 선교하는 것이 그 본질임을 보여주는 대목이다. 일터에서 모이는 교회가 동일하게 그 기능을 담당하고 있다면, 그리스도의 몸으로서의 교회로 인정받는 것이 마땅하다. 하나님의 나라를 확장하며 예수 그리스도의 복음을 증거하는 선교의 사명이 사도들에게 주어졌다. 따라서 기능적으로 사도적 기능을 담당하고, 세계를 품은 목사와 선교사들의 사명으로 이어지게 되었다. 그 사명을 일터 공동체가 선교적으로 다시 이어받아 동일한 내용으로 점차적으로 완성해 가야 한다.

지역교회와 일터 선교가 주님의 복음을 가지고, 창조적으로 타문화권과 교차문화권까지 돌파(breakthrough)하는 것이 중요하다. 일터교회 공동체의 선교가 먼저 활성화되고, 일터교회는 지역교회가 선교형 교회로 활성화되는 일에 촉매제의 역할을 해야 한다.129)

2. 성육신 선교로 발전

일터 공동체는 나눔의 선교, 사랑과 소망의 선교를 담당해야 한다. 일터교회로서 그 사명을 예수처럼, 바울처럼 자신의 직업을 가지고 베풀어지는, 진정한 의미에서의 성육신 선교로 발전해야 하는 절대성을 부여받았다. 그러므로 전통적인 선교에서 글로벌 선교로 발전된 것은, 소셜네트워크를 통해서 지구촌이 한 가족이 되었다. 이 결과, 평화와 화해의 도구로 전문적인 기술과 섬김이 선교의 접촉점이 되고 있다.

3. 상대 문화 인정, 문화적 교류

복잡한 현대사회 속에서 그 사명을 수행하는 선교사는, 단(한) 문화를 이식하는 기존 선교방법에서, 상대적인 문화(Cross- Culture)를 인정하고 상호 문화를 교류하여 선교로 열매를 맺어 가는 것이다.130) 또한 시대적인 분위기, 한류열풍을 이용하여 문화적 교류를 통하여 궁극적인 선교 효과를 노려야 할 것이다. 과거와 같이 자문화 우월주의를 내세워 선교대상인 문화를 열등주의로 몰고 가는 부정적인 선교는 이제 어디에도 발붙일 수가 없다. 그러므로 어둠에 갇힌 아시아와 제 3 세계권의 미자립, 미전도 종족을 생명의 복음으로 인도하여 그들을 해방시켜 줄 수 있다.

4. 세상으로부터 불러내고 구별된 회중

- 일터 선교공동체

지상교회를 불러 모으고 구별되게 하신 주체는 하나님이시고, 그로 인하여 이스라엘 백성들은 회집하기에 이르렀다. 하나님이 모으신 지상공동체로서 에클레시아의 교회는 거룩성의 강점(强點)을 속성의 본질로 삼고 있다. 세상으로부터 불러내어 회중으로서 구별되었고, 이제 그 무리들이 세상을 향하여 움직이는 교회요 법궤와 같이 나간다. 바로 이것이 일터교회가 가지고 있는 영적으로 핵 폭발적인 무기 같은 힘이며 강점이다.

한국교회는 초대형 교회로부터 작은 교회들까지 셈하여 그 수를 자랑하는 외면상의 체면을 버려야 한다. 그리고 실질적인 기능을 하는 교회가 직장 속의 일터 교회의 선교공동체로 거듭나야 한다. 선교공동체는 인위적인 배경과 자랑거리가 없어도 마치 베드로의 복음적인 열정과 헌신, 그리고 순교를 통하여 페트라(반석) 같은 수많은 일터교회(페트로스)가 나올 수 있다는 것을 명심해야겠다.

칼빈은 〈기독교 강요〉에서 '교회의 속성'을 말한다. "분명 그리스도의 교회는 살아남아 있고 또 그리스도께서 그분의 아버지 우편에서 통치하는 한, 살아남을 것이다. 교회는 그분의 손으로 유지되며, 그분의 보호로 무장되며, 그분의 능력으로 강해진다. 왜냐하면, 그분은 세상 끝날까지 자기 백성을 보호하기 때문이다"(마28:20).131) 그러므로 우리는 일터 교회로서 하나님께서 우리를 그리스도의 공동체로 인도하시며 우리를 그 안에 존재하게 하신다. 이제는 칼빈의 마음을 담아서 일터교회를 그리스도의 공동체가 움직이는 그리스도의 몸이 되어 은혜의 수단이 되는 것이다. 이것이 주님으로부터 받은 사랑을 증거하는 선교적인 역할을 하는 일터 교회가 되어야 한다.

제7절
일터 공동체(교회)의 선교론적 정립

1. 전통 교회 교회론 위에 선교론 지향

복음적인 일터 교회 공동체로서 전통 교회와 같은 교회론 위에 선교론을 지향(指向)해야 한다. 전통적 지역교회와 같이 일터선교 공동체도 하나님의 은혜로 세워져야 한다. 지역교회가 추구하는 복음화를 이루기 위하여, 일터 공동체(교회)가 '인사이드'에서 '아웃사이더'로 자라는 과정을 거쳐야 한다. 일터 공동체가 오직 예수 그리스도 외에 다른 구원을 전하면 그것은 이미 구원의 길에서 벗어났다고 본다.

그러나 예외는 있다. 설령 다른 종교적 교리 속에서 매여 있다 해도, 그 개인이 예수 그리스도를 '나의 주 나의 하나님'의 신앙고백을 한다면, 그를 다른 종교와 함께 이단으로 정죄할 수 없는 것이다. 여기서 신앙고백이라 하는 것은 '나는 믿습니다' 또는 '나는 기꺼이 받습니다.'라는 의미를 지닌 것으로, 신앙고백 자체가 한 개인의 사적인 고백이 아니라 교회적 공동체의 고백으로 받는 것이다. 그래서 그의 고백을 성경적 신앙고백으로 구원 얻은 한 믿음의 공동체로 인정해야 할 것이다(마16:16).

2. 새로운 패러다임의 복음적 사역추구

일터교회 공동체는 성경적 근간 위에 서 있는 선교적 본질 없이 정의될 수 없다. 일터 교회는 모름지기 그 선교사역에 있어 어떤 틀에 얽매이지 않고, 교리나 예전에 갇혀있어 복음사역이 위축되지 않은 범위 안에서 새로운 패러다임의 복음적인 사역을 추구해야 할 것이다. 오직 성경적인 복음활동을 하는 것이 바람직한 일터 선교가 될 것이다. 기독교 역사가 이천여 년 동안 흐르는 가운데 현대 교회는 선교사역 보다는 다른 사역에 더 중점을 두고 활동을 해온 것이 사실이다. 그에 따라 지금의 기성교회들의 본질이 많이 퇴색되어 시행착오가 발생했다.

종교개혁 당시에는 개혁의 정당성을 밝히기 위하여 변증했으며, '의인은 믿음으로 산다'는 칭의론(Justification)을 주장해 왔다. 이것은 선교적 차원에서 교회 공동체의 본질을 충실히 밝히고 확장하는 것을 요구한다. 교회로서 그 회중의 멤버로서 누구든지 주님의 제자라고 내보일 만큼 지상의 대명령을 준행할 권리와 의무가 있다는 것이다. 단연코 주님의 제자는 그리스도 안에서 연합된 교회공동체로서 의롭다 칭함을 얻고, 성화(Sanctification)까지 나타나는 것이어야 한다.

3. 칭의의 관계를 실제화시켜 선교론 정립을…

풀러신학대학원 김세윤 교수는 칭의란 '주권의 전이' 즉 사단의 나라(통치)에서 하나님의 나라(통치)로 이전됨이라는 것이다. 한국교회 성도들의 '윤리와 분리된 삶'의 원인을, 의로운 삶을 무시하거나 방해하는 '왜곡된 칭의론' 때문이라고 한다. 한국교회는 위기를 맞고 있는데, 그 근본 원인은 윤리와 분리된 왜곡된 칭의론을 복음이라고 선포하는 데 있다. 한국교회는 의로운 삶이 없는 칭의론으로 인해 싸구려 복음과 구원파적 복음이 판을 치고 있다. 이로 인해 김세윤 교수는 "한국교회에서는 주일성수 · 헌금 · 전도, 이 세 가지만 잘하고, 술 · 담배 · 제사, 이 세 가지만 안 하면 훌륭한 그리스도인으로 인정받는다"라고 한다. "한국교회의 개혁을 위해서는 칭의론에 대한 올바른 이해가 필요하다"고 밝히며, 왜곡된 칭의론의 원인 몇 가지는 다음과 같다.

1) 칭의의 법정적 의미에만 치중하고 관계론적 의미는 무시했다.
2) 칭의의 종말론적 유보의 구조를 무시했다.
3) 예정론에 대한 일반적 · 사변적 이해로 잘못된 인식을 했다.
4) 구원으로부터 탈락될 가능성에 대한 성경적 경고들 무시했다.
5) '구원의 서정'의 구도 안에서 성화론의 한계 등"을 지적했다.

김 교수는 "의인이라 칭함을 받음(칭의)은 '무죄 선언 받음'의 법정적 의미만이 아니라, '하나님과 올바른 관계에 회복됨'의 뜻으로도 해석해야 한다"[132]고 설명했다. 칭의란 '주권의 전이' 즉 사단의 나라(통치)에서 하나님의 나라(통치)로 이전됨이라는 뜻으로서 연구자도 이에 관한 교리를 깨닫는 과정에서 쉽게 깨닫지 못했으니 믿음의 초창기에 말씀 묵상을 통해서 귀하게 얻은 진리이며 교훈이었다.

제8절
선교적 측면의 일터 공동체의 속성

지상에 세워진 하나님의 공동체는 하나의 교회요. 세상과는 구별된 거룩한 공동체로서 이뤄졌다. 우주적 보편성과 사도성을 가진 교회로서 사도성은 선교적으로 나타나야 한다.

1. 마태복음 16:18 상반절, "또 내가 너에게 이르노니…"를 현대어로 직역하면, '또한 나도 네게 이르노니'이다.

이것은 예수 그리스도께 '주는 그리스도요…'라고 바른 신앙 고백한 것처럼, 성부 하나님께서 베드로에게 '나도 베드로 너에게 한 가지 진리를 말하겠노라'는 의미로 이해할 수 있다. 또한 "너는 베드로라"라고 말씀에서 '베드로'란 헬라어로 '페트로스'로서 '돌' 또는 '반석으로부터 떨어져 나온 돌멩이, 등을 의미한다. 예수께서는 일전에 그를 향해 이 같은 이름을 주실 것이라 예언하셨는데(요 1:42), 이제 그것을 실현하시고 계신다.

가. 일터 선교 사역자의 돌멩이들을 사용

이 지상에 하나님의 일터교회 공동체를 세우시기 위해, 예수님께서 조약돌 같은 베드로를 큰 반석같이 그를 복음의 도구로 사용하신다. 선교적 측면에서 보면, 장차 주님의 제자가 되고 사도가 될 많은 돌멩이 돌을 사용하셔서 하나님의 교회를 이 세상에 많이 세우실 것이라는 말씀이다. 그리고 직장 그리스도인들을 불러서 거룩한 사역, 선교를 감당시킨다. 하나님의 나라를 세우는 방편으로서 큰 자나 작은 자나 개척교회나 여의도 순복음교회 같은 대형교회도 사용하신다. 뿐만 아니라 잡뉴스솔로몬서치의 솔로몬일터교회와 한국 교세라정공의 일터교회, 그 일터교회들을 사용하여 지상에 하나님 나라인 교회를 세우신다는 교훈을 발견할 수 있다.

　나. 일터 교회 공동체의 선교적인 파워

일터 교회 공동체가 선교적인 사명을 감당하기 위해서, 교회의 주인 되는 예수 그리스도께서 일터교회 공동체를 반석 위에 세우신다는 것이다. 여기, 반석이 되는 그리스도인은 자신의 의(義)가 아니라, 하나님의 나라와 그의 의(義)를 위해서 사역해야 할 것이다. 이러한 원칙에만 동의한다면 일터 교회는 가장 영적 전투적인 전방 개척 선교를 이룰 수 있다. 이제 그 영적인 힘으로 일터 선교적인 파워는 해일이 몰아닥치는 레드오션(Red Ocean)의 바다를 블루오션(Blue Ocean)으로 변모하도록 대처해야 한다.

2. 마태복음 16:18 상반절, "내가 이 반석(盤石) 위에…".

본 절에서 '반석'은 '바위 덩어리'를 의미한다. 우리가 염두에 두어야 할 중요한 문제는 이러한 언어적 차이 때문에 오는, '베드로와 예수께서 자신의 교회를 세우시는 반석을 동일시하려는 것'을 전면 부정하지 않으면 안 된다. 베드로 자신도, "예수님께서 친히 반석이 되신다"(벧전 2:5-8)고 했다.[133]

- 일터 교회 공동체 전 멤버가 선교사가 되어…

예수 그리스도께서 친히 반석이 되시는 그 위에 일터 공동체의 전 구성원(사원)인 직장 그리스도인은 모두가 선교사가 되어(All to be a Missionary) 사역해야 할 것이다. 그래서 현대의 문명이 자리한 지식기반사회의 모든 근로자로서, 가두리 양식장과 같은 직장 내에서, 한 영혼을 천국으로 인도하는 역할을 감당하는 자여야 할 것이다.

3. 베드로 자신도 유한(有限)하고 유흠(有欠)한(23절) 존재로서,

영원한 교회의 기초가 될 수 없는 것을 그의 신앙고백에서 밝혔다. 교회의 기초는 예수 그리스도(고전 3:11)에게 신앙을 고백하는 믿음 위에 세워진다(갈2:9; 엡2:19-20; 벧전2:5). "이 닦아 둔 것 외에 능히 다른 터를 닦아 둘 자가 없으니 이 터는 곧 예수 그리스도라"(고전3:11). "그러므로 이제부터 너희는 외인도 아니요 나그네도 아니요 오직 성도들과 동일한 시민이요 하나님의 권속이라 너희는 사도들과 선지자들의 터 위에 세우심을 입은 자라 그리스도 예수께서 친히 모퉁잇돌이 되셨느니라"(엡2:19-20).

- 그리스도의 권위를 부여받은 일터 선교공동체

일터 선교공동체는 진정한 의미에서 교회의 주인 되신 예수님의 권위를 지니고 있다. 이 점을 주님께서 원하고 계신다. 이제는 일터 공동체를 통하여 만나는 모든 사람에게 선교적인 복음의 권위를 사용하여, 천국의 길로 인도하는 자로서, 복음 사역자의 역할을 충성스럽게 감당해야 함을, 주님께서는 원하고 계신다는 것을 새겨야 한다.134)

제9절
한국 교회의 실상-선교적 관점에서

1. 한국 선교사에 심오한 영향-선교학자 덴니스

한국에 복음이 전파되기 시작한 선교 초기에, 직접 나와서 선교한 적이 없었던 선교사가, 한국 선교사들에게 심오한 결정을 끼쳤던 선교학자는 제임스 덴니스이다. 그는 자신의 저서, '기독교 사회선교와 발전'에서 선교 신학의 입장을 다음과 같이 밝혔다.

> "비기독교 사회에 존재하는 악을 제거하는 힘은 반드시 초자연이적이어야 한다. 기독교 만이 악이나 죄의 문제에 대하여 완전하고도 궁극적인 해결 방법을 제공할 수 있다. 기독교 만이 인류의 도덕적 경험에서 참신하고도 강렬한 동기를 제공할 수 있으며, 기독교만이 새 사회의 비전을 제시할 수 있다. 그리고 기독교가 밝히는 사회윤리의 강령만이 어떠한 민족 종교에서도 주지 못하는 원대한 개선과 향상을 약속할 수 있다. 한 민족의 박애주의나 인도적인 정신이 기독교의 복음이 선포되고 나서야 생성되고 촉진되는 것이다. 역사적으로 기독교만이 이런 사명과 결실의 추진력임을 시사한다는 것" 등이었다.135)

2. 복음의 결과, 축복의 통로가 된 한반도 남한

역사적으로 대한민국의 지도를 보면서, 한 나라 같은 동족이면서 왜 남한은 모든 면에서 북한에 비해, 비교할 수 없는 우위(優位)를 차지하면서 풍족하게 살고 있을까? 남한(South Korea)은 한 국가의 절반 밖에 되지 않는 국토와 국민, 국방력, 자원 등의 조건만으로, 세계에 부각된 국가로 성장하며 선진국으로 들어섰다. 딱 한 가지만 실례를 든다면, 기름 한 방울 생산하지 못하는 나라로서 자동차 회사를 5개나 가지고 있는 나라가 대한민국 남한이다. 이런 축복의 결과들을 보면서, 우리 주변에서 기업의 CEO가 그리스도인이면 웬만해서 그리스도 기업이라고 해도 별문제는 없을 것이다. 거기서 조금 발전하면 '일터'에서 교회 공동체로 모이고 선교적인 사역까지 감행한다면 얼마나 하나님께서 좋아하실까? 나아가서 엄청난 기업의 부가가치까지 나타나는 축복의 결과를 얻을 것이 분명하다. 또한 도덕적 해이(moral hazard)도 역시 회복될 줄로 믿는다.

3. 영적인 축복을 상실한 한반도 북한

그에 비하여 지금 북한의 실상은 어떠한가? 영적(靈的)인 깨달음으로서 복음 전도를 게을리하여 화를 당한 대표적인 케이스 중 하나라고 본다. 약 1세기 전 우리나라가 복음을 처음 받을 때, 평양은 한때 동방의 예루살렘으로 불릴 만큼 영적인 축복을 많이 받았다.

그후 38선이 쳐지기 전까지 북한에 3천 개의 교회가 있을 때, 남한에는 겨우 3백 개밖에 없었다. 누가 봐도, 영적으로 선점(先占)했던 북한지역이 붉은 공산당 사상과 6.25 전쟁의 포화로 인하여 약 46만 개의 폭탄이 떨어지고 비참한 참상의 나락으로 떨어진 이유가 무엇인가? 세계 어느 민족에게도 복음이 임하면 가장 영광스런 하나님의 축복을 받는 것을 역사가 증명한다.136) 그러나 이것을 자기만 받고 타인에게 전하지 않는 것이 큰 화(禍)로 미쳤던 역사적인 결과를 기억해야 할 것이다.

4. 한국교회는 최고도의 성장에서 최저의 상태로

하나님께서 복음을 통해 우리 민족을 얼마나 존귀하게 만들어주셨는가? 70년대만 해도 한국의 기독교인 수는 280만 명에 불과했다. 그러다 민족복음화운동이 일어나면서 한국교회의 성도 수는 매년 100만 명씩 증가했다. 그러나 천만 명이 넘어서면서 차츰 전도 열정이 가라앉기 시작했다. 가장 근본적 원인은 이미 믿음을 선점(先占)했던 성직자나 그리스도인들이 그 특권을 누리는 데만 급급하면서, 실제적 선교의 열정은 식어가면서 하나님 앞에 헌신하는 태도가 궁색해진 것이다. 급기야 최근 들어 한국의 기독교는 마이너스 성장을 기록하고 있다. 한국교회는 기독교 인구 1200만(전체 인구 25%)을 자랑하고 그 자만심에 푹 빠진 것이다. 그러다 500-600만 명으로 추락하는 참담한 결과로 드러나고 있다는 것에 주목해야 한다. 한때 최고도의 성장에서 이내 최저의 상태로 추락하는 한국 기독교의 상태를 잊어서는 결코 안 된다.

제10절
한국 사회에 희망의 공동체는?

1. 한국 사회에 어떤 교회가 희망의 매개체인가?

북한에서 신앙의 핍박을 피해 남한으로 흩어져 내려온 피난민들이 세운 교회들이 바로 한국(남한) 대형교회의 원조(元朝)를 이루는 '영락교회'(서울 중구 저동) '충현교회'(서울 강남구 논현동), '성도교회'(서울 중구 남산동), '초량교회'(부산 초량동) 등이다. 한국의 대표적인 교회들은 피난민들이 세운 교회들이라면, 성경에서도 대표적인 교회들이 복음을 전하다가 핍박받아 피신했던 그리스도인들이 세운 교회들이다. 예루살렘교회(12 사도와 그리스도를 따르던 성도들), 안디옥교회(핍박으로 흩어지면서 최초 집사들이 주축), 소아시아 지역교회들이 (바울과 동역자들) 바로 그렇다. 한때 '존경'의 대상에서, '지탄'(指彈)의 대상으로 추락하는 교회가 어떤 교회일까? 한국사회는 이 문제에 대하여 거침없이 말한다. 지금은 대형교회가 존경받는 시대가 아니다. 대형 행사나 빈틈없이 짜인 프로그램이 영혼을 살리는 유일한 수단이 절대적으로 되지 못한다.

우리 일터 선교 공동체는 생명을 걸고 복음을 전하기 위해 무서운 영적 전쟁의 현장에 들어서야 할 때이다. 교회가 세상을 염려해야 하지만, 역(반대로)으로 세상이 교회를 염려하게 되었다. 우리 그리스도인으로서 무엇이라 변명해야 하겠는가? 복음 전도는 우리의 가장 소중한 것을 드려서 이루는 하나님의 뜻이다. 일터 교회 공동체가 모이면 깨어 전도하는 교회가 되어야 하나님께 계속 쓰임 받을 수 있다.

한편, 우리 북한 동족 하나 먹여 살리지 못하면서, 어떻게 다른 나라의 선교를 감당할 수 있을까? 라는 자문(自問)을 해본다. 일터 선교 공동체가 이런 일에 발 벗고 나서야 할 때인 것 같다. 왜 그런지 하나님께서 이런 위기 상황에 우리 일터 선교 공동체를 부르신 이유를 하나씩 알아갈 때가 된 것 같아 기분이 좋아진다. 한국의 기독교는 어느새 귀족 종교화되고 그 사상에 물들어 있다. 서울지역만 해도 주민의 77%가 기독교인이다. 그러나 구로공단은 7%에 불과하며, 경상도, 전라도 7-8% 정도의 통계도 있다. 좀 소개하기가 그렇다. 한국 기독교가 가난하고 없는 자를 대상으로 복음을 잘 증거하지 못한다는 실례가 아닌가 하여 한 번쯤 짚어볼 문제이다. 신학교를 졸업하고 개척을 꿈꾸는 신출내기 목회자가 전통 교회를 개척하겠다고 하면서 비전을 대형교회로 꿈꿨다고 한다. 이런 경우는 숨겨진 사실이 아니라 공공연한 일이다.

2. 어쩌면, 일터 교회가 앞장서야 할 것

한국 교회가 이만 교회를 넘어서고 천만 성도를 자랑하는 기록을 가지고 있으며, 이 나라의 국회의원만 해도 50% 이상이 그리스도인이다. 심지어 대통령 국무총리 장관 등 국가의 주요 요직이 대부분 그리스도인이지만, 나라가 크게 변하지 않고 있다. 한국 교회가 지금 정신을 차려야 한다. 한국 교회가 복음전도와 선교에 더 뜨겁게 헌신해야 한다. 그렇지 않으면 우리 민족에게는 소망이 없다.

한국이 마지막 때, 세계선교에서 제사장 국가로 쓰임 받겠다는 꿈과 열정을 잃어버리지 않도록, 일터 선교 공동체가 이 일에 앞장서야 하지 않겠는가? 결코, 이러한 현상을 우리는 간과해서 안 될 것이다. 북한을 선교할 경우에 '백만 불'(한화 12억원)의 큰돈을 모아서 보내주는 것보다 한 사람이 그곳에 들어가 살아주는 것이 더 좋을 것이다. 아직은 북한에 거주하는 문제는 현실적으로 불가능하지만 선교의 비전을 가지고 기도하면 북한은 선교의 문이 반드시 열린다.

현재 신의주는 종교 자유지역이다. 그 지역은 무역의 거래를 열고 기업과 상업을 활발하게 할 수 있는 특수지역으로 탈바꿈하고 있다. 기도하면서 실제로 자기 직업을 살려 그곳에 들어가는 헌신자들이 많이 나와야 할 때다. 캐나다에 이민을 가서 빵만 만들었던 한 성도는 지금 북한에 들어가 빵 공장을 세워서 북한 주민들에게 빵을 공급하고 있다. 교육 분야에서 일하던 어느 장로는 탁아소를 개설하여 북한 사회를 봉사로 열심히 섬기고 있다. 지금 북한으로 안 들어가면 때가 너무 늦을지 모른다.

이라크나 북한은 상당히 위험한 곳인데 왜 선교하러 들어가느냐고들 한다. 사실, 북한선교도 지금 진행하는 것이 결코 빠른 것이 아니다. 한국 교회가 돈 조금 보내주고 이것저것 따지고 있을 때, 이미 통일교 같은 이단들이 북한에 들어가 버젓하게 6층 건물을 지어놓고 포교를 하고 있다는 것을 명심해야 한다.

제11절
예비된 공동체-
마지막 세계선교를 위하여

1. 한 번도 남의 나라를 침범하지 않은 한국

모든 면에서, 한국이 하나님께서 마지막 때의 세계선교를 감당하게 하려고 준비시켜온 민족이라는 사실을 더 분명하게 깨닫게 된다. 우리 민족은 5,900년 동안 그토록 수많은 외침을 겪고도 한반도를 떠나 본 적이 없다. 역사적으로 돌아보면, 130여 년 전 복음이 들어오고 나서부터 비로소 하나님께서 우리 민족을 전 세계에 흩으시기 시작했다. 남의 나라를 무력으로 점령한 적이 없는 한국인을 모든 세계 국가는 받아들이고 있다. 자유국가와 공산주의 사회주의 국가 심지어 이슬람 국가도 거침없이 입국할 수 있다. 여기에는 하나님의 분명한 시대적 섭리가 있다.

2. 북한이 열릴 때, 남한의 목회자를 사용

하나님께서 세계선교에 우리 민족을 사용하시기로 작정하지 않으셨다면 어떻게 이런 일이 있을 수 있겠는가? 목사가 남아도는 나라는 한국뿐이다. 한국에 신학교가 난립하는 부정적 요인도 많지만, 긍정적으로 많은 사역자를 준비시키고 있는 하나님의 섭리를 보아야 한다. 이 많은 목회자들이 북한의 4천 4백개 동네가 열릴 때, 단번에 들어가 북한 교회들을 세우고 선교를 감당하는 선교적 논리가 성립된다.

전 세계적으로 목회자가 30만 명이나 준비되어있는 나라가 한국이기 때문에, 하나님께서 마지막 때, 세계복음화의 결정적 기회를 우리 민족에게 주셨다고 믿는다. 이 일에 일터 교회 공동체가 선교적인 사명을 잘 감당하게 되리라 믿는 마음 간절하다.

3. 전 세계 국가 민족에 흩어진 한국 민족

전 세계에 흩어져 있는 한국인 디아스포라는 700만 명이 넘는다. 이들은 동남아시아, 중앙아시아, 중동, 중남미, 아프리카의 오대양(五大洋) 육대주(六大洲)에 흩어져 고난을 수없이 받았다. 한국민족은 어디를 가도 배척을 잘 견디며 잘 적응해가고 있으며 타 민족에 비해 개척능력이 탁월한 편이다.137)

중국에 대략 조선족 300만 명, 러시아에 고려인 50만 명, 일본에 150만 명, 북미주에 200만 명을 포함해, 전 세계에 한국인이 들어가 살지 않는 곳이 없다. 지금은 유대인보다 중국인보다 한국인이 더 많이 흩어져 살고 있다. 이런 민족은 전 세계에서 한국인이 거의 유일하다고 한다. 한국인은 세계 어느 나라에 거주하더라도 반드시, '한인교회'(Korean Church)부터 설립한다. 이미 5,000개 이상의 교회를 세웠다. 한편 그 나라에 정착해서 삼, 사대가 살아간다는 것은, 그들이 곧 선교적 자원이 된다.

한국인 이민자의 2세 인적자원은 놀라운 일터 선교자원이라고 할 수 있다. 그들은 적어도 두 가지 이상의 언어를 구사한다. 한국 선교사나 목회자가 성경적인 복음을 가지고 중국에서 복음을 증거랄 때, 조선족(코리안 디아스포라)이 중국어로 통역을 하면서 가교 역할을 한다. 러시아에서는 고려인(코리안 디아스포라)이 러시아어로 통역을 한다. 미국에 왜 이렇게 많은 한국인이 살고 있는가? 쇠약해진 미국교회에 힘을 더 보태주기 위한 선교적인 뜻이 있다. 한국인 제2세대가 미국 시민권을 가지고 세계 공통어인 영어로 복음을 증거한다면, 세계의 전 무대로 진출하여 어디서든지 선교를 할 수 있다.

4. 세계 선교사로서 선교적 인프라가 잘 갖춰진 민족

지금 해외에 흩어져 있는 한국 선교사는 171개 국가에 모두 28,000여 명인데, 이 통계는 미국교회가 파송한 선교사에 이어 세계 2위이다. 그러나 교회가 39만여 개의 미국에 비하여 비율로 볼 때, 교회 수 6만여 개인 한국이 단연 1위라고 할 수 있다. 그리고 10만여 명의 청년들이 선교에 헌신하여 준비하고 있다.

특히 북한은 '해외 동포'라고 하면 바로 마음 문을 연다. 이제 믿음으로 그 땅을 밟기만 하며 복음전도가 이뤄진다. 전략적으로 세계선교의 진전에 미주지역에 사는 한국인들이 왜 그토록 중요한지를 깨달아야 한다. 탈북자들 가운데 예수님을 믿는 비율이 80%에 달한다는 사실은 결코 우연이 아니다. 북한이 열리면 그곳은 삽시간에 복음이 전파될 수 있을 것이다. 북한사람들을 비판력이 높고 발표력도 좋다. 무엇이든 암기도 잘하기 때문에 성경공부를 잘하고 선교에도 놀라운 능력을 발휘할 것이다.

중국인도 북한 사람들과 좀 비슷한 데가 있다. 중국 기독교인들은 세 시간 이상을 설교해도 움직이지 않고 앉아 있다. 중국 심양에는 교인 만 명이 넘는 교회가 많은 데, 거기서는 설교 시간이 보통 세 시간씩이다. 찬송가도 10절이 보통이고, 어떤 곡은 30, 40절 되는 곡들도 있다. 얼마나 뜨겁게 은혜를 사모하는지 모른다. 한국교회도 다시 뜨겁게 일어나야 한다. 선교를 잘 감당하기 위해서라도 성령 충만하여 은혜를 사모하는 지역교회와 일터교회가 돼야 한다.

지금처럼 이라크가 저렇게 복음으로 열릴 줄은 아무도 쉽게 예상하지 못했다. 지금 이라크의 기독교인들이 얼마나 뜨겁게 예배드리는지 모른다. 이라크에 가면, 아브라함 생가(生家)부터 바벨탑까지 창세기 1-11장의 역사가 고스란히 남아 있다. 공교롭게도 지금 아브라함의 생가를 한국 군대가 둘러싸고 있다는 데에도 예사롭지 않은 의미를 두고 싶다. 아프가니스탄은 미국이 깨트리지 않으면 결코 문이 열릴 곳이 아니었다. 탈레반 정권이 워낙 완고했기 때문이다. 현재 이란도 복음에 문을 열 조짐을 보이고 있다. 이들 아랍권과 중국, 인도를 중심으로 한 10/40창 지역에 공산권과 불교권, 모슬렘권의 비복음화 인구들이 몰려 있다.

제12절
선교적 정의-21세기 '일터 속 그리스도인'

그러나 이제 조금씩 그 벽이 허물어지고 있으며, 중국 복음화가 성공적으로 이뤄지면, 세계선교는 예루살렘 선교를 끝으로 곧 막을 내리게 될 것이다. 마지막 때의 세계선교에서 중국은 엄청난 잠재력을 가진 나라다. 중국 그리스도인들이 지금 세계선교의 땅끝이라고 할 수 있는 예루살렘 선교를 열심히 준비하고 있다. 그곳에 복음전도가 이뤄지면 예수 그리스도가 다시 오실 것이다. 이제 그때가 아주 가깝게 우리 곁에 다가와 있다. 누군가 '선교사'를 정의하면서 '세상을 품는 일터 속 그리스도인'이라고 말했다. 21세기에 들어서면서, '선교의 새로운 패러다임인 전문인 일터 선교시대가 열리게 되었다. 이제 지구촌(Global Village)은 국경 없는 공동체가 되었고, 단일화가 되었다.

그동안 복음운동이 일어나고 기독교 선진국이라 일컫던 국가들이 복음의 열정이 식고 영적인 촛대가 옮겨진 것처럼 영적으로 싸늘한 분위기로 바뀌면서 성령운동은 제3세계권으로 옮겨지는 새로운 판도를 보고 있다. 이런 상태를 우리는 부인할 수가 없다.

제13절
세계가 자생력 일터 선교사를 요구한다

1. 전통적인 선교에서 비즈니스 선교로

가. 다양한 선교방법을 요구함

지금 세계는 다양하게 선교방법을 요구하고 있는데, 일터 선교사역의 방법이 다양하게 구사되어야 할 것이다. 그동안 국내의 전통(기성) 교회의 선교나 전도사역은 교파의 확장 선교로만 일관했다고 볼 수 있다. 그러나 이제 일터교회 공동체에게 주어진 선교사역은, 민족 자율적인 선교로 출발했던 한국 초기의 선교 정신을 본받으며 진행해 가야 한다. 그리고 국경을 넘어가서 코리안 디아스포라와 이방 선교까지 감당해야 한다.

한국교회의 교단의 분포는 장로교가 70% 이상으로 형성되어 있다. 그 안에서, 일부 장로교 교단들 안에서, 서로 필요에 의해 상호의존적인 초교파 연합이, 대한예수교장로회 백석 교단을 중심으로 이뤄지고 있다. 한국교회의 초기 선교전략으로 행해졌던 자치(自治), 자립(自立), 자전(自全) 삼자 원칙에 기초해야 한다. 일터 선교전략은 각 나라와 백성과 족속과 방언 가운데 하나님의 나라로 성장하는 것이 민족 자율적 선교로 완성된다.

나. 특수 전문인 선교를 양성하는 일터 공동체

한 선교지의 연속적 선교에서 비거주 비즈니스 선교로 전 세계 인구의 52.8%가 도시에 거주하므로 도시로 가는 선교가 창조적인 선교가 되는 것이다. 지금, 현대의 다양성의 사회 제도가 요구하는 것은, 이제는 목사가 되어야만 선교를 할 수 있다는 기존적인 개념에서 벗어나고 있는 경향이다.

평신도라도 선교적인 직업의 소명을 가지고 사역의 전문성 훈련을 통해 구비하므로 선교가 가능할 수 있다는 것이다. 헬라어, 히브리어를 공부하고 최소한 3년의 신학을 공부하는 대신, 직업적인 전문가로서 훈련받고, 교회 및 전문선교 훈련단체를 통해 인턴십과 단기선교의 경험을 거쳐서, 팀 사역을 하는 것이 새로운 흐름의 선교로 옮겨가고 있다.138) 바로, 이 일을 일터 공동체가 전문인 선교사를 양성하기 위해 선교적인 사명으로 진행해 가야 한다.

　다. 비즈니스 일터 중심의 선교사로

이제는 조직, 제도 중심의 선교에서, 일터 공동체(교회) 중심의 선교로 가기 위해, 소셜네트워크의 모바일과 컴퓨터 활성화로 전자우편을 통해서, 조직 내에서 결정하고 의사 참여를 하는 정보화 시대로 나가는 것이다. 노트북의 컴퓨터, 모바일을 통한 이메일로 선교보고와 선교 상담 등을 하이터치 방법으로 시도해야 할 것이다. 이럴 때, 비즈니스 전문인 선교사들이 다품종 특상품으로 구비될 때, 선교의 승산이 있다. 모든 직종의 전문인 선교에서 모든 직업을 통한 비즈니스 전문인 선교가 21세기 선교의 대안이다. 성경에서 아브라함은 양들을 기르는 목자요, 요셉은 애굽의 국무총리요, 다니엘은 바벨론과 페르시아 국무총리요, 예수는 나사렛이라는 이스라엘의 작은 마을에 목수요, 바울은 장막(천막) 깁는 자(Tentmaker)요,139) 누가는 최초의 의료선교사 의사였다. 수많은 직업을 가진 자들이 자연스럽게 저들의 생활 가운데 복음을 증거한 것을 알 수 있다.

이같이 시대적인 요구는 급격한 변화의 물결 가운데 대안적인 사역을 완수해야 할 교회로서 일터 교회(Workplace Church)를 직시하고 있다. 바로 이것이 미래 사역의 또 다른 대안으로서 뉴패러다임의 강점을 지닌 일터교회 공동체의 선교사역이다. "선교는 교회의 본질에 속한 것이다"라고 주장하며 모든 교회 활동의 핵심 가치관(core value) 그 너머의 세계관(World-view)에 선교가 있어야 한다고 하는 말씀을 믿는다. 일터 교회는 세상에 파송된 교회로서의 기능을 다해야 한다. 따라서 일터 공동체는 선교를 선교단체처럼 하며 선교하는 교회로서의 모델을 발견하고, 선교단체와 좋은 협력관계를 구축해서 모델을 제시하며 선교적이고 종말론적인 관점을 동시에 제외하고는 바로 이해할 수 없다.140)

2. 세계가 선교사를 제한하는 추세

가. 일터 선교사는 입국 거부사례에서 예외

전 세계적으로 복음을 듣지 못하는 사람들의 수는 계속해서 증가하고 있으나, 선교사 파송은 인구증가를 따르지 못하고 있다. 세계 인구는 7년 주기로 약 5억 명이 증가했는데도 선교사는 불과 28,000명으로 증가하는데 그쳤으며, 이것은 증가한 인구를 대상으로 전도하는데 턱

없이 부족하다는 것을 보여주고 있다. 이런 원인 가운데 선교사(목회자 신분) 입국을 제한하는 패쇄 국가가 매년 증가하고 있다. 완전 폐쇄된 국가 3개, 매우 폐쇄적인 국가 43개, 약간 폐쇄된 국가가 31개, 그리고 폐쇄되고 있는 국가가 7개이며 전체적으로 84개국이다. 그리고 이 84개국의 인구는 전 세계 인구의 65%를 차지하고 있다. 폐쇄적인 나라는 앞으로 계속 증가할 것으로 예상된다. 그러나 이런 나라일수록 전문인 자생력 일터 선교사는 자유롭게 입국할 수 있다.

나. 일터 선교사는 종교와 문화장벽을 넘는다

각 나라마다 종족과 문화의 장벽이 하루가 다르게 높아지고 있는 추세이다. 전 세계적으로 민족주의가 부흥하면서 자기 민족의 토속종교를 믿는 사람들이 늘어나고 있다. 여기에 공산권, 힌두교권, 회교권, 불교권의 나라가 포진되어 있는데 그들 국가의 인구가 약 25억이다. 그러나 이런 타 문화권에도 전문인 자비량 일터 선교사들은 복음을 효과적으로 전할 수 있다는 큰 장점이 있다.

다. 일터 선교사는 재정부담을 넘어선다

선교사의 재정지원은 후방 선교 후원에 좌우된다. 그러나 점점 선교를 지원해야 할 재정이 천문학적으로 증가하면서, 재정부담을 감당하기 어려워지는 것이 선교사들의 처한 현지 사정이다. 풀타임 선교사를 파송할 경우, 선교사 사역비 지원, 자녀들의 교육지원, 선교사 가족의 생활비 지원과 노후 대책 등을 후방에서 책임지고 지원해야 한다. 그러나 물질적 어려움을 극복하기 위한 유일한 대안이 있다면, 바로 자생력 일터 선교사를 파송하는 길밖에 없다. 막막한 선교적 재정 부담을 덜고 활발하게 복음 전도를 감당할 수 있는 방법은 일터 선교 사를 파송하는 경우라 할 수 있다. 그렇게 할 경우 막대한 선교비 문 제를 간단하게 해결할 수 있다는 것이다.

라. 일터 선교사는 세속주의를 극복한다

그 외에도 공산주의의 도전이나 세속주의의 영향으로 복음이 계속 도 전을 받고 있다. 어떤 면에서는 평신도 선교사들이 세상 속에서 더 투철한 신앙과 선교의 열정이 넘치는 자원이 될 수 있다. 현 상황을 고려해 볼 때, 이런 문제들을 극복하고 세계선교를 감당 할 수 있는 길은 하나밖에 없다는 결론에 이르게 된다. 그것은 교회의 99.8%를 차지하고 있는 하나님의 동결된 자산(God's frozen property)이라고 할 수 있는, '전문인 일터선교사', '평신도 일터선교사', '자생력 일터 선교사'를 동원하는 것이다.

3. 일터 선교사의 자유로운 선교 시대가 열림

가. 한국 일터 선교사의 직업 구분

전 세계의 직업은 약 4만 가지이며, 그 가운데 한국에 들어와 있는 직업은 2만 가지이다. 9대 직업군으로 구분하면, 정치, 경제, 교육, 가 정, 메스미디어와 커뮤니케이션, 스포츠와 건강의료, 예술 연예, 과학 기술, 종교 철학 인문 분야이다. 그러나 현재도 앞으로도 사역할 수 있는 한국 평신도로서 일터 선교사의 직업을 선별하면 다음과 같다.

의사, 약사, 간호사, 임상병리사, 치과의사, 치과기공사, 한의사, 물리치료사, 유학생, 교수, 교사, 연구원, 금융전문가, 은행원, 정부 파견외교관, 상사직원, 엔지니어, 건축사, 컴퓨터 프로그래머, 토목기사, 자동차 정비공, 전기기술자, 태권도 합기도 기능소유자, 무역업자, 자영업자, 농장운영자, 동영상 및 사진현상 기사, 인쇄 기능보유자, 재단사, 재봉사, 디자이너, 운전사, 미용사, 이발사, 번역사, 인재코디네이터(헤드 헌터), 취업이민 분야 종사자 등으로 구분할 수 있다. 이런 분야에서 소명을 받고 훈련받은 일터 선교사로서 준비만 된다면 21세기는 평신도 자생력 일터선교의 시대가 열리게 되는 것이다.

나. 현지 선교지의 자생력 일터 선교사-인재 코디네이터

'자비량 일터 선교사 파송은 반드시 이들을 철저히 교육하고 훈련시키는 기관이 있어야 한다.' 인재코디네이터의 교육기관과 1:1 인재코디네이터가 현지 일터 선교사와 쌍방향으로 주고받은 문제점들을 해결해 주어야 할 것이라 판단된다. 또한 현지 선교지의 인재코디네이터로 위촉받아 비즈니스의 신분보장을 받는다. 비즈니스로서의 한국 내 소속회사가 반드시 파송된 선교사의 후원자로 존재해야 한다. 선교지로 나가려는 국가와 지역(종족)에 맞게 그 나라의 문화, 법률, 세금, 라이센스, 등을 존중하며 보호를 받도록 지도해야 할 것이다. 특히, 전직(이직)과 사업발굴로 인한 제반 필요한 인적자원, 제품(솔루션), 마케팅(유통), 자금 등의 정보를 현지에서 선교사 혼자서는 해결할 방법이 없다.

그러므로 필자가 목회 사역하는 [솔로몬일터교회]의 모체기관, ㈜잡뉴스솔로몬서치에 한 멤버로서 소속하여 본사 담당자와 긴밀한 관계를 유지하면서 현지 선교지에서 필요로 하는 것들을 협력 및 조력을 받아서, 선교사역을 감당해 갈 수 있을 것이다. 이렇게 되면 '성공한 자생력 일터 선교사가 될 것이라 확신'한다.

4. 일터 선교사로서 인재 코디네이터의 유리한 점

가. 일터 선교사-비즈니스 신분 갖춤

목회자 신분의 선교사 입국을 제한하는 폐쇄 지역 국가를 적성국가 및 미종족 국가로 분류하고 있다. 특히, 기독교의 복음을 받아들이지 않는 국가에서는 '선교사의 추방이라는 극단적인 결과를 초래'하게 된다. 이것은 앞으로 세계 각국이 자국 보호주의 정책을 펴기 때문에, '반드시 비즈니스의 신분을 갖추므로 복음을 전할 수 있는 방편을 얻어야 선교가 가능'하다. 그러므로 먼저 언급한 '인재코디네이터 신분'은 현대 선교사역에서 매우 중요하다고 할 것이다. 인재코디네이터의 직업은 정보의 제공의 실행자로서 일반직업과는 차원이 다른 직업임에는 틀림이 없다. 일반적인 사업과 직업은 많은 투자와 시설이 필요로 하는데 비해 인재코디네이터의 직업은 그것들이 필요로 하지 않기 때문이다.

나. 일터 선교사-인재 코디네이터

인재코디네이터의 직업은, 첫째, 리스크가 없다. 둘째, 초기투자 및 시설투자가 필요하지 않다. 셋째, 오피스가 별도로 필요하지 않다. 넷째, 선교사 혼자서 어디서든지 IT 문명의 이기(利己)를 사용하여 선교할 수 있다는 것이다. 여기서 강력한 도구라 하는 것은, 인터넷 웹, 모바일, 전화, 소셜네트워크 등을 말한다. 세계가 하나인 인터넷 시대의 맞는 정보교류의 도구를 통해 인재코디네이터의 직업을 수행할 수 있기 때문이다. 특히, 재료 및 용역을 투입하여 완제품을 만들고 판매, 재생산의 반복으로 하는 비즈니스가 아니기때문에 가능하다는 것이다. 현지인이나 교민의 직업과 사업을 돕는(코칭) 인재코디네이터는 현지인이나 교민을 영적(靈的), 횡적(橫的) 관계를 형성할 수 있는 접촉점의 도구가 된다.

다. 현지 선교의 인재 코디네이터 위촉장

현지에서 선교 사역을 크게 돕는 방편은 선교사가 적응을 해 가면서 그 지역에 적합한 기업과 문화의 인재코디네이터 역할을 하도록 돕는 것이 [위촉장]이다. 이것은 국내에서의 소속과 현지 선교사를 잇는 확인서임 셈이다[141]

제14절 일터 선교사와 회사
-기독교 직장인 일터 선교사의 7가지 원리[142]

1. 일터 공동체의 비즈니스선교(BAM-Business as Mission)

일터교회의 시대가 제2의 대한민국의 기독교 부흥을 가져다 줄 다른 하나의 대안이라고 전망하면서, 그 시대가 우리 앞에 다가온 것이다. 그리스도인에게는 모든 일터가 선교지요, 목회지이다. 직장인 그리스도인은 일터에 파견된 선교사이자 하나님의 부름받은 왕 같은 제사장이다. 현재 복음사역과 교회성장에 어려움을 겪고 있는 한국교회가 '복음명령에 순종 할 때'라고 판단되고 있다. 그러므로 '일터교회는 한국교회의 미래 구원사역의 새로운 패러다임'이라고 말하고 싶다. 일터교회라는 운동을 통해서 새로운 돌파구와 제2의 기독교 부흥을 가져다줄 것이라 본다. 이로써 21세기의 한국교회의 다른 하나의 대안이될 것으로 사료 된다.

기업 내에서 모인 일터교회 공동체는 그 선교에 있어서 모든 직장인과 근무하는 사무실(작업장)을 '교회화'하는 것으로서 토대를 세워가는 것이다. 기업의 CEO는 자신이 제사장이 되고, 직장인들은 그 직업현장에 파견된 목회자라는 개념으로, '신앙생활 현장화'라는 생각으로 일터교회 화(化)를 이루어 낸다. 이와 같은 문화명령에 순종한 일터교회 공동체는 '비즈니스선교'개념으로 한국교회의 새로운 사역의 장으로 정착되어야 한다.143)

2. 하나님의 통치가 임하는 삶의 일터

한국의 그리스도인들은 그동안 이원론적인 믿음 생활을 영위해 왔다고 자성(自省)하는 것이다. '교회 따로, 일터 따로'(Church seperately, Workplace seperately)의 삶을 살아왔다. 그러나 이제는 일터 역시 하나님의 통치가 임하는 곳으로 조성하기 위하여, '그리스도인 직장인 (The Christian workers)은 "소중한 일터를 하나님께 돌려 드리자!"는 기업을 경영하는 CEO중심으로 조용하게 진행되고 있다. 과거의 기업 문화는 기독교 신앙이 비즈니스를 전개하는데 마이너스 요인으로 작용했지만, 최근에는 오히려 기업성장에 대단한 플러스 요인으로 작용되고 있다. 그것은 기성 교회에서 믿음의 훈련을 통해서 감성이 풍부하고 남을 잘 섬기는 영성이 형성되고, 또 영적인 인격을 소유하게 된 것이다.

이런 삶의 행동은 일반기업의 비즈니스와 기업 성장에 큰 장점이 된다는 것이다. 이런 원인들로 인해, 그리스도인 직장인으로 하여금, 앞으로 비즈니스와 기업경영은 더욱 신뢰할 만하게 더욱더 투명하고 정의롭게 진행될 것이라고 내다보는 것은,[144] 현장에서 일하는 CEO의 증언이기도 하다.

3. 하나님의 말씀은 기업경영, 영적전투 지침서

일터교회 공동체에서도 선교를 감당할 때, 당연하게 '정직성' 뿐만 아니라 '창조성'이 강조되고 있다. 3500여 년 전부터 성령의 감동으로 기록되기 시작한 세계적이며 불멸의 베스트셀러인 성경말씀은 놀라운 창조적 경영기법이 다 들어있다. 경제문제 한 가지뿐만 아니라 정치, 사회, 교육, 예술, 과학, 우주, 역사, 이치, 상식, 인류의 문제, 삶의 문제, 생명의 문제 등 이루 헤아릴 수 없는 이슈들을 담고 있다. 결국, 성경은 가장 큰 일터의 매뉴얼이며, 기업 경영지침서(나침판)라고 할 수 있으며, 인간의 영혼을 살리는 선교사역에서도 본질적인 영적전투의 무기일 수밖에 없다.

4. 그리스도인 CEO는 선교적 리더십으로

21세기 현대사회의 첨단과학, 정보기술 문명의 시대에 기독교 정신으로 무장된 그리스도인(Equip oneself with Christianity) 직장인과 기업가들은 사회에서도 큰 모범적인 성공을 거둘 수 있다는 것이다. 그리스도인 CEO들이 일터사역과 그 선교에 대한 확고한 인식을 해야 한다. '한 명의 헌신된 그리스도인'(Devoted One Christian)이 CEO의 선교적인 리더십을 통해서, 일터 전체의 구성원에게 삶의 변화와 성장을 위해 이끌게 된다. 그로 인해 하나님께 영광을 돌려드리는 결과가 나타난다. 직원이 100명인 모회사 CEO는 100명을 목양하는 목회자라 할 수 있다.145) 일터교회 공동체의 선교적인 사역을 통해 한 명의 불신자가 하나님을 영접하고, 삶이 변화되고, 영원구원을 받아 일터 속 그리스도인으로 거듭나면 회사도 함께 발전한다. 나아가서 한 명의 헌신된 그리스도인 전 직원이 믿음의 일터를 가꿀 수 있다.

5. 지역교회 선교적 마인드의 인식전환 필요

일반적으로 선교원리는 확장에 있다. 신약의 공동체를 받쳐주는 원리가 사도행전 1:8이다. 이뿐 아니라 일터교회 선교원리에도 이 말씀은 동일하게 적용된다. "너희에게 성령이 임하시면 너희가 권능을 받고 유대와 사마리아와 땅끝까지 복음의 증인이 되라"(행1:8). 그러므로 일터교회 공동체의 확장을 위해서 우선적으로 지역교회의 인식변화가 필요하다. 한국교회라는 커뮤니티 안에서도, 일선 지역교회 목회자들이 일터교회를 함께 지체된 커다란 공동체로 인정하고 동참해야 한다. 지역교회 목회자는 일터에서 사역하라고 직장(일터)의 현장에 성도들을 사역자로 파송한다는 선교적 개념을 갖는 것이 중요하다. 그러므로 선교적인 마인드로의 대(大) 인식전환이 있어야 할 것이다. 특히, 목회자에게 있어 하나님의 부르심은 너무나 중요하다. 그러나 목회자는 자신의 열심과 결단만으로 그 역할을 다할 수 없고, 성도를 돌아보는 것이 환경적 제한을 받을 수 있으므로, 모두에게 영적인 손길을 닿게 할 수 없다는 한계성을 인정해야 한다.

6. 일터 선교 전략적 사역의 성공

지금 한국교회의 현실적인 상황으로 보건대 목회자(목사) 과잉공급의 문제점이 심각하게 드러나고 있다. 또 지역교회가 1세대 목회자를 은퇴시키고, 2세대 목회자를 받아들이는 현실에 놓여있다. 현재의 담임 목회자 청빙 시스템의 문제로, 지역교회에서는 대부분 예상치 못한 일들이 돌발하게 됨으로 몸살을 앓고 있다고 본다.

한편, 건강한 목회를 꿈꾸며 미래 사역에 도전하는 젊은 예비 목회자(신학교 졸업자) 대부분은, 편안하고 안정적인 지역교회에서의 사역을 포기하게 된다. 결국, 교회개척 쪽이나 아니면 특수 목회, 아니면 기관 목회사역 쪽으로 마음을 굳히게 된다. 이런 개척 목회 및 새로운 목회 패러다임은 선교사들에게 '일터교회의 사역 공동체'를 말한다. '일터교회'를 세우거나 이끌어가는 등 일터교회의 사역에 대한 다양한 개척 성공과 부흥을 만들어 나가는 '일터 선교전략'이 요구되고 있다.

7. 경영훈련과 선교 영성훈련을 함께하는 변화

일터 사역자는 CEO-기업의 대표자, 전문직 종사자, 목회자, 선교사, 신학교졸업자(예정), 기타 비즈니스 전문인 사역자들을 통틀어 말할 수 있다. 그들을 주역으로 선교하도록 세워서 마음 놓고 일터교회성장(Workplace Church Growth)을 이룰 수 있게 하는 것이다.그러므로 "경영과 선교영성 훈련"을 일터교회 공동체에 알맞도록 재훈련하는 교육이 절대적으로 필요로 한 것이다.

기독교 현장에서 활동하는 국내외 훌륭한 강사 및 목회자를 통한 철저한 분석과 훈련되어 협력하는 '선교사역과 목회사역'이 있다. 이들을 통한 세계 171개 국가 선교지에 신규 및 재파송할 선교사에게 제공할 수 있는 훌륭한 아카데미와 전략시스템을 갖추어야 한다. 진정이런 뉴 패러다임의 지역교회들이 새로운 시대를 맞아서 복음을 전파하면서, 지역교회의 사명을 온전히 감당해 갈 때, 하나님의 전능하신 통치가 우리 인류의 전 삶의 영역에 임하실 줄 믿는다. 그리고 이러한 사역은 예수 그리스도께서 이 땅에 다시 오시는 그날까지 더 확장하고 더 성장하여 남은 한 영혼이라도 주 앞에 인도하는 성령의 역사가 강하게 일어나는 "일터 교회-Workplace Church"를 간절히 소원해 본다.

본장의 결론으로서 '일터 선교 공동체와 선교'에 대한 주제를 살펴보았다. 일터 선교(공동체)와 선교 사역을 위한 부르심은 일터 선교의 대 위임령에 근거한 것이므로 그에 따른 주제로서, '한국 기독교의 사명을 함께 멘 일터 선교공동체'가 한국교회의 현주소를 바라보면서,

이제 한국교회는 일터 선교의 필요에 의하여 그 패러다임을 전환해야할 때라고 말한다. 일터 교회는 예비된 공동체로서 마지막 21세기 세계선교를 일터 현장에서 감당하면서 그리스도인의 진정한 존재감을 보여줘야 한다. 그리고 전 세계적으로 일터 선교사(자비량)를 요구하고 있으므로 일터 선교사와 그 기업이 이 요구를 귀담아듣고 성경적인 요구이기도 한 사명을 잘 받들어야 할 것을 주장하고 있다.

다음 장에서는 '솔로몬일터교회의 현장 연구'의 주제를 살펴 보겠다.

일 터 교 회

4부 일터교회 비전 & 일터선교 현장에 대하여
The Statement of Workplace Church & The Vision of Workplace Missionaries

≫ 제 5 장   솔로몬일터교회의 현장 연구

제5장

솔로몬일터교회와
사역현장 연구

Chapter 5
Field Study of Solomon The Workplace Church

이 장에서는 솔로몬일터교회 ㈜잡뉴스솔로몬서치에 소속된 삶과 사역의 현장인 일터에서 복음 전도의 '사회적인 상황'과 '훈련계획'에 의하여 사명을 감당하는 공동체를 소개하도록 한다. 다음 사항을 보면 이해가 되도록 했다.

첫째, 솔로몬일터교회가 사회적 상황에서 일터 사역을 펼쳐가기 위한 '교회 비전'과 '교회 사명'을 살펴보겠다.

둘째, 솔로몬일터교회의 지나온 발자취를 돌아보면서 현재 위치한 지역사회에서 일터 선교사를 위한 양성을 목적으로 선교적 사명을 얼마만큼 감당할 수 있을까를 검토하게 된다.

제1절
솔로몬일터교회 사회적 상황

〈표 20〉   솔로몬일터교회 - 사랑의 공동체 사회적 상황

2018년도 표어 : 하나님이 기뻐하시는 일터 교회 Workplace Church where God is pleased(마6:33) ① 하나님께 영광 돌리고 주님이 기뻐하시는 기업의 일터교회 ② 성도들이 소망을 가지고 영혼이 구원받는 기업의 일터교회 ③ 바른 일터와 직업코칭, 헤드헌팅으로 복음을 전파하는 기업의 일터교회	
교회 비전 "삶의 현장에서 하나님나라를 구현하는 공동체"(마6:33)	**교회 사명** "자신의 직업을 통해 하나님을 전파한 선지자"(단6:26)
① 삼위일체 하나님은 교회와 일터에서 임재하시고 역사하심을 믿는다. ② 일터에서 성육신적 사역으로 복음을 이룬다. ③ 솔로몬일터교회가 선교적 교회의 모범되어 한국교회 본질을 회복한다(눅16:9)	① 섬김을 통한 성경적 일터교회 예배문화 창조에 헌신한다 ② 재생산에 필요한 헌신된 일터선교사를 양성한다 ③ 일터 내 협력사역으로 민족과 세계 복음화에 기여 한다

1. 교회이름	대한예수교장로회(백석) **솔로몬일터교회** (설립일 : 2013. 11. 20)
2. 소 재 지	서울시 서초구 방배로 39, 미주플라자 1층
3. 교 역 자	담임목사 1인 / 협동목사 2인 / 선교사 5인 / 전도사 1인
4. 교 인 수	장년 200명, / 매주일 출석 교인수 80여명
5. 선교후원	**일본** 동경 방완식선교사/ **베트남** 이기욱선교사, **캄보디아** 이재성선교사/ **이집트(카이로)** 허드슨선교사, **니카라과** 임용선선교사/ **필리핀** 최상구,이찬수, 이용진선교사/ **러시아(체첸)** 임OO,이OO선교사/ **파키스탄** 유OO선교사/ **중국 북부(내몽골)** 정OO, ,박OO선교사
6. 일터 교회 선언문 (일터선교사)	우리 교회의 주인은 내가 아니라 하나님이다. 우리는 오직 하나님만을 이 교회의 주인으로 섬기며 살아가야 한다. 그래서 이 일터 교회가 존재하는 한 하나님의 통치에 따라 교회를 운영해 나갈 것이다. 이것이 우리교회가 세계적인 글로벌 일터교회로 세워질 수 있는 유일한 방법이자 생존할 수 있는 길이다(마28:19-20, 행1:8).
7. 복음전도를 위한 일터사역 자세	-우리는 온 마음을 다해 하나님을 사랑하고, 우리의 이웃을 내 몸과 같이 사랑하라는 두가지 사랑의 계명을 최우선으로 실천할 것을 선언한다(마22:37-41). -우리는 이웃에 다가가서 담대하며 겸손하고 온유한 태도로 할 것을 선서한다. -우리는 계획하지 않는 것이 나의 계획이라는 마음으로 매 순간 인간의 의지가 아닌 하나님의 뜻에 의지하며 살아갈 것을 선언한다(요3:8 ,잠16:3, 엡5:18). -우리는 세상의 가치를 추구하지 않고, 하나님 나라의 상금을 바라는 신실한 선교사가 되기를 선서한다(마6:19-21). -우리는 위의 선서를 하나님께 우리와 이웃들의 삶에 주신

	성령 충만의 음악으로 기쁘게 연주해 갈 것을 선서한다(느 8:10, 시57:7).
8. 일터 사역의 실천 방법	대한민국 통계청 발표에 의하면 영리법인 88만개 중 20만개 이상 법인 일터 내에서 일터 예배(채플)를 드릴 수 있도록 풀타임 일터 사목배치로 투톱 경영(사목 + 경영자)협력으로 경영목표에 역점을 두는데 있다. -우리는 우리 삶의 전반에 걸쳐 사람들의 책망을 받지 않도록 최선을 다하고 진실된 삶을 살도록 권유하신 하나님의 말씀에 순종할 것을 선서합니다(히4:12, 잠31:10). -우리는 함께 일하는 이들이 세속적 지위나 명예를 얻는 일에서 떠나 복음을 선서한다(살전5:11, 고후2:15). -우리는 고객과 함께 일하는 이들이 참된 성공을 이룰 수 있도록 온 마음을 다해 도울 것을 선서한다(빌2:3-4). -우리는 우리의 일터에서 마태복음 6:33, 잠언 31장에 구현된 것과 같은 삶을 살아갈 것을 선서한다.

제2절
솔로몬 일터교회가 걸어온 발자취

'삶의 현장에서 하나님 나라와 그의 의를 구현되는 사랑의 공동체가 되는 것'146)

1. 출발 - 솔로몬일터교회, 행복강좌

잡뉴스/솔로몬서치가 '일터 교회'(CEO : 김동연 목사)로서 출발한 모티브는 지난 2009년도 새벽기도 중 하나님의 강력한 부르심의 사명을 깨달을 때부터였다. 그 첫 모임은 2010년도 1월 6일 첫 예배가 수요일 오전 11시 50분부터 12시 40분까지 50분간 다음과 같이 모였다. 주제-"삶의 등불 행복강좌", 말씀-새 일을 기대하자!, 본문-이사야 43:18-21, 장소-잡뉴스/솔로몬서치(서울 방배동 소재)에서 조용하고 소박하게 드려졌다.

예배는 직원 전체가 드리는 예배였다. 당시, 고급경력 인재를 추천하는 전문기업으로서 헤드헌팅을 전문으로 일하는 150명의 구성원 중 70%가 비그리스도인이었다. 비즈니스 사무실 내(사무실 공간 150평)에 근무하고 있는 그곳에서 일터 예배(행복강좌)를 드리기 위해 전 직원이 모였다. 일상적으로 근무하던 사무실에서 처음으로 거룩한 형태로 예배를 드리는 것이 매우 정서적으로 어색하기만 했었다. 기억하건대, 첫 예배 때 찬양순서는 먼저 마음 문 여는 방편으로 대중적인 명곡(가요) 등을 부른 후 복음성가 등으로 시작했다. 다음 순서로 말씀은 5분 정도로 이어갔으며, 첫 예배는 예배를 통해 하나님께서 믿지 않는 자들을 향하신다는 것을 은혜로 감지하게 되었다.

2. 8년 동안의 일터 예배 결실

가. 제1기 - 개척기 5개년

(1) 1년 차-2010년도 일터 예배
2010년도 첫 번째 예배부터 1년 동안의 예배는 한 주도 그치지 않고 계속 이어 갔다. 한 해 동안 대부분 외부의 강사를 초청하여 일터(직장) 예배를 드렸다 목사 및 경영자, 교수였다. 첫 예배는 이평찬 목사(우리교회 좋은교회 담임)의 찬양인도와 신영준 목사(드림의교회 담임)의 말씀을 비롯하여 15명의 목사와, 성품 훈련 교수 외 5명의 각 분야 전문교수, 기업의 전문경영인 5명, 미국 변호사 1명, 찬양선교사 1명 등 총 48번의 예배를 드렸다. 지금 생각해도 우리의 힘으로 드려졌던 예배가 아니었다. 하나님께서 여주동행하신 은혜의 결과였다.

(2) 2년 차-2011년도 일터 예배

2011년도 두 번째 드려진 예배는 총 48회를 드렸다. 말씀 초청 강사는 외부의 지역교회 목회자를 비롯하여, 극동방송 프로그램이었던 "우리회사 좋은 회사"에 출연하여 녹화방송(인도 이평찬목사)을 하여 전국과 해외에 방송되었다. 전희인 장로(한국교세라정공 대표이사), 이기욱 선교사(베트남선교사), 김종찬 목사(전, 대중가수), 홍요한 일터 선교사, 이현주 집사(코메디언 간증), 이금룡 대표이사(코글로닷컴, 전, 옥션회장) 등이 강사로 수고했다.

(3) 3년 차-2012년도 일터 예배

2012년도 세 번째 해에 드려진 예배는 총 46회를 드렸다. 강사는 지역교회 목회자와 영성을 회복시키는 '킹덤컴퍼니'를 꿈꾸며 찬양예배 등으로 올려 드렸다. 현진옥 권사(전, 세샘트리오), 김왕기 장로(미국 MC-TV방송 대표이사), 권혁도 전도사, 김석봉 장로(석봉토스트 대표이사)의 간증과 김태식 전도사(다윗과 요나단), 심재수 대표이사, 손태영 교수, 신현빈 목사(디모데성경연구원), 유관재 목사(고양 성광침례교회 담임), 임용선 선교사(니카라과), 이영무 목사(전 국가대표 축구선수 감독) 등 말씀사역으로 수고했다.

(4) 4년 차-2013년도 일터 예배

2013년도 네 번째 해에 드려진 예배는 총 47회로 모여 드렸다.
초청 강사는 지역교회 목회자를 비롯하여 박명배 목사(송내 사랑의교
회 담임), 신갈렙 선교사(비전MBA 대표), 김홍석 목사(국방대학교 교
수), 이경욱 목사(백석총회 사무총장), 정인찬 목사(백석신학대학 학
장), 유임근 목사(코스타 총무), 샘성악앙상블의 초청 음악제(정광빈
단장), 김진영(한양여자대학교 교수, 유러닝 대표), 노순규 원장(한국
기업경영연구원) 등이 생생한 신앙간증과 말씀으로 영성이 회복된 한
해였다.

(5) 5년 차-2014년도 일터 예배

2014년도는 본 일터교회가 5년째 드려진 예배로서 총 50회로 예정되
어 있으며, 현재 진행 중이다. 첫 예배는 연변과기대 학생 23명과 인
솔 교수와 함께 드려졌다. 한홍신 목사(성님교회 담임), 김형식 교수
(교육문화연수원), 김성대 목사(미국나사렛 LA교단, 전 총회장), 권영
국 일터선교사(인도네시아), 방선기 목사(직장사역연합 대표, 이랜드
사목), 윤택중 선교사(직장 사역), 서원섭 강도사(전, 게그우먼), 김의
웅 장로(주, 미르존 부회장), 김영기 장로(기업체 경여 리더십 강사),
정동섭 교수(전 침신대 이단연구) 등이 말씀사역으로 수고했다.

나. 제 2기 - 성장기 3개년

(6) 6년 차-2015년도 일터 예배

2015년도 여섯 번째 해에 들어서 '솔로몬일터교회'가 성장기에 접어
들었다. 이번 해의 표어는, '섬기고 사랑하자(고전16:14)'였으며, 첫 번째

일터 예배부터 1년 동안의 예배는 한주도 쉬지 하나님 존전으로 나아
갔다. 첫 예배는 미니박 선교사가 말씀을 전했다. 다음 김동연 목사
(솔로몬일터교회), 박경남 본부장(대표, 한국 WEC국제선교회), 김철
송 목사(중국북경 대성교회), 최종국 선교사(요르단), 문용조 대표(핀
코월드), 방선기 목사(이랜드 사목) 등 1년 동안 총 51회의 예배로 드
렸으며, 매주 초청된 강사는 45명이다.

(7) 7년 차-2016년도 일터 예배

2016년도는 솔로몬일터교회가 예배를 시작한지 7년 째이다. 이번 해
의 표어는, '주님이 주신 기쁨의 일터교회(행10:38)'이며, 신년 첫 예배의
강사는 최상구 선교사(필리핀 안티폴로)로 시작하여 이선우 목사(서현
교회), 이지혜 부사장(두드림크리에티브), 김동연 목사(솔로몬일터교
회), 이필립 선교사(신망애 부원장), 김영석 목사(으뜸사랑교회), 정징
시 권사 (주,칼라랜드 대표이사,) 공도근 선교사(아랍에미이트), 이현
길 목사(연합교회협력), 송순복 대표이사(쭈꾸미플랜차이점/일터선교
사), 서샬롬 선교사(필리핀), 이병한 목사(워싱턴DC페어픽스한인교회)
등 45명의 설교강사가 초청되고 49회 예배를 드렸다.

(8) 8년 차-2017년도 일터 예배

2017년도는 솔로몬일터교회가 일터 예배를 시작한 지 8년 째이다. 이
번 해의 표어는, '하나님이 기뻐하시는 일터교회(엡5:10)'이며, 신년
첫 예배의 강사는 김동연 목사(솔로몬일터교회, 13회 설교), 전용태
장로(칠판설교 대표), 김홍태 목사(현,국방대학교회 원로목사), 이석훈
목사(기독교연합신문 편집장), 권혁도 목사(소리구름교회), 김영기 장
로(성광침례교회 시무장로), 장헌일 목사(생명나무교회, 전,국가조찬기

도회 사무총장), 한홍근 목사(극동방송), 안홍기 목사(글로벌찬양교회), 김승학 박사(사우디아라비아국왕 한의학 주치의) 등 매주 초청 설교자는 40명이며, 일터 예배로 드려진 횟수는 53회 였다. 8년 동안을 회고해 보면 매주 수요일 마다 한번 빠짐 없이 드려진 일터 예배에 성삼위 되신 하나님께 영광을 돌려드리고 솔로몬일터교회가 헤아릴 수 없는 은혜와 축복을 받는 기간이었음을 감사고백을 드린다.

종합해보면, 지난 8년간 연인원 378명의 외부 초청 강사를 모셔서 직장예배로 드려졌다. 여기까지 인도하신 하나님께 찬양과 영광을 올려드린다. 지난 8년 동안 한 주간의 열정과 8년 동안의 거룩함으로 드려진 예배의 교제 시간 속에서, 85%의 직원이 그리스도인으로 신앙을 회복시켜 주셨다.

최근 수요예배를 드리는 주간에도 전체 구성원이 뜨겁게 하나님께 집중하며 일터 속에서도 예배를 올려드리게 된다. 일터 교회에서 수요예배 후 점심을 준비하여 제공하며 거기서 회사 동료간 친교가 활발하게 이루어지고 있다. 직원들과의 관계는 영적으로 '행복한 공동체', '사랑의 공동체'로 변화되기 시작했다. 일터 예배를 드렸던 초기의 서먹서먹했던 분위기는 8년이란 세월이 흐르면서 완연한 영적 분위기로 바뀌면서 영적 공동체로 성장하기 시작했다. 이젠 더 업그레이드된 영적 분위기로 자유롭게 주님께 찬양하고, 예배하고, 영광 돌리며 영성 성숙으로 성장하는 중이다.

제3절
새로운 이름-솔로몬일터교회(조직 교회로)

2013년도에 교회 이름을 '솔로몬일터교회'-SOLOMON WORK PLACE CHURCH SEOUL KOREA로 명하고, 시대의 소망이 되는 삶의 일터 예배교회로서의 새로운 발걸음으로 새롭게 시작되었다. 솔로몬일터교회 설립 감사예배는 2013년도 11월 대한예수교장로회 백석총회 서울남노회 설교-백영생 목사(노회장), 기도-백낙천 목사(서기), 축도-임인기 목사(남부시찰장)로 그 외 노회원 등 참석했다.

이 세상에 하나님의 온전하심을 충만케 하시려고, 솔로몬일터교회에 대한 오묘한 섭리 가운데서 솔로몬일터교회를 세속적인 현장 가운데 세우신 것을 감사한다. 8년이란 세월은 짧지만, 결코 짧지 않았던 그 동안의 모든 여정을 인도하여 주신 하나님께 영광을 올려드린다. 교회의 머리가 되시고 우리와 함께 임마누엘하신 예수그리스도를 경배하며, 영원히 우리교회와 한국교회의 모든 여정 가운데 전능하신 하나님께서 지상의 교회를 일터(직장) 가운데에서도 굳건하게 세우시는 그 모습이 드러나도록 인도해주시는 성령 하나님을 찬양하며 감사한다. 그리고 지상의 조직된 지역교회로서(As a local church), 일터(직장) 교회의 선두주자로서(As the leader of the Workplace Church), 맡은 바 사명을 건강하게 감당하게 될 새로운 패러다임의 교회로서(As a new paradigm church), 자리매김할 것을 다짐해 본다. 나아가서 일터 사역자를 많이 배출하여 지상의 하나님 나라의 건설 확장을 위하여 더욱 매진할 것을 기도한다. 그리고 전 세계의 오대양 육대주에서 한 모퉁이를 감당하는 복음의 출발점이 되기를 간절히 소원해 본다.

제4절
솔로몬 일터교회 일터 선교사 교육전략

솔로몬일터교회/선교사역/솔로몬교회성장연구소[147]

A. 직장인 그리스도인은 일터에 파견된 선교사이자 하나님의 부름받은 왕 같은 제사장이다.

"지금은 일터 교회의 시대이며 제2의 대한민국의 기독교 부흥을 가져다줄 원동력이다. 그리스도인에게는 모든 일터가 선교지요, 목회지라는 시대적 영적 분위기를 간파해야 한다."

"현재 어려움을 겪고 있는 한국교회가 복음 명령에 순종할 때이다. '일터 교회'를 통해 새로운 돌파구와 제2의 기독교 부흥을 가져다 줄 것을 확신하고 싶어 더욱 기도해야 한다."

일터교회는 모든 직장인과 근무하는 사무실(작업장)을 교회화(敎會化) 하는 것이다. 또 기업의 CEO는 자신이 제사장이 되고 직장인들은 그 직업현장에서 파견된 목회자라는 사실과 그리스도인으로서 어디에 거하든지 신앙생활을 한다는 사명을 가지고 일터 교회化를 이루어 내야하겠다. 이같은 문화명령에 순종하는 일터교회는 '비지니스 선교' (BAM-Business as mission)의 개념으로 한국교회의 새로운 사역장으로 정착되어야 한다.

한국의 그리스도인은 그동안 이원론적(dualistic)인 시각으로 '교회 따로, 일터 따로'의 삶을 살아왔다. '직장 그리스도인'(A Christian Worker)은 이제라도 일터에도 하나님의 통치가 임하는 곳으로 만들면서, '소중한 일터를 하나님께 돌려 드리자!'는 정신으로 흐르고 있다. 이런 분위기가 기업을 경영하는 그리스도인 CEO 중심으로 일터 사역이 조용하게 진행되고 있는 것이 작금의 한국교회 안에서 일고 있는 교회 정서이다.

과거의 기업문화에서 기독교 신앙이 비지니스를 운영하는데 마이너스 요인으로 작용하는 사례가 빈번했다. 그러나 최근에는 오히려 큰 기업 성장에 플러스 요인이 되고 있다. 이러한 이유 중의 하나가 직장 그리스도인들은 품성이 정직하고 근무 자세는 창조적이기 때문이다. 직장 그리스도인은 영적인 감성이 풍부하고 남을 잘 섬기는 신앙의 덕목을 근본적으로 소유하고 있기 때문에 이런 삶의 행동으로 기업 성장에 큰 장점이 되고 있다.

앞으로 CEO 그리스도인에게 기업의 경영은 신뢰할 만하게 그리고 더욱더 투명하고 정의롭게 진행될 것이다. 일터에서도 '정직성'과 '창조성'이 강조되고 있다. 성령의 감동으로 기록된 불멸의 베스트셀러인 성경 말씀은 놀라운 창조적 경영기법이 다 들어있다.
기독교 정신으로 무장된 직장 그리스도인과 기업가들은 사회에서도 큰 성공을 거둘 수 있다. 그러므로 성경은 가장 큰 일터의 매뉴얼이며 기업 경영지침서(나침판)라 할 수 있다.

B. 그리스도인 CEO가 일터 사역(Work Ministry)에 대한 확고한 인식을 해야 한다.

한 명의 헌신된 그리스도인(Devoted Christian) CEO를 통해서 일터 전체의 구성원에게 삶의 변화와 성장과 성공을 보장하게 된다면,그것이 결국은 하나님께 영광을 돌려드리는 것이 되기 때문이다.

직원이 100명인 회사 CEO는 100명을 목양하는 목회자라 할 수 있다. 일터 사역(Business as mission)을 통해 한 명의 불신자가 하나님을 영접하고, 삶이 변화되고, 영혼 구원을 받아 일터 속 그리스도인으로 거듭나면 회사도 발전하게 될 것이다. 그 결과 한 명의 헌신된 그리스도인 직원이 믿음의 일터를 가꿀 수 있다.

> 일터 교회의 확산을 위해서 한국교회의 인식의 변화가 필요하다.
> 일선 목회자들이 일터 교회를 인정하고 함께 동참해야 한다.
> 지역교회도 일터 사역(Business as mission) 현장에 사역자를
> 파송하는 것이므로 적극적 인식의 전환이 필요하다.

특히, 목회자에게 있어 하나님의 부르심은 너무나 중요하다. 그러나 목회자는 자신의 열심과 결심만으로 그 역할을 다할 수 없기 때문이다. 목회자는 성도를 돌아보는 것이 환경적 제한을 받으므로 모두에게 손길을 뻗칠 수 없다는 한계성을 인정해야 한다.
또 목회자 과잉공급과 현 담임목사 청빙 시스템의 문제로 기성교회에서 사역은 마치 성난 파도 속에서 배를 운항하는 것과 같다. 이런 상황에서 복음적이고 본질적 목회사역이 만만하지는 않다.

C. 교회개척에 도전하는 예비목회자(신학교 졸업자) 일부는 안정적인 교회개척으로 마음을 굳히게 된다

개척 목회 및 선교사들에게 일터 사역(Business as Mission)이라는 새로운 패러다임의 일터 교회를 개척하여 다양한 개척 성공사례를 만들어 가는 일터선교 전략이 요구되고 있다. 지금 기업현장에서 운영 중인 (주)한국교세라정공, (주)잡뉴스/솔로몬서치와 같은 일터 교회 사역의 모델교회가 증가되고 확산되어 나가야 할 것이다. 이 사역을 이루기 위해서 솔로몬교회성장연구소 같은 전문인 선교사 양성 프로그램으로 운영되는 학교를 주시해야 할 필요성이 제기된다.

현재 전 세계적으로도 드문 형태로서 (주)잡뉴스/솔로몬서치에서 교단과 교회 밖 일터에서 실시되는 '솔로몬교회성장연구소'에서 연구 교육 계획으로 수립한 내용이 있다. 그것이 '솔로몬 문화명령 BaM-Academy'의 주제로 삼고 있는데, 기업경영에 대한 영적가치관 확립과 현장 중심의 실질적인 경영능력을 쌓는데 '솔로몬아카데미'와 '전략시스템'을 세워 운영하고 있다.
일터 사역자로서 [*기업의 대표자, 전문직 종사자, 목회자, 선교사, 신학교 졸업(예정)자, 기타 전문인 사역자 포함]가 있다. 이들은 마음껏 교회성장(Church Growth)을 앞장서서 담당할 수 있는 '경영 훈련'과 '영성 훈련'(Business as Mission)을 재훈련하는 사업을 추진하고 있다. 성공한 모델로 이끄는 훌륭한 강사들이 철저히 분석 훈련해서, '(주)잡뉴스/솔로몬서치'와 협력된 성공한 '선교사역과 목회사역'을 통한 세계 111개국 선교지에 신규 및 재 파송할 훌륭한 아카데미와 전략시스템이다.

일터 교회&일터 선교사역

'솔로몬포털 & 교회성장연구소'
[행복과 축복이 가득하고 건강한 일터교회 &
일터 선교사역의 문화명령 순종 현장]

 '일터 교회'를 어떻게 이해해야 하는가?

> ### '일터 교회'란?
> *"모든 직장인과 근무하는 사무실(작업장)을 교회화하는 것"*

세계적인 부흥강사 빌리 그래함(Billy Graham)목사는 미래의 영적 세계에 대해 다음 같이 예언한 바 있다. 매우 주목해 볼 이슈라고 본다.

> "다음 세대에 이루어질 하나의 큰 움직임은 하나님은 일터의 그리스도인들을 통해 임재하실 것이다."

일터교회는 기존의 전통적인 지역교회가 아닌 회사나 사업장에서 믿음을 선포하는 확대교회의 개념이다. 보통 일터(직장)를 전도대상의 장소, 즉 사역의 장소로만 보는 경향이 있다. 그러나 일 자체가 사역이며 하나님의 거룩한 소명이며 하나님의 창조적 명령이다. 전도의 대상에서 이미 전도가 이루어지고 거기서 하나님의 나라인 하나님의 공동체가 세워져 갈 거룩한 장소로 개념정리를 해야 한다.

<표 21> 일터 교회의 정의

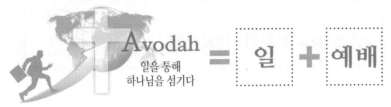

그리스도인은 삶의 현장에서 하나님의 나라와 의가 구현되는 사랑의 공동체에서 각자가 지닌 개인적인 믿음의 영향력을 발휘할 수 있어야 한다. 일을 통해서 개인의 유익을 추구하는 목적을 초월하여 보이지 않는 하나님을 섬기는 모습을 나타내야 한다.

 '일터 사도'를 어떻게 이해해야 하는가?

> ## '일터 사도'란?
> *"모든 직장인과 근무하는 사무실(작업장)을 교회화하는 것"*

일터 교회(사회단체/직장/사업장)의 모든 구성원(직원)들은 일 자체가 사역이며 하나님의 거룩한 소명임을 인식하고 일터에서 사도로서의 사명을 다하며 살아가야 한다. 일터 사도는 교회에서뿐만 아니라 일터, 삶의 현장에서 예수 그리스도의 제자가 되는 노력을 경주해야 한다. 일터의 가장 훌륭한 메뉴얼이며 경영지침서인 성경 말씀으로 무장된 'Christian CEO'와 직장인들은 사회에서도 큰 영향력을 끼칠 수 있는 리더가 되어야 한다. 일터교회의 지도자로서 그들을 통해 일터 교회로서의 비즈니스 선교(Business is Mission)를 담당해야 한다.

"예수 그리스도를 사랑"

일터의 사도를 이해하기 위한 가장 먼저 할 일은 예수 그리스도를 사랑하는 일이다. 일터 사도는 온 세상에 하나님 말씀을 전하는 일터교회& 일터선교사역에 동참하며 가장 앞장서서 하나님의 '말씀을 선포'(God's word Proclamation)하며 사랑의 계명을 지켜나가야 한다.

> "그런즉 믿음, 소망, 사랑, 이 세 가지는 항상 있을 것인데 그 중의 제일은 사랑이라"(고전13:13).

일터 교회의 성경적 근거

> "너희는 가서 모든 족속으로 제자를 삼아 아버지와 아들과 성령의 이름으로 세례를 주고 내가 너희에게 분부한 모든 것을 가르쳐 지키게 하라. 볼 지어다. 내가 세상 끝 날까지 너희와 항상 함께 있으리라"(마 28:19~20).

> "오직 성령이 너희에게 임하시면 너희가 권능을 받고 예루살렘과 온 유대와 사마리아와 땅끝까지 이르러 내 증인이 되리라"(행1:8).
> "네 하나님 여호와를 기억하라. 그가 네게 재물 얻을 능(能)을 주셨음이라. 이같이 하심은 네 열조에게 맹세하신 언약을 오늘과 같이 이루려하심이니라"(신8:18).

> "너희 중에 분깃이나 기업이 없는 레위인과 네 성 중에 우거하는 객과 및 고아와 과부들로 와서 먹어 배부르게 하라. 그리하면 네 하나님 여호와께서 너의 손으로 하는 범사에 네게 복을 주시리라"(신14:29).

지상명령과 문화명령의 또 다른 교훈

하나님 나라의 확장을 구하며 삶의 현장에서 하나님의 의를 구현하고 행복한 공동체"를 위해 노력하고 실현해 가는 것은 단순히 먹고 사는 문제 너머에 있는 그 이상의 가치였다.

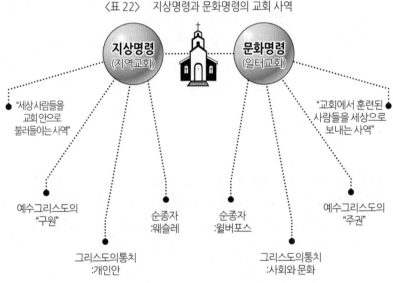

〈표22〉 지상명령과 문화명령의 교회 사역

한국교회가 하향 성장을 하면서 더이상 칭찬받지 못하는 이유는, 지상명령만 순종했기 때문이 아닐까? 사역의 방향이 사회에 냉소적이며, 교회 안 사역만 추구할 때, 교회는 세상에서 존재가치를 상실하게 된다.

그 당시 영국에서 정치지망생이었던 윌버포스가 존 뉴톤 목사에게 미래에 대한 조언을 구했다. 그때 '영국의 노예들을 위하여 해방운동을 할 것'을 권면했다. 가끔 이런 경우가 있기는 해서 조심스럽게 언급한다면, 만약 윌버포스가 같은 조언을 한국교회 목회자에게 했다면, "정치를 그만두고 신학을 하라"고 충고했을지 모를 일이다.

정치를 해야 할 사람이 자신의 재능을 깨닫지 못하고 신학을 한다면, 그것은 잘못된 길을 갈 수도 있다. 이런 예로 인해서 편협한 세계관이 형성되고 사회로부터 혹독한 비판을 받을 수 있다. 역사학자들은 윌버포스에게 던진 존 뉴톤의 짧은 조언이 세계 역사의 흐름을 바꾸었다고 평가한다. 이유는 윌버포스가 노예 선장 출신인 뉴톤 목사의 충고대로 영국 정계에 남아 20여 년간 입법투쟁을 하여 1807년에, 노예무역 금지법을 통과시켰다. 그로부터 26년 후인 1833년 노예해방법이 통과된 결과, 영국에서 노예제도가 완전히 사라지게 되었다. 이것은 62만 명이 희생된 미국의 남북전쟁 결과로 얻은 노예제도 폐지보다 30여년 앞선 것이었다.

영국의 윌버포스가 단면적인 사역에만 추구하면서 노예 문제에 대해 관심 갖지 못했다면, 아프리카에서 팔려온 200만 노예는 더 불어나고, 열악한 환경과 비인간적 처우로 25%가 사망하는 죽음의 항해는 계속되었을 것으로 본다. 그리고 국가 수입원의 3분의 1을 차지하는 노예무역 경제를 기반으로 한 기득권층의 타락은 더 심해졌을지 모른다.

하나님의 관심은 영국에 만연한 사회의 구조적 악(惡)을 제거하는 것이다. 하나님은 병들어 상품 가치가 없자 산 채로 바다로 던져지는 병든 노예들의 비명을 들으셨다. 노예선에서 공개적으로 성폭행 당하는 여성 노예들의 처절한 눈물을 보셨으며, 경매를 통해 뿔뿔이 흩어지는 노예 가족들의 아픔을 느끼셨다.

하나님은 윌버포스를 통해 하나님의 긍휼과 공의의 통치가 영국 사회에 임하게 하셨다. 윌버포스는 동시대인이었던 요한 웨슬레를 통해 복음을 접하고 거듭난 후 노예해방운동을 성공시킨 것이다.

웨슬레는 타락한 영국을 건진 '복음 전도자'였다. 웨슬레는 지상명령을 수행하는 공동체인 지역교회(Local Church)와 함께 하나님의 나라를 세워간 것이다. 윌버포스는 일터 교회(Workplace Church)와 함께 문화명령에 순종하여 하나님 나라와 의를 이루어 갔기 때문에 후대(後代)를 살아가는 우리는 결코 지울 수 없는 선한 역사를 넘겨받을 수 있었다.

솔로몬 일터선교 아카데미

 '솔로몬 일터선교 아카데미(BIMSOLA)'의 소개

* "BIMSOLA"는 일터선교 핵심기관인 '솔로몬 교회성장연구소 (Institute For Church Growth Solomon)' 부설 선교교육기관이다.

* '솔로몬 교회성장연구소(Solomon CH & GI)'는 국내외 교회와 선교단체에 소속된 일터선교 사역자를 돕는 기관이다. 정통 기독교 교단이 인정하는 선교기관이기도 하다. 성공적인 'Business is Mission —BIM'의 일터선교의 모델을 제시하면서 운영해가고 있는 'KAICAM (Korea Association of Independent Churches and Missions, 한국 독립교회 · 선교단체 연합회)'에 정식 가입된 선교기관(선교회)이다.

 설립 목적

하나님의 나라와 의를 구현하기 위해 사랑의 공동체를 이루어 나가며, 일터교회를 만들어가는 크리스천 기업 '(주)Job News/Solomon Search'(1998년 설립된 국내 1위 고급 전문 인재추천 컨설팅업체, 150명의 상시 컨설턴트 보유)이다.

부설, '솔로몬교회성장연구소'에 '솔로몬일터선교아카데미[BIMSOLA Business Is Mission' Academy Solomon]'를 설립 운영하고 있다. 교육 이수자들에게 기업과 인적자원 간의 가교적 역할을 할 수 있는 인재추천 자격을 부여하여 자생력 있는 선교 사역자가 되도록 한다.

Christian CEO(기독교 대표)에게 '일 따로, 신앙 따로'가 아닌, "일터가 곧 교회다!"라는 믿음으로 공동체구현을 통해 사역자에게 선교현장의 부흥성장을 돕고, 자생력을 갖출 수 있는 선교적 경영마인드를 품게 하여 'Business Is Mission-BIM'으로서의 일터교회를 확장하고자 한다.

 일터선교(Business is Mission) 사역 동역기관

<표 23>　BIMSOLA"의 일터선교 사역 동역기관

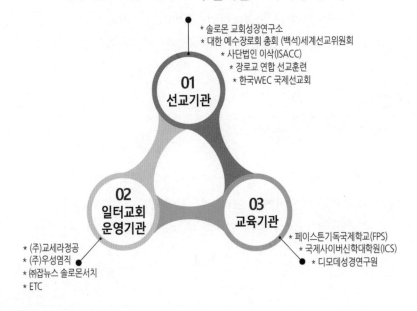

과정별 훈련목표 및 교육생 모집 대상

<표 24>

최종 훈련 목표	교육생 모집 대상
* 자생력 있는 목회자/선교사 -인재코디네이터 역할 수행 및 후보자 발굴	*건전교단 파송선교사 및 선교사 지망자 - 안식년 중인 선교사 우대 *해외 거주 한인교회 목회자 *일터교회/비즈니스 선교비전을 품은 목회자 *국내/국외 미자립교회 목회자 *신학교 졸업 후, 미 사역자

<표 25>

최종 훈련 목표	교육생 모집 대상
*일터교회(BIM) 사역자 육성 *비즈니스(인재코디네이터) 선교사	* 비즈니스 선교사 파송 희망자 * 미전도 종족 대상 선교를 꿈꾸는 젊은이 * 일터선교를 꿈꾸는 예비 창업자 및 CEO 희망자(국내/국외) * 크리스천 중소기업 CEO * 크리스천 전문직 종사자 * 해외선교사역지 발굴 중인 시니어 전문인 * 인재코디네이터가 되고자하는 그리스도인

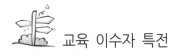 교육 이수자 특전

자립능력 갖춤-(주)Job News/Solomon Search 소속의 인재 코디네이터(헤드헌터) 자체 자격부여

-자립 능력을 갖춘 비즈니스선교사(Business Missionary) 가능
-선교 현지 국가에 BIM Project Agent 개설 가능
-국내기업의 해외진출, 정부, 민간 대외협력 위한 가교역할 수행
-(주)Job News/Solomon Search의 현지 지사 설립 가능

전문적 직업상담 능력 갖춤-현지 선교지에서 활용할 자격 갖추게 함.

-선교 사역지의 기업을 위해 (주)Job News/Solomon Search의
 Net-work system을 활용.
-기업의 인재 코디네이터 역할을 수행함, 사업 개발 및 창업코칭 등
 수입창출이 가능, 자생력 있는 일터/비지니스 선교사역 가능.

선교지 동역자 세움-선교사 현지 상황이 어려울 경우, 인재코디네이터(헤드헌터) 대리인을 세워 시행 가능하게 함.

-신분 노출이 어려운 미전도 종족지역, 폐쇄국가에서 인재코디네
 이터(헤드헌터)로 활동할 수 있어서 자동적으로 선교사 신분보장.
-선교 현지 사업장의 HR담당자 등과 인맥형성 및 선교 접촉 형성.
-교육과정 이수 선교사가 헤드헌터의 직무를 직/간접적으로 수행.
-솔로몬 교회성장연구소에서 개발한 교회성장 형 홈페이지 무료
 보급으로 더욱 활발한 선교 가능.

교육생 모집 홍보 중점 사항

건전한 기독교단, 기독단체 기관추천 시, 교육비 할인 혜택 부여.
홈페이지 보급 사역으로 지역교회와의 지속적 연대와 협력유지.
CTS, CBS 및 FEBC, 국민일보 등 기독교 방송 신문매체의 홍보.
(주)Job News/Solomon Search 홈페이지, Job Portal 등 자체
Global Network 적극 활용.

 솔로몬 일터 선교아카데미(BIMSOLA)의 특징

<표 26>

01 국내/외 최고의 강사진

02 국가별산업현장 구체적BIM사업 포트폴리오완성

03 Business와 Mission의 실제적이고도 아름다운 조화

 교육 과정

<표 27> 4단계 국/내외 BIM(Business Is Mission) 선교/
일터교회 사역 훈련과정

BIMSOLA 교육과정
- 1단계 : 영성 훈련
- 2단계 : 인간관계/Leadership훈련
- 3단계 : 인재코디네이터 입문훈련
- 4단계 : BIM 경영 맞춤 훈련

* 4단계 BIM 경영맞춤 훈련과정은 (BIM 04-1)국내 BIM창업 훈련과정,
(BIM 04-2)해외 BIM선교 훈련과정" 중 본인의 사역비전에 따라 1개 과정 선택

교육 장소/ 인원/ 기간/ 형태

-장소 : (주)JobNews/Solomon Search 교육장 (방배동)

*향후 교육 등록인원 등에 따라 교육장소 변경 가능

-교육 인원 : 50명

-교육 기간 : 3~5개월(총 84~140시간)

-교육형태 : 강의/ 분임 토의/ 사례 발표/ 워크샵/ 소그룹활동/
BIM 현장견학/ 적정기술 현장실습/ 등

〈표 28〉   일터 사역훈련 과육과정표

교육이수 단계 및 과정	교육일정	교육 시간
- **공통 필수 훈련과정** [1단계] 영성 훈련단계 (4주, 28시간) [2단계] 인간관계/리더십 훈련단계(4주, 28시간) - **전공 필수 훈련과정** [3단계] 인재 코디네이터 /헤드헌터입문과정 (4주, 28시간) - **전공 선택 훈련과정** 개별적인 사역계획과 비전에 따라 다음 2개 과정 중 1개 훈련과정 이상 자유롭게 선택가능 * 전공 선택훈련 [4단계], [4-1단계] - **국내 BIM 창업훈련과정** (4주, 28시간) [4-2단계] 해외 BIM 선교 훈련과정 (4주, 28시간)	- **2013.3월(월) ~8월(토)[12~20주]** *월 PM 7:00~ 10:00(3시간) *토 AM 9:00~ 13:00(4시간)	- **3개월 :** [공통 필수 56시간+ 전공 필수(1개 과정, 28시간)]=84시간 - **4개월 :** [공통 필수 56시간+ 전공 필수(1개 과정, 28시간)+전공 선택 (1개과정, 28시간)] =112시간 - **5개월 :** [공통 필수 56시간+ 전공 필수(1개 과정, 28시간)+전공 선택 (2개 과정, 56시간)] =140시간

세부 훈련일정-A

 필수과목[공통과목]: 1~2단계, 전공과목: 3단계]

〈표 29〉

과정명	교과목명	구분		1단계				2단계				3단계			
				1	2	3	4	5	6	7	8	9	10	11	12
영성훈련 (공통 필수, 28H) BIM-01	BIM선교/일터교회의 모델 및 실제	강의	2일(7H)	♣♦											
	BIM선교사역을 위한 영성 개발	강의	1일(4H)		♣										
	기독교적 세계관과 경영윤리	강의	1일(3H)		♦										
	전문인 선교 & 문화선교관	강의	2일(7H)			♣♦									
	세계선교 동향 및 전문인 선교전략	강의	1일(4H)				♣								
	교회/선교사역지 성장전략	실습	1일(3H)				♦								
인간관계 & 리더쉽 훈련 (공통 필수, 28H) BIM-02	함께 승리하는 성경적 리더쉽	강의	2일(7H)					♣♦							
	Self Leadership	강의	1일(3H)						♦						
	성공적 인간관계 & 선교전략	강의	1일(4H)						♣						
	BIM을 위한 Coaching & Mentoring	강의	2일(7H)							♣♦					
	인간관계를 통한 성공적 선교사례	강의	1일(4H)							♣					
	인적성 검사	실습	1일(3H)							♦					
인재코디 네이터 입문훈련 (전공 필수, 28H) BIM-03	인재추천 코디네이터의 개념 및 전망	강의	1일(3H)										♦		
	인재추천 프로세스 8단계	강의	2일(7H)									♣♦			
	인재추천 컨설팅기술 선교접점 탐색	강의	1일(4H)										♣		
	BIM기업 프로젝트 견학	실습	1일(3H)											♦	
	우수 헤드헌터 초청 성공사례	실습	1일(3H)												♦
	인재추천 서칭 실습 밀착지도	실습	1일(4H)											♣	
	컴퓨터 및 동영상 활용	실습	1일(4H)												♣

※ 교육훈련일정: ♣ 토요일, AM9:00 ~ PM1:00(4시간)

♦ 월요일, PM7:00 ~ PM10:00(3시간)

세부 훈련일정-B

 선택과목[전공과목: 4단계)]

〈표 30〉

과정명	교과목명	구분		4단계(4-1)				4단계(4-2)			
				13	14	15	16	17	18	19	20
국내 BIM 창업훈련 (전공선택, 28H) (BIM 04-1)	BIM기업의 창업 성공전략	강의	1일(3H)	♦							
	BIM선교사역을 위한 영성 개발	강의	1일(3H)		♦						
	BIM기업의 영성과 생산성과의 관계	강의	1일(4H)				♣				
	BIM기업 사업계획서 작성 실무	강의	1일(4H)	♣							
	창업 프로젝트 소개	실습	1일(3H)			♦					
	관계법규 및 창업 실무	실습	1일(4H)		♣						
	BIM기업 적용사례	실습	1일(4H)			♣					
	현장실습 및 피드백	실습	1일(3H)				♦				
해외 BIM 선교훈련 (전공선택, 28H) (BIM 04-2)	선교지 BIM사역경영 모델	강의	1일(3H)					♦			
	선교지 적정 기술의 개발	강의	1일(3H)						♦		
	BIM 사업타당성 조사 방법	강의	1일(4H)					♣	♦		
	국내 외국인유학생 선교모델	강의	1일(4H)								♣
	적정기술의 탐색 및 적용사례	실습	1일(4H)							♣	
	기독 국제학교 운영 견학	실습	1일(4H)					♣			
	기독직업훈련원 견학, 선교 기술탐색	실습	1일(3H)								
	현장실습 및 피드백	실습	1일(3H)								♦

※ 교육훈련일정: ♣ 토요일, AM9:00 ~ PM1:00(4시간)
　　　　　　　　♦ 월요일, PM7:00 ~ PM10:00(3시간)

〈표 31〉

제 2012-1호

위　촉　장

성 명 : 이 기 옥

<u>Position</u> : 베트남 지사장

　귀하는 국내외에서 구인 · 구직활동을 돕는 인재추천 및 사업
발굴 컨설턴트로서 갖추어야 할 자격인 헤드헌터 업무프로세스
교육(On-Off Line상)과정을 이수하였고, Business as Mission
(BaM)의 업무역량을 갖추었다고 판단하여 이에 Global 인재추
천 컨설턴트(베트남 지사장)로 위촉합니다.

2012년 11월 23일
주식회사 잡뉴스 솔로몬서치
대표이사 사 장 김 동 연

"무분별한 신학교 난립문제-신학교 졸업생이 설 자리 없는 교회현장"
"신학생 소명의식 정립-혁신적 신학교 교육커리, 재정지원 요구"
"일터선교, 일터교회가 개척의 새로운 대안으로, 전략이 필요"

일터는 '영혼의 격전지'다. '교회 안'처럼 영혼의 안식이 없다. 일터에서 밀려드는 업무에 둘러싸여 정신없이 지내다 보면, 영혼에 죄악이 스며드는지도 모르고 넘어간다. 자칫 마음의 열쇠를 사탄에게 빼앗기고 깨닫지 못하는 사이 직원들의 사고방식과 조직의 구조, 회사의 목표 안에 '죄의 정욕이 역사(롬 7:5)'할 수 있다. 그렇지만 하나님과 협력하여 일터의 죄악들과 싸울 때, 우리는 사도바울이 성령의 열매라 부른 아홉 가지(갈 5:22-23)를 구현할 수 있다. 그 결과 '기도'와 '감사', '순결'은 우리 삶의 특징이 된다.

'일터교회가 오고 있다'
'Come to The Church In The Workplace'
피터와그너/Peter Wagner

한국의 모든 목회자와 일터 지도자, 그리스도인은 자신의 일터에서 일터 사도로서 변혁을 요구하고 있다. 우리가 진짜 사회 변혁을 경험하기 위해서는 자신의 직업을 거룩한 천직으로 여겨야 한다. 그리고 일터 현장에서 영혼을 구원하고 세상을 변화시킬 때, 하나님의 능력을 경험하게 될 것이다.

한국교회는 일터교회에 시선을 돌려야 한다. 그래야 원수에게 빼앗긴 전선에서 승전보를 듣게 될 것이기 때문이다. 일터교회란 단순히 한 주 한 번 직장예배를 드리고, 신우회를 조직하는 정도가 아니라, 우리의 일터에 하나님 나라가 임하고, 우리로 인해 직장과 사회를 변혁하는 데까지 나아가야 한다.

초기의 한국교회는 설립 초기부터 선교하는 교회Missional Church)로서의 사도적 사명을 감당하였다. 1912년 대한예수교장로회 총회가 창립되었을 때, 이미 유교의 창시자인 공자(孔子)의 고향 중국 산동성(山東省)에 선교하기로 가결했다. 이듬해인 1913년, 김영훈, 박태로, 사병순 목사, 1917년에 방효원, 홍승한 목사, 1918년에 박상순 목사, 1923년에 이대영 목사, 1931년에 김순효 전도사, 1937년에 방지일 목사를 선교사로 파송하였다. 이러한 선교적 열의를 가진 한국 교회는 기독교 선교가 시작된 지 100여 년 만에 '선교를 받는 교회에서 선교를 하는 교회로' 세계 교회에 인식되기 시작하였다.

일터 사역자 여러분!
당신은 리얼 크리스천입니까?

하나님은 당신의 가정과 교회뿐만 아니라 당신이 일하고 있는 그 곳, 일터에서도 존재하십니다. 경제에 대한 깊이 있는 이해를 근본으로 하면서, 일터에서 자신의 영성을 지키며 하나님 나라를 이루어 나갈 수 있는 방법을 찾아야 합니다. 일터에서 직장인이 경험하는 현재의 상황, 즉 포스트모더니즘이 만연한 조직문화와 현실, IMF 이후 계속되는 세계적인 실업 위기 속에 있습니다. 일자리 창출문제, 경제적 문제, 그에 따르는 갈등 속에 조화와 통합 등을 해결하기 위해 전문인 사역이라는 표현보다, "일터 사역"이라 표현함이 옳을 것입니다.

사교육, 공교육의 학교를 졸업하고 난 후에, 다음은 일하는 단계로 접어듭니다. 그 일터는 '우리의 삶의 기간 중 70-80%의 시간을 요구'합니다. 직장을 다니든지 개인 사업을 하든지 혹은 프리랜서든지 누구나 우리 앞에 직면한 삶을 영위하기 위하여 땀을 흘리고 수고를 해야 합니다. 왜냐하면 아담과 하와의 범죄 이후 인간은 수고해야 생존할 수 있기 때문입니다. 그런데 문제는 그 세상의 일터가 이미 '사단이 견고한 손에 붙잡혀 있다는 것'입니다.

온갖 정사와 권세로 이를 붙들고 있기에, 우리가 혈과 육으로 어떻게 해 보려고 발버둥 치지만, 전혀 '요동치지 않는 철옹성의 영역이 바로 일터 영역'입니다. 그러기에 주님이 우리에게 이를 대비하도록 미리 이기는 방법을 얘기해 주셨던 것입니다. 정사와 권세의 세상에 삶의 터전에는 마치 수많은 여리고 성들이 가득한 그런 땅입니다. 그 땅의 정탐꾼으로 들어가 라합 처럼 구원의 반열에 들어갈 영혼들을 살려야 할 의무가 우리에게 있습니다.

가정과 학원과 직장에서, 동창 모임에서, 골프모임에서, 동네 반상회에서, 때를 얻든지 못 얻든지, 우리는 복음을 전해야 하며 그것을 할 수 있는 유일한 방법이 바로 기도입니다. 사도적 은사를 받은 사람이라면, 아니 그 은사를 구해서라도 기도 모임을 시작해야 합니다. 직장에서 믿는 동료를 돕는 사역자로 세우고 함께 기도해야 합니다. 그러면 바뀝니다. 그러면 성령의 역사가 임하시는 놀라운 비밀의 문이 열리는 것입니다.

맨하탄과 뉴욕, 뉴저지까지 나아가서 동부와 서부 캘리포니아와 샌프란시스코, L.A.를 횡단하여 태평양을 건너 일본과 북한과 중국에도 그리고 중동 땅과 이스라엘에도 삼삼오오 죽음을 불사한 기도의 모임들이 일어나게 되길 소망합니다. 이어서 아시아와 아프리카와 수많은 땅에도 하나님의 은혜가 기름 부어 주시길 또 기도합니다.

일터 사역자 여러분!
기도의 동지들이 일어납시다.
이 땅을 깨우고 일으킵시다.
주님의 오심을 준비하며
하나님의 나라를 완성해 갑시다.

본 장의 결론으로서 ㈜잡뉴스솔로몬서치에 소속된 [솔로몬일터교회]가 삶의 현장인 일터(직장)에서 복음전도의 '사회적인 상황'과 '훈련계획'에 의하여 사명을 감당하는 공동체를 소개했다.

하나는 솔로몬일터교회의 사회적 상황의 '교회 표어', '교회 비전', 그리고 '교회 사명'을 살펴보았다. 다음은 솔로몬일터교회의 지나온 발자취를 돌아보면서 현재 위치한 사회적 상황에서 일터 선교사를 교육하여 양성할 것을 주장했다. 그러므로 교회가 지니고 있는 사회적 역량을 살펴보면서, 솔로몬일터교회가 한국교회에서 일터 교회의 고유적 사명, 목회자를 섬기는 사역을 위한 훈련과 전략을 대안으로 제시해 놓았다. 한국교회 목회자들이 20만 개 법인 일터에 일터목회 전임 사목(社牧) 사역에 헌신하도록 돕는 일을 어떻게 시도할 것인지도 구체적으로 제시해 놓았다.

다음 장에서는 '솔로몬일터교회 현장연구 분석과 본서의 결론'의 주제를 살펴보겠다.

일 터 교 회

≫ 제 6 장 일터 교회 사역 유형별 영성 성숙도 현황 분석

일터교회 사역 유형별
영성 성숙도 현황 분석

본 연구의 마지막 장으로서, 설문의 통계와 칼라그래프로 '솔로
몬일터교회'와 설문에 참가한 7개 일터(직장)의 현장 연구를 분
석한 가장 핵심적이며, 논문의 결론 부분이 될 것으로 사료된
다. 내용적으로는 솔로몬일터교회가 먼저, 교육계획에 의해 훈
련된 결과를 토대로 조사연구의 목적을 가지고 설문자료를 총
8개 기관(4개 일터 교회를 운영하는 기업과 4개 일터 사역과
훈련프로그램을 운영하는 교회을 통해서 자료를 수집했다. 그리
고 그 자료를 '통계코드'148)로 작성하여 '칼라그래프'로 분석을
시도했으며, 그 결과를 근거로 '일터 교회의 사역 방안을 제시
하고 '본 연구의 향후 연구 과제와 대안'을 제시했다.

제1절
조사연구 결과-설문지 통계 분석

1. 조사 대상자 특성

가. 설문참여 현황

〈표 32〉   전체 설문에 응답한 현황

구분	내용	남성	여성	빈도(명)	
성별	남성	188	83	271	
	여성	107	168	275	681
	기타	59	76	135	
연령	20대 이상	23	12	35	
	30대 이상	59	10	69	
	40대 이상	101	58	159	
	50대 이상	61	87	148	681
	60대 이상	13	58	71	
	70대 이상	0	3	3	
	기타	98	98	196	
신앙 생활 기간	10년 미만	68	28	96	
	10년 이상-20년 미만	42	21	63	
	20년 이상-30년 미만	38	31	69	
	30년 이상-40년 미만	37	54	91	681
	40년 이상-50년 미만	21	45	66	
	50년 이상	9	39	48	
	기타	139	109	248	
현재 교회 출석 기간	10년 미만	90	55	145	
	10년 이상-20년 미만	43	81	124	
	20년 이상-30년 미만	25	41	66	
	30년 이상-40년 미만	18	21	39	681
	40년 이상-50년 미만	6	9	15	
	50년 이상	4	4	8	
	기타	168	116	284	

직분				
	미등록교인	66	17	83	
	세례교인	103	39	142	
	집사	64	103	167	
	권사	7	33	40	
직분	장로	23	0	23	681
	전도사	0	0	0	
	목사	3	0	3	
	신학생	0	0	0	
	기타	114	109	223	
전체		354	327	681	

* 본서를 위한 설문통계로 제시된 현황은 성별, 연령별, 신앙생활 기간, 현재 교회출석기간, 그리고 응답자의 직분(교회)에 대한 자세한 통계를 담고 있다. 따라서 본서의 [일터교회 사역 유형별 영성 성숙도]에 대한 분석과 대책을 매우 흥미롭게 제시하면서 한국 교회에 희망적인 비전을 제시할 수 있는 기초적인 자료가 되도록 전개한다.

나. 설문에 응답한 일터교회와 일터기관 통계코드와 설명

〈표 33〉

구분		일터 사역의 교회				일터 교회의 기관				백분율 (%)
		사랑의 교회	충신 교회	오륜 교회	성광 교회	한국 교세라	우성 염직	한만두 식품	잡뉴스 솔로몬 서치	
설문 응답 자	빈도(명)	139	27	8	27	240	114	94	32	(100)
	백분율 (%)	(20.5)	(3.9)	(1.2)	(3.9)	(35.2)	(16.7)	(13.9)	(4.7)	
전체		201(29.5)				480(70.5)				
		681(100)								

1) 본 논문의 설문에 응답한 현황은 위의 도표와 같이 전체 8개 일터사역 교회와 기관이다.

2) 그들은 모두 일터에 관련한 사역을 하는 교회이거나 일터에 교회를 세우고 예배와 훈련 등으로 공동체를 섬기는 기관이다.

3) 설문에 응답한 사람은 총 681명이다. 각 교회나 기관별로 통계 코드를 작성하여 소개했다.

4) 각 기관의 설문 참가자에 대한 수치와 그에 대해서는 백분율(%)로 나타냈다.

다. 설문에 응답한 일터교회와 일터기관 칼라그래프와 분석

〈표 34〉

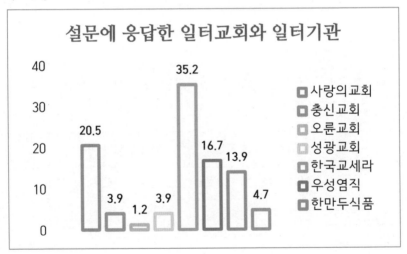

1) 칼라그래프에 나타난 8개 기관의 교회와 기업은 다음과 같다.

2) 일터사역을 하는 4개 처는, [사랑의교회 20.5%, 충신교회 3.9%, 오륜교회 1.2, 성광교회 3.9%]이다. 일터 교회처소를 정하여 정기적인

직장예배로 모이는 기업은, [한국교세라 35.2%, 우성염직 16.7%, 한만두식품 13.9%, 잡뉴스솔로몬서치 4.7%] 응답했다.

3) 일터사역을 하는 4개 교회 중 681명 중 139명이며, 전체 20.5%나 된다. 사랑의교회는 일터사역자를 전문적 훈련프로그램을 운영하며 매주 약 1,000명 이상 일터에 대한 사역을 훈련하면서 미래 목회 먹거리에 대하여 준비하고 있다.

4) 회사 내에 일터교회를 세운 한국교세라는 681명 중 240명이 참가한 율은 35.2%나 되는 것은, 매주 월요일에 한 번씩 정기적으로 사원들을 모아서 일터예배를 드리고 있기 때문이다.

5) 대부분 직장 내 일터예배를 드리는 일터교회가 이번 설문에 높은 관심으로 응답한 비율이 높게 나타나는 것도 이유 중 하나이다.

라. 연령대별-설문응답자 특성 통계코드와 설명

〈표 35〉

구분	내용	빈도(명)				백분율(%)		
		남성	여성	계		남성	여성	계
연령 구분	20대 이상	23	12	35	104	3.3	1.7	5.0
	30대 이상	59	10	69		8.6	1.4	10.0
	40대 이상	101	58	159	307	14.8	8.6	23.4
	50대 이상	61	87	148		8.9	13.0	21.9
	60대 이상	13	58	71	74	1.9	8.6	10.5
	70대 이상	0	3	3		0	0.4	0.4
	기타	98	98	196	196	14.4	14.4	28.8
전체				681			100	

1) 연령대별 설문 응답자는 20대에서 70대까지, 무응답으로 나타났다.

2) 연령대별의 빈도수(명)로서 남성은 355명, 여성은 326명 합계 681명이 참여했다.

3) 각 연령별 수치는 20대 이상 35명, 30대 이상 69명, 40대 이상 159명, 50대 이상 148명, 60대 이상 71명, 70대 이상 3명, 그리고 기타(무응답) 196명이다.

4) 각 연령별 수치는 다음과 같이 백분율(%)의 칼라그래프로 분석하여 설명하겠다.

마. 연령대별-설문응답자 특성 칼라그래프와 분석

〈표 36〉

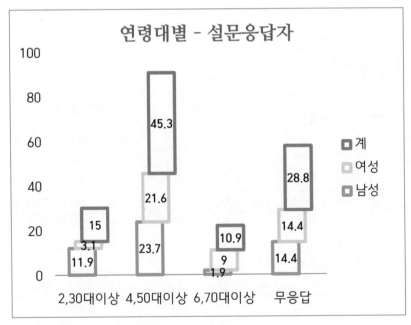

1) 칼라그래프의 연령별 설문응답자의 수치는 백분율(%)로 나타났다.

2) 재치있는 분석을 위해 각세대(단계)별을 두 단계로 작성한 수치는 2,30대 이상 15%, 4,50대 이상 45.3%, 6,70대 이상 10.9%, 그리고 무응답(기타) 28.8로 칼라그래프를 작성했다.

3) 수직 막대 형태의 그래프에서 드러나듯 4,50대 이상이 45.3%는 2,30대 이상의 15.0%와 6,70대 이상 10.9%에 비하면 약 3배에서 4배 반으로 높은 응답자가 나타났다. 이것은 일터 교회와 사역을 구성하는 그리스도인으로서 앞으로의 일터 교회가 미래 구원사역의 왕성한 비전을 제시하고 있는 증거이기도 하다.

4) 그러나 각 연령(세대)별로 보면, 대체적으로 빠짐없이 참여하므로 일터 사역이 지역교회별로, 기관 혹은 회사별로도 대체 목회 방법으로 제시되고 있다.

바. 신앙생활(신생)기간, 교회출석(교출)기간
  특성 통계코드와 설명

〈표 37〉

구분	내용	빈도(명)			백분율(%)		
		남성	여성	계	남성	여성	계
신앙생활기간(신,생기간)	10년 미만	68	28	96	9.8	4.2	14.0
	10년 이상-20년 미만	42	21	63	6.2	3.0	9.2
	20년 이상-30년 미만	38	31	69	5.6	4.5	10.1
	30년 이상-40년 미만	37	54	91	5.4	8.0	13.4
	40년 이상-50년 미만	21	45	66	3.0	6.7	9.7
	50년 이상	9	39	48	1.3	5.7	7.0
	기타	139	109	248	20.5	16.1	36.6

전체		681			51.8	48.2	100
교회 출석 기간 (교,출 기간)	10년 미만	90	55	145	13.3	8.2	21.5
	10년 이상-20년 미만	43	81	124	6.3	11.9	18.2
	20년 이상-30년 미만	25	41	66	3.6	6.1	9.7
	30년 이상-40년 미만	18	21	39	2.6	3.0	5.6
	40년 이상-50년 미만	6	9	15	0.8	1.3	2.1
	50년 이상	4	4	8	0.6	0.6	1.2
	기타	168	116	284	24.6	17.1	41.7
전체		681			51.8	48.2	100

1) 위의 통계코드는 신앙생활기간(신,생기간)과 교회출석기간(교,출 기간)으로 구분하여 통계를 작성했다.

2) 내용은 10년 이상 20년 미만에서 각 세대(연령)별로 시작하여 50년 이상, 그리고 기타(무응답)으로 수치를 나타냈다. 빈도수(명)는 세대별로 잘 보여주고 있다.

3) 남성과 여성의 비율은 본 통계코드에서 드러나지만 다음의 칼라 그래프에서 백분율(%)로 수치를 나타내고 있다.

4) 신앙생활기간과 교회출석기간과의 차이를 확연하게 보여주고 있는 특징도 무시할 수 없다.

사. 신앙생활(신생)기간, 교회출석(교출)기간
　 특성 칼라그래프 분석

〈표 38〉

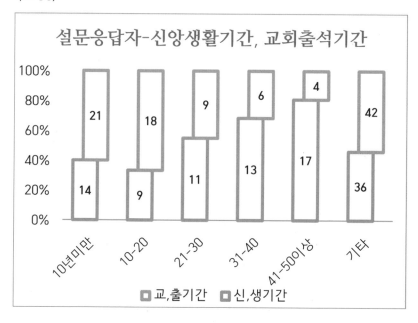

1) 다음 칼라그래프의 수치는 백분율(5)로 나타내고 있다.

2) 10년 미만의 교출기간 21%, 신생기간은 14%이며/ 10년 이상 20년 미만은 교출기간 18%, 신생기간 9%/ 21년 이상 30년 미만은 교출기간 9%, 신생기간 11%/ 31년 이상 40년 미만은 교출기간 9%, 신생기간 11%/ 41년 이상 50년 이상(미만)은 교출기간 4%, 신생기간 17%/ 기타(무응답)가 교출기간 42%, 신생기간 36%로 각각 그 수치를 나타냈다.

3) 10년 미만(십대)이 교회출석기간 21%는 다른 연령대보다 높은 수치를 드러낸 것은 신앙의 초기로 볼 수 있으며 신앙 초기의 뜨거운

열정은 어떤 환경 속에서도 그 열기를 누그러뜨리지 못한다는 단면을 보여준다.

4) 따라서 일터 교회는 십대들 구성원이 많을수록 젊고 건강한 공동체로 성장해 갈수 있음을 여실히 증거하고 있다.

5) 연령대로서 중심이 되는 세대가 21세 이상 30세 미만이다. 이들의 수치가 교회출석기간 9%와 신앙생활기간 11%로 별 차이 없이 드러난 것은 신앙의 훈련이나 일터 사역을 하는 교회나 일터 예배로 모이는 세대들의 중심축으로서 신앙이나 훈련이 새로운 공동체의 그리스도인의 삶으로 결실을 맺는 것을 기대하게 하는 대목이다.

제2절
설문에 의한 상위권 조사응답 도표 및 분석

설문에 응답한 기관은 모두 8개 기관으로서, 4개 기관은 지역교회에서 일터사역을 진행중이며, '사랑의교회', '충신교회', '오륜교회', '성광교회'이다. 4개 기관은 일터사역을 진행하는 기업이며, '한국교세라', '우성염직', '한만두식품', '잡뉴스솔로몬서치'이다. 여기에 작성된 도표와 그에 따른 분석은 본 논문연구를 위한 설문지 응답항목 중 상위권을 모아서 통계코드로 작성하여 분석해 놓았다.

본 연구 결과로서 설문항목의 주제별은 6개 중 5개를 다음과 같이 한글 제목과 아울러 영문 제목과 함께 소개한다. 마지막 1개는 다음 부분, 'C. 각 교회, 기관별 설문응답 도표와 분석', '29. 일터 사역자 &

대표 특성 분석'에서 소개했다.

첫째, [일터 영성 성숙](Workplace Spiritual Maturity)/
둘째, [일터 신앙(신학) 성숙](Workplace Faith Maturity)/
셋째, [일터 신앙훈련 회심](Conversion of Faith Training) /
넷째, [일터 예배사역](Workplace Church Worship Ministry)/
다섯째, [일터 영성성숙 문제점](Spiritual Maturity Problem)

1. 조사응답 및 분석 - 설문응답 항목 상위권

가. '일터 영성성숙' 설문응답 상위권 통계코드 및 분석
〈표 39〉

일터 영성 성숙 Workplace Spiritual Maturity-WSM						
주제 이니셜 코드	설문지 항목 주제 요약	설문지 평가 상위권 선택			백분율 (%)	전체 빈도 (명)
		③보통	④긍정	⑤매우 긍정		
W-1	일터 현장 의무	250 (36.7)	212 (31.1)	131 (19.2)	87.0/ 100	681
W-6	공동체의식 인식	171 (25.1)	309 (45.3)	129 (18.9)	89.3/ 100	
W-5	일, 하나님 소명	214 (31.4)	195 (28.6)	123 (18.0)	78.0/ 100	
W-2	예수까지 성장	223 (32.7)	229 (33.6)	121 (17.7)	84.0/ 100	
W-14	일터교회 참여	201 (29.5)	286 (41.9)	97 (14.2)	85.6/ 100	
W-7	일터환경 극복	193 (28.3)	283 (41.5)	94(13.8)	83.6/ 100	

a. 본 통계코드는 주제-'일터 영성 성숙'이며, 영어는 'Workplace Spiritual Maturity'이다. 이니셜은 'WSM'이며, 본 통계코드의 주제 이니셜 코드는 'W'로 사용하여, 6개 '설문지 항목'에 대하여 심플하게 '주제요약'으로 달아 놓았다(예: W-1일터현장의무).

b. 본 설문 통계코드대로 전체 설문에 참가한 수(명)는 681(전체빈도)명이다.

c. 설문항목에서 응답한 자료를 근거로 [③보통, ④긍정, ⑤매우긍정] 3개 항목의 상위권을 모아서 콩계코드로 작성해 놓았다.

d. '보통', '긍정', '매우 긍정'의 3가지 항목에 대하여 위의 통계코드대로 각각 수치로 작성하여 소개한 대로 한 항목 질의마다 6개의 상위권 응답자료를 통계한 것이므로, 그 수치를 확인하면서 설문 응답자의 6개 주제별 상태를 확인할 수 있다.

e. 위의 통계코드에서 높은 수치의 설문지 응답항목 중 주제를 요약한 'W-1 일터 현장 의무' 소계(87.0%)로 나타났다. ⑤ 낮은 수치이지만 긍정적 항목에서 131(19.2%)의 수치는 위의 통계코드 중 긍정적 반응으로서 일터 현장에서 그리스도인으로서 의무에 대한 관심을 가져야 헐 사항으로 나타냈다. 그래서 주 5일 동안 일터 현장에서 신앙생활의 의무를 확실하게 이행할 것을 노력한다는 증거이며, 이를 바탕으로 '영성 성숙의 문제'를 풀어가도록 가능성을 엿볼 수 있다.

f. 'W-6 공동체의식 인식'에서 '④긍정' 부분이 309(45.3%)의 수치는 세속적인 직장생활 속에서도 거룩한 그리스도인의 공동체에 대한 의식이 뚜렷하다는 것이다. 어디서든지 거룩한 믿음의 공동체를 원하고 있으며 모임에서 영성 성숙 문제를 해결된다는 것을 의식적으로 찾을 수 있다.

g. 뒤를 이어서 'W-14 일터교회 참여'(85.6%), 'W-2 예수까지 성장'(84.0%), 'W-7 일터환경 극복'(83.6%) 는 일터교회의 이슈들을 직장 내에서 긍정적으로 극복해 갈 수 있는 기반(基盤)을 가지고있으며, 특히 '일터교회 참여'문제는 본 연구에서 구체적으로 제시할 수 있는 이슈이며, '일터환경 극복' 이슈 역시, 본 연구에서 그 관심을 더 하게 만드는 부분이다.

나. '일터 신앙(신학) 성숙' 설문응답 상위권 통계코드 및 분석

〈표 40〉

일터 신앙(신학) 성숙 Workplace Faith Maturity-**WFM**						
주제 이니셜 코드	설문지 항목 주제 요약	설문지 평가 상위권 선택			백분율 (%)	전체 빈도 (명)
		③보통	④긍정	⑤매우긍정		
F-4	부활 내세 신앙	163 (23.9)	210 (30.8)	166 (24.3)	79.0/ 100	681
F-12	일터예배 믿음	172 (25.2)	228 (33.4)	156 (22.9)	81.5/ 100	
F-5	예수재림 신앙	193 (28.3)	194 (28.4)	145(21.2)	77.9/ 100	
F-1	예수 구주 직업관	201 (29.5)	204 (29.9)	142 (20.8)	80.2/ 100	
F-3	신적 섭리 인정	178 (26.1)	228 (33.4)	128 (18.7)	78.2/ 100	
F-11	복음증거 비전	211 (30.9)	215 (31.5)	118 (17.3)	79.7/ 100	

a. 두 번째로 제시한 통계코드는 주제-'일터신앙(신학) 성숙'이며, 영어는 'Workplace Faith Maturity'이다. 이니셜은 'WFM'이며, 본

통계코드의 주제 이니셜 코드는 'F'로 사용하여, 6개 '설문지 항목'에 대하여 심플하게 '주제요약'으로 달아 놓았다(예: F-1).

b. 위의 통계코드 중에서 가장 높은 수치의 설문지 응답항목은 'F-12 일터예배 믿음'이 백분률(81.5/100%)로 나타났다. 이 항목에서 '④긍정'의 수치, 228(33.4%)로 보인 것은, 일터현장에서 예배훈련을 통해 믿음이 든든하게 형성한다는 것을 나타낸다.

c. 다음 높은 수치로는 'F-1 예수 구주 직업관'이다. 직장에서도 '예수 그리스도가 구원의 주님이다'는 믿음을 보여준다. 또 3가지 항목(보통 긍정, 매우긍정)에서 '예수 구주 직업관'이 골고루 수치를 나타낸다. 예수 믿고 구원 얻은 건강한 믿음의 직업관을 가진 직장인이 많을수록 영성이 높고, 한국 기업 분위기는 건강해짐을 보여준다.

d. 이어 뒤따라서 'F-11 복음증거 비전'(79.7%), F-4 부활 내세신앙'(79.0%), 'F-3 신적 섭리 신앙'(78.2%) 순으로 고르게 나타난 수치는 그동안 한국교회가 그리스도인의 교육을 성경적, 교리적, 신학적으로 바르게 지도해 왔다는 증거(證據)를 나타내고 있다.

e. 지금 한국사회를 심히 혼잡하게 하는 이단(특히 신천지)의 출현으로 얼마나 몸살을 앓고 있는가를 보면, 건강한 그리스도인의 양육은 일터사역기관과 일터사역을 운영하는 교회도 이어가야 한다.

다. '일터 신앙훈련 회심' 설문응답 상위권 통계코드 및 분석

〈표 41〉

일터 신앙훈련 회심 Conversion of Faith Training-CFT						
주제 이니셜 코드	설문지 항목 주제 요약	설문지 평가 상위권 선택			백분율 (%)	전체 빈도 (명)
		③보통	④긍정	⑤매우긍정		
C-7	신앙수정 노력	206 (30.2)	276 (39.6)	77 (11.3)	81.1/ 100	681
C-6	일터신앙 도움	210 (20.8)	237 (34.8)	70 (10.2)	75.8/ 100	
C-5	영적 회심 성숙	212 (31.1)	233 (34.2)	69 (10.1)	75.4/ 100	
C-2	일터 신앙 상태	335 (49.1)	154 (22.6)	58 (8.5)	80.2/ 100	
C-4	영적 회심 경험	228 (33.4)	173 (25.4)	58 (8.5)	67.3/ 100	
C-8	밀씀 적응 노력	233 (34.2)	240 (35.2)	54 (7.9)	77.3/ 100	

a. 세 번째로 제시한 통계코드는 주제-'일터 신앙훈련 회심'이며, 영어는 'Conversion Faith Maturity'이다. 이니셜은 'CFT'이며, 본 통계코드의 주제 이니셜 코드는 'C'로 사용하여, 6개 '설문지 항목'에 대하여 심플하게 '주제 요약'으로 달아 놓았다(예: C-1).

b. 위의 통계코드 중에서 가장 높은 수치의 설문지 응답항목은 'C-7 신앙수정 노력' 백분율(81.1/100%)로 나타났다. 이 항목에 대한 자세한 설명은, "일터교회의 한 그리스도인으로서 성숙하기 위해 해결해야 할 문제를 고쳐가려고 노력한다"고 했다.

c. 더욱 이 항목에서 '④긍정'의 276(39.4%)의 수치는 "그렇게 하겠

다"는 신호로 약 절반 정도의 동의적인 면을 살필 수 있다. 이는 일터교회가 모이고 그 공동체 안에서 자신의 온전치 못한 신앙적인 문제를 자구적(自救的)으로 고쳐가겠다는 의지로서, 앞으로 일터교회의 영성의 수준이 높게 형성될 수 있다는 가능성을 엿볼 수 있다.

d. 다음 'C-2 일터 신앙 상태'의 항목에서, '③보통' 335(49.1%)의 수치는 위의 통계코드 중에 가장 높게 나타냈다. 이는 현재 일터교회 현장이 보통수준을 나타내고 있으며 앞으로 직장 그리스도인들과 비그리스도인들을 복음화시켜 영성(신앙)훈련을 통해 더욱 향상된 거룩한 공동체로 거듭날 수 있는 가능성을 보이고 있다.

e. 그 뒤를 이어 'C-8 말씀적응노력'과 'C-6 일터신앙도움', 그리고 'C-5 일터회심성숙'의 항목들은, 본 연구 주제의 '일터교회 영성 성숙도'와 궤를 같이하므로 영성 성숙의 문제를 해결할 수 있는 근간이 조성되어 있는, 긍정의 신호로 여겨진다.

라. '일터 예배사역' 설문응답 상위권 통계코드 및 분석

⟨표 42⟩

일터 예배 사역 Workplace Church Worship Ministry-WCWM						
주제 이니셜 코드	설문지 항목 주제 요약	설문지 평가 상위권 선택			백분율 (%)	전체 빈도 (명)
		③보통	④긍정	⑤매우긍정		
WC-2	예배 공간 확보	185 (27.1)	195 (28.6)	93 (13.6)	69.3/ 100	681
WC-5	정기 일터 예배	181 (26.5)	235 (34.5)	88 (12.9)	73.9/ 100	
WC-6	일터 주일	188	139	84	60.3/	

	성수	(27.6)	(20.4)	(12.3)	100
WC-9	일터예배 산 제사	207 (30.3)	169 (24.8)	82 (12)	67.1/ 100
WC-4	CEO 말씀 전파	178 (26.1)	246 (36.1)	78 (11.4)	73.6/ 100
WC-7	일터 예배 헌금	210 (30.8)	141 (20.7)	78 (11.4)	62.9/ 100

a. 네 번째로 제시한 통계코드는 주제-'일터 예배사역'이며, 영어는 'Workplace Church Worship Ministry'이다. 이니셜은 'WC'이며, 본 통계코드의 주제 이니셜 코드는 'WC'로 사용하여, 6개 '설문지 항목'에 대하여 심플하게 '주제요약'으로 달아 놓았다(예: WC-1).

b. 위의 통계코드의 주제에 걸맞는 설문항목 중에서 'WC-5 정기 일터 예배'는 백분율(73.9/100%)로 나타났다. 그 안에서 '④긍정'에 대한 설문응답은 235(34.5%)의 수치가 나온 것처럼, 절반 정도의 긍정적인 동의가 도출되었다. 이 항목은, "직장에서 일터예배는 주 1회 드리며, 경영상황 소통과 교육훈련시간으로 활용하면 좋다"고 한다.

c. 한주 단위로 직장 속에서 예배로 모이면서 해당 회사의 경영에 관계한 이슈를 대표와 직원들이 함께 나누고 공감하는 시간으로서 매우 유익한 시간을 바라고 있다. 또한 그 예배 시간에 성경교육이나 인성교육 등 기독교교육을 시행한다면 일석이조의 효과를 거두면서 영성 성숙의 문제들이 크게 향상을 보일 수 있음을 보여 주었다.

d. 다음 설문항목은 좀 민감한 이슈로 'WC-4 CEO 말씀전파'주제이다. "전임 목사의 부재 시 일터예배에서 CEO가 대신 말씀전파하는 것에 대한 동의를 물었다." 이에 대한 응답은 백분율(73.6/100%)이

나왔다. 이것은 응답한 8개기관, 교회들이 긍정적으로 답변한 것이다. 직원을 잘 아는 CEO가 직원들과 함께 영적으로 소통할 수 있는 아주 좋은 시간으로 영성 성숙이 바람직하게 성장할 수 있다는 것이다.

마. '일터영성 성숙 문제점' 설문응답 상위권 통계코드 및 분석

〈표 43〉

일터영성 성숙 문제점 Spiritual Maturity Problem-SMP						
주제 이니셜 코드	설문지 항목 주제 요약	설문지 평가 상위권 선택			백분율 (%)	전체빈도 (명)
		③보통	④긍정	⑤매우긍정		
P-10	성령 영성 성장	238 (34.9)	213 (31.2)	86 (12.6)	78.7/ 100	681
P-8	복음, 부정 수용	237 (34.8)	236 (34.6)	70 (10.2)	79.6/ 100	
P-7	리더십 문제	222 (32.5)	258 (37.8)	66 (9.6)	79.9/ 100	
P-9	상생 관계 문제	246 (36.1)	229 (33.6)	55 (8.0)	77.7/ 100	
P-4	이해 참여 문제	248 (36.4)	126 (18.5)	30 (4.4)	59.3/ 100	
P-2	사회 활동 우선	276 (40.5)	115 (16.8)	29 (4.2)	61.5/ 100	

a. 다섯 번째로 제시한 통계코드는 주제-'일터 영성 성숙 문제점'이며, 영어는 'Spiritual Maturity Problem'이다. 이니셜은 'P'이며, 본 통계코드의 주제 이니셜 코드는 'P'로 사용하여, 6개 '설문지 항목'에 대하여 심플하게 '주제요약'으로 달아 놓았다(예: P-1).

b. 위의 통계코드에서 두드러진 부분은, 4개 설문항목에서 70-80%

가까운 백분율의 수치를 나타내고 있다. 'P-7 리더십 문제'(79.9/100%)는 80%의 수치를 나타내고 있는데, 일터교회의 그리스도인들은 신앙생활을 유지할 수 있는 근원적인 덕목은 강한 리더십을 요구하고 있다. 이것은 영성 성숙의 문제로 해결할 수 있어서 꼭 필요하고, 영성성숙의 이슈를 원하고 있는 증거이다.

c. 'P-8 복음, 부정 수용'의 설문항목 백분율(79.6/100%)의 수치에 대한 내용은 "일터교회는 복음에 대해 수용 가능성이 없거나 부정적인 대상을 과감하게 수용해야 한다"는 것이다. 일터교회는 비복음적인 대상을 향해 복음을 전하고 구원으로 이끄는 역할을 강조하고 있다.

d. 이 가능성은 일터교회에 소속된 그리스도인들이 영성 성숙을 이루는데는, 'P-10 성령 영성성장'(78.7/100%)의 요구와 같이 성령 하나님의 감동과 능력으로 무장하여 복음을 증거하고 전파하여 하나님 나라 백성을 수용하여 "그의 나라와 의를 이루는 것"이다(마6:33).

2. 각 기관, 교회별 설문응답 통계와 분석

가. 사랑의교회 CFT

〈표 44〉   일터 신앙훈련 회심 특성 통계코드 및 설명

일터 신앙훈련 회심 Conversion of Faith Training _ CFT									
주제 이니셜 코드	설문지 항목 주제 요약	① 매우 부정	② 부정	③ 보통	④ 긍정	⑤ 매우 긍정	⑥ 무응답	전체 빈도 (명)	백분율 (%)

C-1	일터 교회 불편	9 (6.4)	54 (38.9)	29 (20.8)	11 (8.0)	1 (0.8)	35 (25.1)		
C-4	영적 회심 경험	0	3 (2.1)	27 (19.4)	59 (42.5)	25 (18.0)	25 (18.0)		
C-5	신앙 훈련 도움	1 (0.8)	5 (3.5)	22 (15.9)	54 (38.8)	24 (17.2)	33 (23.8)	139	100
C-8	말씀 적응 노력	0	2 (1.4)	18 (12.9)	67 (48.3)	2 5(18.0)	27 (19.4)		
C-11	영적 멘토 대화	1 (0.8)	25 (18.0)	27 (19.4)	41 (29.5)	18 (12.9)	27 (19.4)		
C-12	영적 성숙 영향	1 (0.8)	14 (10.0)	32 (23.1)	43 (30.9)	19 (13.6)	30 (21.6)		

1) 설문에 응답한 전체 8개 일터사역 기관과 참가자는 '일터의 사역을 하는 기관'이거나 '일터교회를 섬기는 공동체'이다. 이미 '연령대별'/ '신앙 및 교회출석기간'/ '직분' 등에 관하여 '통계코드'와 '칼라 그래프'의 설문자료를 분석하여 제시했다.

2) 8개 기관 중 사랑의교회의 분석코드 통계 제목은, [일터 신앙훈련 회심-Conversion of Faith Training(CFT)]의 코드 제목으로 정했다. 이중, 'Conversion'의 이니셜 'C'을 사용하여 'C-1'부터 'C-12까지 부여하여 그에 대한 질문항목 12가지 중 6가지를 골라 위의 통계코드 도표를 작성했다.

3) 이미 언급한 대로 전체 8개 기관이 설문에 참가했으며, 한 기관마다 모두 73개의 질문에 응답하게 했다. 그리고 한 항목마다 5개의 분류별로 질문하여 답했다. 5개 분류별 질문은 [①매우 그렇지 않다/ ②그렇지 않다/ ③보통이다/ ④그렇다/ ⑤매우 그렇다]로 분류했다.

4) 위의 5개 분류별 질의에 대한 응답에 대한 분석을 빠르게 이해

하기 위해, 다음과 같이 그 의미를 달아 [①매우 부정/ ②부정/ ③보통/ ④긍정/ ⑤매우 긍정]으로 작성해 놓았다. 한 항목 질의마다 5개의 분류에 따른 응답은 설문 참가자의 모든 상태를 간파할 수 있다.

5) 사랑의교회 설문 참가는 전체 빈도 수(명)으로 표기했으며, 전체 681명 중 139명이 참가했으며, [사랑의교회 일터 신앙훈련 회심 특성 통계코드]는 참가자의 일터교회와 사역에 대한 특성을 잘 보여준다.

〈표 45〉   일터 신앙훈련 회심 특성 분석 칼라그래프 및 분석

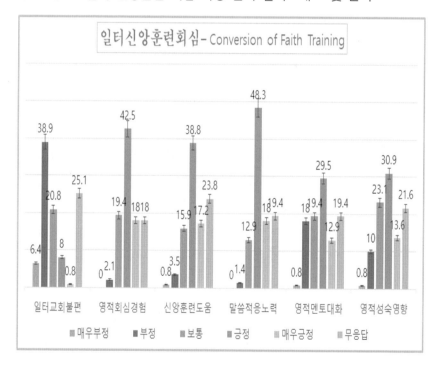

1) 〈표 45〉의 설문에 의한 칼라 수직막대의 수치는 [일터 신앙훈련 ‒Conversion of Faith Training(CFT) 회심] 특성을 위하여 12가지

질문 중에서 선택한 6가지 항목이다.

2) 12가지 질문 항목 중 6가지를 선택한 주제는 [일터교회불편 (C-1)/ 영적회심경험(C-4)/ 신앙훈련도움(C-5)/ 말씀적응능력(C-8)/ 영적멘토변화(C-11)/ 영적성숙영향(C-12)]이며, 이 항목들의 칼라그래프로 사랑의교회의 일터교회와 사역의 특성 등 분석을 제시했다.

3) 사랑의교회 설문 참가자의 그래프 수치를 백분율(%)로 나타냈으며, 한 가지 질문 분류마다 [①매우 부정/ ②부정/ ③보통/ ④긍정/ ⑤매우 긍정/ ⑥무응답(기타)] 순으로 작성했다.

4) 사랑의교회는 일터사역자의 정기적인 훈련프로그램을 운영하고 있다. 훈련생들은 약 1,000명이 넘어서고 있다. 이것은 담임 목회자의 목회 철학을 엿볼 수 있는데, 미래목회를 대비한 것으로서 직장에서의 주 5일 동안의 신앙생활을 '영성의 성숙'으로 유도하고 있다.

5) 위의 6가지 항목의 각 질문 분류 중 '④긍정'에 대한 수치가 가장 높게 나타나고 있는데, '영적회심경험 42.%'와 '말씀적응노력 48.3%'이며, '신앙훈련도움 42.5%'이다.

6) '영적회심경험 42%'는 영적으로 뚜렷한 회심의 경험이 있다는 것이며, 그리스도인의 영성의 힘으로서 일터사역으로까지 확장하게 됨을 볼 수 있다. 이것은 교회 안에서의 신앙의 삶을 교회 밖으로 확장시켜 헌신하여 하나님 나라의 확장을 가져오게 한다.

7) '말씀적응노력 48.3%'는 영적 회심의 경험에서 시작하는 것으로서 건강한 그리스도인이 영성 성숙의 바람직한 과정으로서, 말씀을 삶의 현장에 적용하는 능력은 아무에게나 오지 않는다. 제자가 순간에 태어나지 않듯이 그 노력으로 가능하며 이것은 일터훈련으로서 그것을 실현하도록 노력하는데서 나오는 것이다.

8) '신앙훈련도움 42.5%'에서 보면, 본 도표에서 '④ 긍정'이 세번째로 높게 나타나는 것은, 사랑의교회가 성도에게 일터사역 훈련을 통해 영성 성숙을 하는, 온전한 그리스도인으로 성장시키는 증거이다.

9) '일터교회불편 38.9%'는 그리스도인들이 대부분 일터(직장)에서 영적인 생활하기가 불편하다고 하여, '② 부정'이라고 표현하고 있다. 이 부정적인 요소를 극복하기 위해서 교회 내에서 '일터사역훈련'은 절대적으로 필요하다고 보는 것이다.

나. 충신교회 WFM

〈표 46〉   일터 신앙(신학) 성숙 특성 통계코드 및 설명

일터 신앙(신학) 성숙 Workplace Faith Maturity _ WFM						
주제 이니셜 코드	설문지 항목 주제 요약	② 부정	③ 보통	④ 긍정	⑤ 매우 긍정	전체빈도 (명)	백분율 (%)
F-1	예수신앙작업	1(3.7)	1(3.7)	13(48.2)	12(44.4)		
F-3	신적섭리인정	0	2(7.4)	16(59.3)	9(33.3)		
F-4	부활내세믿음	0	1(3.7)	14(51.9)	12(44.4)		
F-6	생활신앙점검	3(11.1)	9(33.4)	12(44.4)	3(11.1)	27	100
F-7	선교사명실천	2(7.4)	4(14.8)	19(70.4)	2(7.4)		
F-9	일터선교확신	2(7.4)	12(44.4)	9(33.3)	4(14.8)		
F-11	기업비전복음	1(3.7)	3(11.1)	13(48.2)	10(37.0)		

1) 설문에 응답한 총 응답자는 681명이며, 전체 8개 기관 중 충신교회의 분석코드 통계 제목은, [일터 신앙(신학) 성숙 Workplace Faith Maturity(WFM)]이다. 이중, 'Faith'의 이니셜 'F'를 사용하여 'F-1'부터 'F-11까지 부여하여 그에 대한 질문 항목 12가지 중 7가지를 골라서 위의 통계코드 도표를 작성했다.

2) 한 기관마다 모두 73개의 질문에 응답하게 했으며, 한 항목마다 4개의 분류별로 질문하여 답하게 했다. [② 그렇지 않다/ ③ 보통이다 / ④ 그렇다/ ⑤ 매우 그렇다].

3) 위의 4개 분류별 질의에 대한 각각의 응답에 대한 분석을 빠르게 이해하기 위해 다음과 같이 그 의미를 달아 [② 부정/ ③ 보통/ ④ 긍정/ ⑤ 매우 긍정]으로 작성해 놓았다. 한 항목 질의마다 4개의 분류에 따른 응답은 설문 참가자의 모든 상태를 간파할 수 있다.

4) 충신교회 설문 참가는 전체 27명이 참여하여 설문에 응했으며, 위와 같이 제시된 [일터 신앙(신학) 성숙 Workplace Faith Maturity (WFM) 특성 통계코드]는 일터교회와 사역에 대한 특성을 보여줬다.

〈표 47〉   일터 신앙(신학) 성숙 특성 분석 칼라그래프 및 분석

1) 〈표 47〉은 충신교회의 설문에 의한 칼라그래프 수직막대의 수치로 [일터 신앙(신학) 성숙 Workplace Faith Maturity(WFM) 특성]을 나타냈다. 이중, 'Faith'의 이니셜 'F'를 사용하여 'F-1'부터 'F-11까지 부여하여 그에 대한 질문 항목 12가지 중 7가지를 골라서 통계코드 도표를 작성했다.

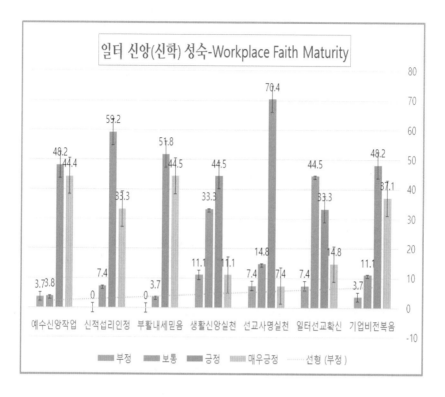

일터 신앙(신학) 성숙-Workplace Faith Maturity

부정　보통　긍정　매우긍정　⋯⋯ 선형 (부정)

2) 원본 설문지의 12가지 질문 항목 중 7가지의 선택 주제는 [예수
신앙작업(F-1)/ 신적섭리인정(F-3)/ 부활내세믿음(F-4)/ 생활신앙실
천(F-6)/ 선교사명실천(F-7)/ 일터선교확신(F-9)/ 기업비전복음
(F-11)]이며, 이 항목들의 칼라그래프로 충신교회에 대한 ’일터 신앙
(신학) 성숙 특성‘ 등에 대한 분석을 작성했다.

3) 충신교회 설문 참가자의 수직막대그래프 수치를 백분율(%)로 나
타냈으며, 한 가지 질문 분류마다 4가지로 작성했는데, [① 부정/ ②
보통/ ③ 긍정/ ④ 매우 긍정] 순이다.

4) 충신교회는 일터교회 사역 목적이 ’삶의 현장을 하나님 나라로‘

정하고 있으므로 그에 알맞은 프로그램을 운영한다. 대형교회로서 다양한 사역 중 일터(직장)에서의 그리스도인의 삶에 초점을 맞추고 있다. 이 교회는 특히 현재 원로인 박종순 목사가 (사)한지터 일터위원회 이 역시 미래 목회의 대안으로서 일터 교회가 적합하다고 믿고, 그에 대한 '가이드 북'을 준비 중에 있다.

5) 위의 6가지 항목의 각 질문 분류 중 '④ 긍정'에 대한 수치가 가장 높게 나타나고 있는데, 7가지 질문 항목 중 '선교사명실천'의 4가지 질문 분류 중, '③ 긍정' 70.4%'로 매우 높게 수치를 나타냈다. '② 보통'과 '③ 긍정'의 차이는 무려 약 4.5배 이상이다. '① 부정'과의 차이는 9.5배의 차이를 보인다. 이 원인으로 지도자의 메인 사역이 일터 사역과 선교사역에서 드러나고 있는데, 일터에 관련된 사역은 교회의 궁극적인 목표인 선교까지 지향하게 한다.

6) 특히, '예수신앙작업 48.2%'의 수치는, 충신교회가 일터신앙훈련의 신학을 강조하고 있는 대목이다. 본 설문지의 항목, "예수 그리스도-나는 일터에서 그리스도가 자신의 구주이심을 믿습니다"가 일터 사역의 주제이다. 충신교회의 성도는 일터에서의 삶의 교육을 통해, '신앙은 신학의 바탕이 되어야 한다'고 한다. 그 외의 항목, '신적섭리 인정 59.2%', '부활내세믿음 51.8%', '생활신앙실천 44.5%'. 등은 일터사역의 신앙이 신학적인 근간에 서 있다는 증거를 보여 주고 있다.

7) '기업비전복음 48.2%'는 "기업이 그리스도의 복음의 비전을 세워야 한다"는 항목이다. 일터사역은 복음의 열정에서 시작하여 건강한 그리스도인이 영성 성숙으로 도달하게 하는 사역이다. 세속적인 세상에서 기업이 하나님 나라의 확정을 가져오게 한다는 것처럼 좋은 일은 없을 것이다.

다. 성광교회 WSM

〈표 48〉 일터 영성 성숙 특성 통계코드 및 설명

일터 영성 성숙 Workplace Spirituality Maturity _ WSM								
주제 이니셜 코드	설문지 항목 주제 요약	② 부정	③ 보통	④ 긍정	⑤ 매우 긍정	⑥ 무응 답	전체 빈도 (명)	백분 율 (%)
W-1	일터현장의무	0	7 (25.9)	9 (33.3)	5 (18.6)	6 (22.2)	27	100
W-3	영성성숙경험	4 (14.8)	2 (7.4)	12 (44.5)	3 (11.1)			
W-5	일,하나님소명	0	6 (22.2)	9 (33.3)	6 (22.2)			
W-8	영성성숙성장	1 (3.7)	3 (11.1)	14 (51.9)	3 (11.1)			
W-9	영성성장인정	2 (7.4)	7 (25.9)	9 (33.3)	3 (11.1)			
W-10	은사따라섬김	2 (7.4)	5 (18.5)	12 (44.5)	2 (7.4)			
W-12	예수닮는여정	1 (3.7)	7 (25.9)	12 (44.5)	1 (3.7)			

1) 설문에 응답한 총 응답자는 681명이며, 전체 8개 기관 중 성광교회의 분석코드통계 제목은, [일터 영성 성숙 Workplace Spirituality Maturity(WSM)]이다. 이중, 'Workplace'의 이니셜 'W'를 사용하여 'W-1'부터 'W-15까지 부여하여 그에 대한 질문 항목 15가지 중 7가지를 골라서 위의 통계코드 도표를 작성했다.

2) 한 기관마다 모두 73개의 질문에 응답하여, 한 항목마다 5개의

분류별로 질문하여 답했다.

3) 위의 5개 분류별 질의는 응답에 대한 분석을 빠르게 이해하기 위하여 [② 부정/ ③ 보통/ ④ 긍정/ ⑤ 매우 긍정/ ⑥ 무응답]으로 응답하게 했다.

4) 위와 같이 제시된 [성광교회 일터 영성 성숙 특성 통계코드]는 참가자의 일터교회와 사역에 대한 특성을 자세하게 보여주고 있다.

〈표 49〉   일터 영성 성숙 특성 칼라그래프 및 분석

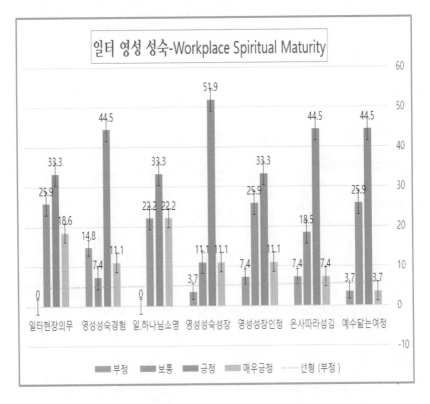

1) 이번 칼라그래프 분석도표는 성광교회의 설문수치로 [일터 영성 성숙 Workplace Spiritua- lity Maturity(WSM) 특성]을 나타냈다.

2) 원본 설문지의 12가지 질문 항목 중 7가지의 선택 주제는 [일터 현장의무(W-1)/ 영성성숙경험(W-3)/ 일,하나님소명(W-5)/ 영성성숙 성장(W-8)/ 영성성장인정(W-9)/ 은사따라섬김(W-10)/ 예수닮는여 정(W-12)]이며, 이 항목들의 칼라그래프로 성광교회에 대한 '일터 영성 성숙 특성' 등의 분석을 다음과 같이 작성했다.

3) 성광교회 설문 참가자의 수직막대그래프 수치를 백분율(%)로 나 타냈으며, 한 가지 질문 분류마다 4가지로 작성했는데, [② 부정/ ③ 보통/ ④ 긍정/ ⑤ 매우 긍정] 순이다.

4) 위의 7가지 항목 중 '영성성숙성장'의 각 질문 분류 중 '④ 긍정 '이 51.9%의 수치는 가장 높게 나타나고 있다. 이런 수치는 성광교회 가 일터 사역에 관한 성도의 교육의 중점 사항은 영성 성숙이다.

5) 위의 결과는 다른 질문항목 중 '영성성숙경험', '은사따라섬김', '예수닮는여정'의 3가지 모두 ④ '긍정'이 44.5%로 나타났다. 이것은 영성성숙성장과 함께 순서적으로 당연하게 나타나는 항목이다. 그러므 로 일터 영성 성숙은 건강하고 정상적인 그리스도인의 덕목으로서 마 땅하게 추천할 만하다.

6) 또한 '일터현장의무'의 ④ 긍정 33.3%'의 수치는, 성광교회가 일 터신앙훈련으로서 역점을 두는 내용은, "일터는 사무실, 연구실, 가정, 학교, 영업, 운전, 진료, 작업현장, 국방 의무 등, 특수 임무까지 일터 개념으로 얼마나 이해합니까?"이다. 이것은 성경적인 기독교세계관으 로서 일터사역훈련을 거쳐 영성 성숙 성장을 목적하고 달려가야 하는 진정한 그리스도의 여정이다.

라. 오륜교회 CFT

⟨표 50⟩　　　 일터 신앙훈련 회심 특성 통계코드 및 설명

일터 신앙훈련 회심 Conversion of Faith Training _ CFT							
주제 이니셜 코드	설문지 항목 주제 요약	② 부정	③ 보통	④ 긍정	⑤ 매우 긍정	전체 빈도 (명)	백분 율 (%)
C-2	일터신앙상태	0	5(62.5)	1(12.5)	2(25.0)		
C-3	회심경험변화	2(25.0)	1(12.5)	4(50.0)	1(12.5)		
C-6	일터신앙도움	1(12.5)	3(37.5)	3(37.5)	1(12.5)	8	100
C-9	일터묵상고백	1(12.5)	4(50.0)	2(25.0)	1(12.5)		
C-10	일터이웃봉사	1(12.5)	1(12.5)	5(62.5)	1(12.5)		

1) 설문에 응답한 총 응답자는 681명이며, 전체 8개 기관 중 성광교회의 분석코드 통계 제목은, [일터 신앙훈련 회심 Conversion of Faith Training(CFT)]이다. 이중, 'Conversion'의 이니셜 'C'를 사용하여 5가지를 선별한 'C-2'부터 'C-10'까지 부여했으며, 그에 대한 질문 항목 12가지 중 5가지에 대한 위의 통계코드 도표를 작성했다.

2) 한 기관마다 모두 73개의 질문에 응답하여, 한 항목마다 5개의 분류별로 질문하여 답하게 했다. 5개 분류별 질의는 빠른 분석 이해로서, [② 부정/ ③ 보통/ ④ 긍정/ ⑤ 매우 긍정]이다.

3) 오륜교회 설문 참가한 전체 빈도수(명)는 8명이 참여에 응했다.

<표 51>   일터 신앙훈련 회심 특성 칼라그래프 및 분석

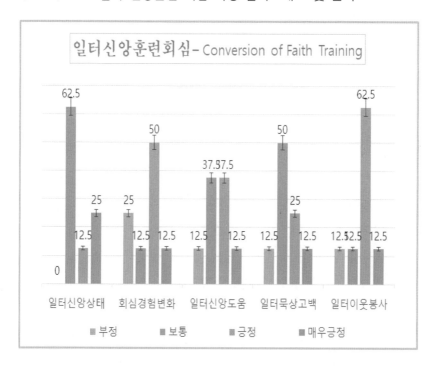

1) 본 설문에 참가한 교회는 4 교회이며, 네 번째 오륜교회의 칼라그래프 분석도표 주제는, [일터 신앙훈련 회심 Conversion of Faith Training (CFT)]이다.

2) 원본 설문지의 12가지 질문항목 중 선택한 5가지의 질문분류 주제는 [일터신앙상태(C-2)/ 회심경험변화(C-3)/ 일터신앙도움(C-6)/ 일터묵상고백(C-9)/ 일터이웃봉사(C-10)]이며, 여기 제시된 칼라그래프로 오륜교회의 '일터 신앙훈련 특성' 등을 파악하게 해준다.

3) 오륜교회 설문 참가자의 수직막대그래프 수치는 백분율(%)이다. 한 가지 질문 분류마다 4가지로 작성했는데, [② 부정/ ③ 보통/ ④

긍정/ ⑤ 매우 긍정] 순이다.

4) 위의 도표에 나타난 것처럼, 5가지 항목 중 '회심경험변화'의 '④ 긍정' 수치가 50.0%로 나타났다. 이 수치는 전체 설문 참여자의 절반 수준을 말해준다. 이것은 오륜교회가 일터 사역의 교육목표를 고스란히 이뤄가고 있다는 증거이면서 본 사역의 강점을 증거해 주고 있다.

5) 위 도표 5개 질문 항목 중, '일터이웃봉사'의 ④ 긍정 62.5% 수치는, 일터 사역을 훈련을 거친 성도는 예수님의 새롭고 핵심적인 교훈, "네 이웃을 네 몸과 같이 사랑하라!"(마19:19)를 스스럼없이 실천하는 덕목을 지니게 된다는 증거이다.

6) '일터묵상고백'의 '④ 긍정 25.0%', '③ 보통 50.0%'의 수치는, "일터에서 휴식(점심) 시간에 묵상의 정서로 주님과의 교제를 원한다"는 두 가지 질문 분류를 합하면, 75.0%의 최상위 수치는, 일터환경이 불편해도 그리스도인은 어느 곳에서도 영성 성숙을 갈망한다고 했다.

7) 일터신앙상태의 질문 중 "현재 일터교회에서 신앙생활하는 상태"를 물었으나 '무응답'이 제로로 나왔다. 이것은, 아주 좋은 상태도, 아주 나쁜 상태도 아닌 중간 수준에 머물러 있음을 말해준다.

마. 한국교세라 WCWM

〈표 52〉　　일터교회 예배사역 특성 통계코드 및 설명

일터교회 예배사역 Workplace Church Worship Ministry _ **WCWM**								
주제 이니셜 코드	설문지 항목 주제 요약	② 부정	③ 보통	④ 긍정	⑤ 매우 긍정	⑥ 무응 답	전체 빈도 (명)	백분 율 (%)
WC-1	일터교회선포	18 (7.6)	110 (45.8)	83 (34.5)	21 (8.7)	8 (3.4)		
WC-2	예배장소마련	13 (5.4)	81 (33.7)	88 (36.7)	41 (17.9)	17 (7.1)		
WC-5	정기일터예배	12 (5.0)	86 (35.8)	101 (2.0)	34 (14.2)	7 (3.0)	240	100
WC-7	일터예배헌금	46 (19.1)	108 (45.1)	54 (22.6)	21 (8.7)	11 (4.5)		
WC-10	일터미래교회	18 (7.6)	135 (56.1)	66 (27.5)	13 (5.4)	8 (3.4)		
WC-11	선교사명실천	26 (10.9)	135 (56.1)	64 (26.9)	10 (4.0)	5 (2.0)		

1) 이번 통계코드부터 설문에 응답한 4개 직장(기업)의 도표를 소개한다. 그중 한국교세라의 총 응답자는 681명이며, 전체 빈도수(명)는 240명이다. '한국교세라'의 분석 코드통계 제목은, [일터교회 예배사역 Workplace Church Worship Ministry(WCWM) 특성]이다.

2) 'Workplace Church'의 이니셜 'WC'을 사용하여, 질문 항목 14가지 중 5가지, 'WC-1'부터 'WC-11까지를 작성하여 그에 대한 위의 통계코드 도표를 제시했다.

3) 한 직장마다 모두 73개의 질문에 응답하여, 한 항목마다 5개의

분류별로 질문과 답하게 했다. 5개 분류별 질의는, [② 부정/ ③ 보통
/ ④ 긍정/ ⑤ 매우 긍정/ ⑥ 무응답]이다.

〈표 53〉   일터교회 예배사역 특성 칼라그래프 및 분석

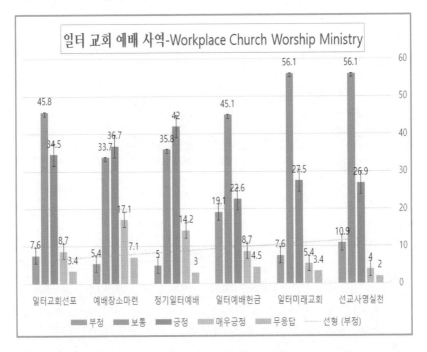

1) 설문에 참가한 직장(기업)은 4곳이며, 이번에 소개되는 기관은
'한국교세라'부터이다. 이 직장의 칼라그래프 분석도표 주제는 [일터교
회 예배사역-Workplace Church Worship Ministry(WCWM) 특성]이다.

2) 원본 설문지의 12가지 질문 항목 중 선택한 6가지의 질문 분류
주제는 [일터교회선포(WC-1)/ 예배장소마련(WC-2)/ 정기일터예배
(WC-5)/ 일터예배헌금(WC-7)/ 일터미래,교회(WC -10)/ 선교사명

실천(WC-11)]이며, 위에서 제시된 칼라그래프로 한국교세라의 일터 교회 예배 사역 특성 등을 파악하게 해준다.

3) 한국교세라의 설문 참가자의 수직막대그래프 수치는 백분율(%)로 나타냈다. 한 가지 질문 분류마다 5가지로 작성했는데, [② 부정/ ③ 보통/ ④ 긍정/ ⑤ 매우 긍정/ ⑥ 무응답]순이다.

4) 일터교회선포의 ③보통 45.8%와 ④긍정 34.5%의 수치를 나타낸 한국교세라는 일터교회를 세울 것을 CEO(오너)가 대내외적으로 선포하고 전 직원이 매주 1회 정기적 예배를 드리고 있다.
이 결과, 직장 일터교회의 예배 공동체가 선교사명실천 56.1%(보통)의 수치를 드러내고 있으며, 일터 교회 예배사역은 영성성숙을 가져오고 선교사명을 실천하는데 원동력이 된다.

5) 또 예배장소마련의 ④긍정 수치 36.7%, 정기일터예배의 ④ 긍정 수치 42.0%의 수치의 결과 역시, 한국교세라가 삶의 현장에서 하나님 나라와 의가 구현되는 사랑의 공동체 세워지기를 비전으로 전 직원 400여 명이 매주 1회씩 예배를 정기적으로 자유롭게 드리고 영적인 분위기를 조성하면서 영성 성숙이 이루어진다. 세속적인 직장(기업)에서 직원들이 영성 성숙으로 하나님 나라를 확장해 갈 수 있었다.

6) 일터미래교회의 ③보통 56.1%는 일터 교회의 미래를 긍정적으로 내다볼 수 있는 원인은 일터교회 공동체 속에서 영성 성숙된 구성원(직원)들이 결단할 때, 교회 미래가 성장하면서 건강하게 된다.

바. 한만두식품 WSM

<표 54>   일터 영성 성숙 특성 통계코드 및 설명

주제 이니셜 코드	설문지 항목 주제 요약	① 매우 부정	② 부정	③ 보통	④ 긍정	⑤ 매우 긍정	⑥ 무 응답	전체 빈도 (명)	백분율 (%)
W-2	예수까지성장	5 (5.3)	8 (8.6)	41 (43.6)	20 (21.2)	9 (9.6)	11 (11.7)		
W-3	영성성숙경험	5 (5.3)	13 (13.9)	28 (29.8)	22 (23.5)	14 (14.8)	12 (12.7)		
W-4	예수친밀관계	4 (4.2)	21 (22.4)	31 (33.0)	18 (19.2)	10 (10.6)	10 (10.6)	94	100
W-7	일터환경극복	1 (1.0)	13 (13.9)	26 (27.6)	37 (39.3)	8 (8.6)	9 (9.6)		
W-11	일터성숙열매	6 (6.4)	14 (14.8)	27 (28.7)	26 (27.6)	9 (9.6)	12 (12.7)		
W-13	일터성숙침체	4 (4.2)	29 (30.8)	26 (27.6)	16 (17.1)	3 (3.2)	16 (17.1)		

1) 위에서 소개하는 통계코드는 4개 직장(기업) 중 '한만두식품'이며, 총 응답 빈도수(명)는 94명이다. 코드통계 도표는 [일터 영성 성숙 Workplace Spiritual Maturity(WSM) 특성]이다.

2) 'Workplace'의 이니셜 'W'을 사용하여 질문 항목 15가지 중, 'W-1'부터 'W-13까지 6가지의 질문 분류별을 사용하여 위와 같이 소개된 통계코드 도표를 제시했다.

3) 한 직장(기업)마다 모두 73개의 질문을 달았으며, 한 항목마다 6개의 분류별로 답하게 했다. 6개 분류별 질의는 [① 매우 부정/ ② 부정/ ③ 보통/ ④ 긍정/ ⑤ 매우 긍정/ ⑥무응답]이다.

<表 55>　　　일터 영성 성숙 특성 칼라그래프 및 분석

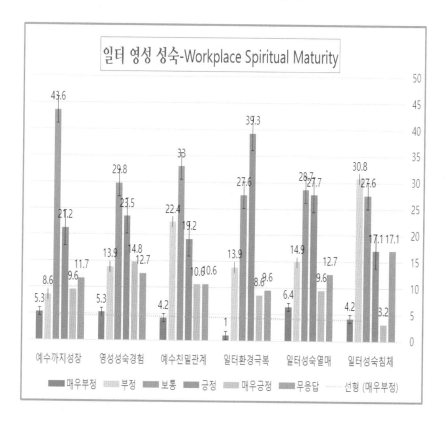

1) 설문에 참가한 직장(기업) 4곳 중 '한만두식품'의 칼라그래프 분석을 위한 통계코드 주제는 [일터 영성 성숙 Workplace Spiritual Maturity(WSM) 특성]이다.

2) 원본 설문지의 15가지 질문 항목 중 선택한 6가지의 질문 분류 주제는 [예수까지성장(W-2)/ 영성숙경험(W-3)/ 예수친밀관계(W-4)/ 일터환경극복(W-7)/ 일터성숙열매회(W-11)/ 일터성숙침체(W-13)]이며, 위의 칼라그래프로 '한만두식품'의 '일터영성성숙 특성' 등을 알

게 해준다.

3) 한만두식품의 설문 참가자의 칼라그래 수치는 백분율(%)이다. 한 가지 질문 분류마다 6가지로 작성했는데, [① 매우 부정/ ② 부정/ ③ 보통/ ④ 긍정/ ⑤ 매우 긍정/ ⑥ 무응답] 순이다.

4) 한만두식품은 전 직원 100여 명이 직장 속에서 일터 공동체를 형성하고, 영성 성숙을 제대로 이루는 일터(직장) 교회이다. 그 증거가 일터환경극복의 ④긍정 39.3% 수치이다. 또 ①매우 부정 1.0%의 수치는 일터환경을 극복하려는 아주 부정적인 생각이 가장 작게 나타난 것이며, 성숙한 그리스도인이 되기 위해서는 부정적인 문제를 극복하려고 노력한다는 것을 말해준다.

5) 예수까지 성장 주제에서는 ③보통 43.6%와 ④긍정 21.2% 수치를 합하면 64.8%이다. 이 수치는 보통 이상의 수준을 말해주며, 영성 성숙을 지향하는 공동체의 또 하나의 강점(强占)이기도 하다. 웬만한 직장에서 영석 성숙의 분위기가 조성되는 것은 만만하지 않은 일이나 영적으로 불리한 조건을 극복하는 사례를 보여주고 있다.

6) 일터성숙 침체의 ①매우부정 30.8% 수치가 보여주는 점은, 일터 영성 성숙을 지향하는 공동체는 영성 성숙의 침체 문제를 통해 자기 성찰을 하게 하여 영적인 문제를 사전에 성찰하고 고치고 정상을 향해 달리게 한다. 뿐만아니라 이런 사례는 다른 직장의 일터교회에도 유익한 사례로 전하게 되며 결국은 영성 성숙을 이루게 된다.

사. 우성염직 SMP

〈표 56〉   일터 영성 성숙문제점 특성 통계코드 및 설명

일터 영성 성숙문제점 Spiritual Maturity Problem _ SMP								
주제 이니셜 코드	설문지 항목 주제 요약	① 매우 부정	② 부정	③ 보통	④ 긍정	⑤ 매우 긍정	전체 빈도 (명)	백분 율 (%)
P-1	자신노력부족	10 (8.7)	17 (15.0)	42 (36.8)	40 (35.1)	5 (4.4)		
P-2	사회활동우선	4 3.6)	19 (16.7)	39 (34.2)	34 (29.8)	18 (15.7)		
P-3	인간관계문제	7 (6.2)	44 (38.6)	46 (40.4)	15 (13.1)	2 (1.7)	114	100
P-5	이해참여문제	6 (5.3)	37 (32.5)	45 (39.3)	24 (21.1)	2 (1.7)		
P-8	복음,부정,수용	14 (12.3)	18 (15.7)	34 (29.9)	36 (13.6)	12 (10.5)		
P-9	상생관계문제	12 (10.5)	22 (19.2)	45 (39.3)	32 (28.0)	3 (2.5)		

1) 위의 통계코드는 4개 직장(기업) 중 '우성염직'이며, 총 응답 빈도수(명)는 114명이다. 코드통계 도표 주제는, [일터 영성 성숙문제점 Spiritual Maturity Problem(SMP) 특성]으로 정했다.

2) 'Problem'의 이니셜 'P'를 사용, 'P-1'부터 'P-9'까지(5가지) 의 질문 분류별을 사용했다.

3) 한 기업 마다 73개의 질문과 5개의 분류(질의)별로 답하게 했다. 5개 분류별 질의는 [① 매우 부정/ ② 부정/ ③ 보통/ ④ 긍정/ ⑤ 매우 긍정]이다.

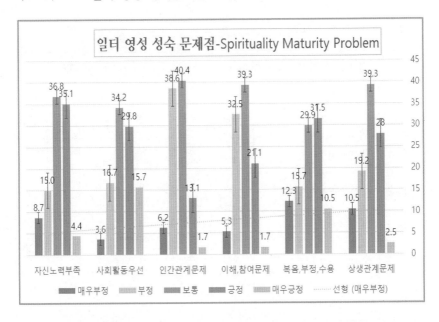

1) 설문에 참가한 직장 4곳 중 우성염직의 칼라그래프 분석 주제는 [일터영성 성숙문제점-Spiritual Maturity Problem(SMP) 특성]이다.

2) 원본 설문지의 10가지 질문 중 6가지의 질문은 [자신노력부족(P-1)/ 사회활동우선(P-2)/ 인간관계문제(P-3)/ 이해,참여문제(P-5)/ 복음,부정,수용(P-8)/ 상생관계문제(P-9)]이며, 위 칼라그래프의 수치는 우성염직의 일터 영성 성숙문제점 특성 등을 잘 파악하게 한다.

3) 우성염직의 설문 참가자마다 작성한 5가지는 [① 매우부정/ ② 부정/ ③ 보통/ ④ 긍정/ ⑤ 매우 긍정] 순으로 작성하여 나타냈다.

4) 우성염직의 영성 성숙 문제점의 자신노력 부족은 일터 교회의 개인적 신앙훈련(믿음)의 노력이 부족함을 말한다. 이 수치가 ③보통

36.8%와 ④긍정 35.1%의 합계는 71.9%이다. 이 원인은 일터에서 거룩한 영성을 추구하는데 자신이 문제이다. 일터는 영성 성숙을 추구하는 공동체가 필요하며 부정적문제를 극복할 가능성을 찾아야 한다.

5) 인간관계 문제 ③보통 38.6%, ④긍정 40.4%, 합 79.0%의 수치가 심각한 것은, 직장에서 신앙적인 문제에 대한 서로의 관계문제에서 영성 성숙의 문제를 극복하는 훈련이 요구되고 있다.

6) 이해참여문제 ②부정 32.5%, ③보통 39.3%의 수치는 교회 일터에 대한 이해, 참여부족 결과는 영성 성숙이 필요하다고 말하고 있다.

아. 잡뉴스솔로몬서치 WMC

〈표 58〉   일터 사역자 & 대표 특성 통계코드 및 설명

일터 사역자 & 대표 Workplace Ministry & CEO _ WMC								
주제 이니셜 코드	설문지 항목 주제 요약	② 부정	③ 보통	④ 긍정	⑤ 매우 긍정	⑥ 무응 답	전체 빈도 (명)	백분 율 (%)
M-1	사목,경영분리	10 (31.2)	8 (25.0)	9 (28.2)	3 (9.4)	2 (6.2)	32	100
M-2	리더십영성	2 (6.2)	9 (28.2)	9 (28.2)	10 (31.2)			
M-4	리더십소명	0	6 (18.8)	12 (37.5)	12 (37.5)			
M-6	리더십스킬	1 (3.1)	6 (18.8)	17 (53.1)	6 (18.8)			
M-7	리더십역량	0	7 (21.9)	15 (46.9)	8 (25.0)			
M-8	사목,경영협력	0	8 (25.0)	12 (37.5)	10 (31.2)			
M-10	영성리드덕목	1 (3.1)	6 (18.8)	14 (43.7)	9 (28.2)			

1) 위에서 소개하는 통계코드는 4개 직장(기업) 중 '솔로몬서치'이며, 총 응답 빈도수(명)는 32명이다. 코드통계 도표는, [일터 사역자 & 대표 Workplace Ministry & CEO(WMC) 특성]이다.

2) 'Ministry'의 이니셜 'M'을 사용하여 질문 항목 10가지 중, 'M-1'부터 'M-10'까지를 선택했으며, 5가지의 질문 분류별을 사용하여 위와 같이 소개된 통계코드 도표를 제시했다.

3) 한 직장(기업)마다 모두 73개의 질문을 달았으며, 한 항목마다 5개의 분류별로 답하게 했다. 5개 분류별 질의는 [② 부정/ ③ 보통/ ④ 긍정/ ⑤ 매우 긍정/ ⑥ 무응답]이다.

〈표 59〉   일터 사역자 & 대표 특성 칼라그래프 및 분석

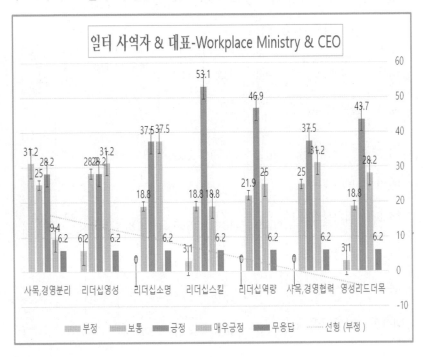

1) 설문에 참가한 직장(기업) 4곳 중 잡뉴스솔로몬서치의 칼라그래프 분석을 위한 통계코드 주제는 [일터 사역자 & 대표 Workplace Ministry & CEO(WMC) 특성]이다.

2) 원본 설문지의 10가지 질문 항목 중 선택한 7가지의 질문 분류 주제는 [사목,경영분리(M-1)/ 리더십영성(M-2)/ 리더십소명(M-4)/ 리더십스킬(M-6)/ 리더십역량(M-7)/ 사목,경영협력(M-8)/ 영성,리더덕목(M-10)]이며, 위에서 제시된 칼라그래프로 잡뉴스솔로몬서치의 일터 영성 성숙 특성 등을 알게 해준다.

3) 잡뉴스솔로몬서치의 삶의 현장에서 하나님의 나라와 의가 구현되는 사랑의 공동체가 세워지기를 비전으로 설문 참가자의 수직막대 그래프 수치는 백분율(%)로 나타냈다. 한 가지 질문 분류마다 5가지는 [② 부정/ ③ 보통/ ④ 긍정/ ⑤ 매우 긍정/ ⑥ 무응답] 순이다.

4) 소개된 위의 도표 중 독특하게 높은 수치가 있다. 리더십스킬이며, 긍정의 수치가 53.1%이다. 원인은 매주 수요일 약 150여명의 전직원이 사무실에 그대로 일터예배에 참여한다. 이렇게 10년 전부터 시작된 예배를 지금까지 한 번도 쉰 적이 없다. 예배를 드림으로 그 순간순간들이 영적으로 축적되어 직원들의 영성 성숙되었다는 것을 잘 보여주는 사례이다.

5) 리더십소명 긍정 37.5%, 매우긍정 37.5%는 합계 75.0%라는 상당히 높은 수치로 나타났다. 이 수치는 잡뉴스솔로몬서치의 일터(직장)의 영성 성숙의 정서가 배어있음을 알게 한다.

6) 한편, 질문 항목의 사목경영분리는 일터교회의 전임 사역자가 기업경영에 개입하지 않는 것을 질문했다. 이 수치가 부정 31.2% 보통 25.0%, 합계 56.2는 일터교회에서 전문적인 사역을 요구한다.

7) 오히려 CEO 경영과 사목(社牧)의 전문적 사역은 협력관계가 이상적이다는 것을 보여주고 주고 있다. 질문 항목의 사목,경영협력의 질문 분류별로는 보통 25.0%, 긍정 37.5%, 매우긍정 28.2%, 합계 90.7%의 경이적인 수치가 그것을 뒷받침해 주고 있다.

3. 전체 영성 성숙 문제에 대한 긍정부분 분석 및 도표

가. 일터 영성 성숙의 긍정(질문 항목별/분류별)

<표 60>   통계코드 설명-설문참여 교회와 기관

주제 : 일터 영성 성숙 - 긍정(질문 주제별)									백분율(%)
교회/기관	일터 사역의 교회				일터 교회의 기관				
이름	사랑의 교회	충신 교회	오륜 교회	성광 교회	한국 교세라	우성 염직	한만두 식품	잡뉴스 솔로몬 서치	
질문항목별 W-2 예수까지 성장	(39.5)	(37.1)	(62.5)	(51.9)	(38.7)	(16.7)	(21.2)	(40.6)	(100)
W-8 영성성숙 노력	(49.6)	(48.2)	(75.0)	(51.9)	(27.9)	(14.0)	(29.8)	(31.2)	
W-9 영성성숙 성장	(55.3)	(55.5)	(37.5)	(33.3)	(26.2)	(11.4)	(27.7)	(25.0)	
W-11 영성성숙 열매	(51.7)	(59.2)	(62.5)	(48.1)	(26.2)	(14.0)	(27.7)	(40.6)	
전체빈도(명)	681								

(1) 논문의 주제, [일터 영성 성숙 중심]에 맞게, 위 〈도표 50〉은 설문지 전체 질문 항목별에서 예수까지성장, 영성성숙노력, 영성성숙성장, 영성성숙열매의 주제들을 선별하여 작성했다.

(2) 설문에 응답한 전체 8개 일터사역 참가자는 일터(직장)이거나 일터교회를 섬기는 교회(공동체)이며, 전체 빈도(총응답자)는 681명이다. 위 도표에 기록된 8개 기관의 수치는 백분율이다.

(3) [일터 영성 성숙]의 각 질문 항목별 역시 이 정서에 맞게 선별했다. 4가지에 대한 8개 기관의 영성 성숙에 대한 수치를 통계코드로 긍정 부분이 부각되도록 칼라그래프로 본격적인 분석을 가하겠다.

나. 일터 영성 성숙의 긍정(질문 항목별/분류별)

(1) 다음 〈도표 61〉은, 논문의 부제, [일터 영성 성숙 숭심]의 질문 항목별/분류별이다. 그리고 8개의 설문참여 교회와 기관의 긍정적 질문에 대한 분석, 칼라그래프로 작성했다.

(2) 원본 전체 설문지에서 일터 영성 성숙 질문으로 작성된 질문 항목 중 4가지 W-2/예수까지성장, W-8/영성성숙노력, W-9/영성성숙성장, 그리고 W-11/영성성숙열매이다.

(3) 설문참여 교회와 기관의 수직막대 칼라그래프 수치는 백분율(%)로 나타냈다. 한 가지 질문 항목마다 8개 기관별로 응답 수치를 기록하여 서로 비교가 가능하도록 하여, 전체 기관의 일터 영성 성숙 특성 등을 파악하게 했다.

(4) 소개된 위의 도표 중 질문 항목으로서 일터성숙열매의 4개 일터교회 수치는, 충신교회(59.2), 사랑의교회(51.7), 오륜교회(62.5),

<표 61>　　　　칼라그래프 분석-설문참여 교회와 기관

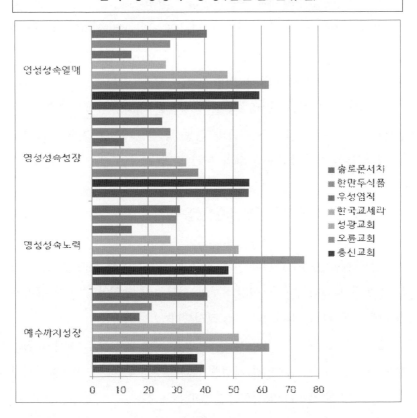

일터 영성성숙-긍정(질문별/분류별)

성광교회(48.1)가 각각 그 수치를 나타냈다. 그리고 일터기관의 수치는 대부분 낮은 수준이다, 그러나 일터기관 잡뉴스솔로몬서치(40.0)는 일터교회에 비하면 10, 20% 정도 차이에 불과하다. 잡뉴스솔로몬서치 CEO의 일터 교회사역에 대한 남다른 깊은 노력(물심양면)에 의해 이런 당연한 결과가 나타났다.

(5) 이 결과는 교회와 일터(직장)의 영적 분위기에서 기인된다. 교회는 설립 자체가 영적인 분위의 거룩성이 조성될 수밖에 없으며, 일터(직장)는 영적 분위기와 관계없는 세속성의 영향을 받을 수밖에 없다. 생존경쟁의 각박한 현장에서 거룩성의 일터(직장) 교회를 조성해 간다는 것은 몹시 어려운 일이 분명하다. 다른 질문항목에서도 이와 비슷한 경향을 보이고 있다. 그럴수록 일터 기관에서는 CEO와 전임 사목이 일터 예배의 거룩성을 조성하도록 분투해야 할 것이다.

　(6) 다음 영성성숙노력에서 여기서 오륜교회의 두드러지게 높은 수치의 이유는 작은 수가 설문에 참여한 결과라고 본다. 그러나 성광교회, 사랑의교회, 충신교회는 그 수치상 영성 성숙을 노력하는 교회이다. 또한 일터기관인 한만두식품(29.8)과 잡뉴스솔로몬서치(31.2)의 수치는 일터 예배를 정해진 시간에 한 번도 거르지 않고 드리거나 그 비중을 우선 시 한다는 점에서 이런 결과가 당연하다.

　(7) 질문 항목, 예수까지성장에서 일터 교회와 일터 기관의 고른 수치는 양대 교회와 기관 모두 예배하는 자로 성도로서 예수 그리스도까지 성장의 목표가 동일한 믿음의 의식을 갖고 있다고 본다. 특히 잡뉴스솔로몬서치와 오륜교회를 제외하고 높은 수치를 드러낸 것은 일터 예배와 일터(직장)의 철저한 비즈니스 속에 영적인 노력을 게을리 하지 않은 CEO와 전문 사목의 역할을 주목할 필요가 있다.

본서의 6장은 '영성 성숙 중심'의 설문에 대한 코드통계와 칼라그래프로 '솔로몬일터교회'와 설문에 참가한 8개 일터와 직장의 현장 연구를 분석한 가장 핵심적이며, 논문의 결론 부분을 작성하여 제시했다. 내용적으로는 솔로몬일터교회가 먼저, 교육계획에 의해 훈련된 결과를 토대로 조사연구의 목적을 가지고 설문자료를 총 8개 기관(4개 일터 교회를 운영하는 일터(기업)와 4개 일터 사역과 훈련프로그램을 운영하는 교회)의 직원들과 교회 성도 681명에게 참여하여 자료수집을 의뢰했다. 그 자료를 '통계코드'로 작성하여 수직막대 형의 '칼라그래프'로 분석을 시도해 놓았다. 그 결과들로 '일터 교회의 사역 실천 방안'을 제시하고 아울러 '본서의 향후 연구 과제와 대안'을 제시하게 되었다.

일터교회

솔로몬일터교회 공동체의
사역 실천 방안

솔로몬일터교회의
사역실천 방안

Chapter 7
Method of Practice for Ministry, Solomon Workplace Church

제1절
일터 교회 공동체의 사역 방향 제시

본서의 마지막 장으로서, '솔로몬일터교회 공동체의 실천 방안' 에 대하여 살펴본다. 먼저, 영성 성숙의 목적을 세운 필자는 '일터 교회 공동체의 사역 방향 제시' 큰 4가지 속에 16가지와 '본서의 향후 연구 과제'와 '각 장별 요약과 논문의 결론'을 맺으면서 끝마치려 한다. 아울러 미래 한국교회의 강력한 대안으로서 일터(직장) 교회와 사역이 화두(話頭)로 떠오르고 있다는 것을 깊이 깨닫게 해주는 것이 본 장의 핵심이 된다.

<表 62>   **Outline** - 일터교회 공동체의 방향 제시

Direction		Contents
A. 동일한 사역엔 아낌없이 동참하라	◦ ◦ ◦	A-1 부르심에 응하도록 정화상태로 놔두라 A-2 공동체로 모이면 선한 목표를 정하라 A-3 참여하는 행동의 표준화에 맞추라 A-4 당신 옆, 믿음의 동료와 협력하라
B. 작은 일부터 시작하는 결단이 필요하다	◦ ◦ ◦	B-1 얕보기 쉬운 '작은 일'을 주시한다 B-2 어부의 천직, 그물 깁는 것을 보이라 B-3 일터 사역자로서 자기와의 싸움을 하라 B-4 믿음의 여정에서 갈채를 끌어내라 B-5 패자이면서 진정한 승자를 자처하라
C. '노동-일'로서 당신의 존엄성을 보이라	◦ ◦ ◦	C-1 그리스도인의 정체성 구원을 보이라 C-2 그리스도인에게 정체감을 확인하라 C-3 '일'로서 존엄을 보이는 위대한 일을 하라 C-4 일터교회 그리스도인의 자존감 확보하라
D. 같은 주제 다른 형식을 갖추라	◦ ◦ ◦	D-1 믿음이라는 같은 주제로 모이라 D-2 다른 형식으로 표출하는 방식을 깨달으라 D-3 속죄의 동일 이슈를 부 이슈로 적용하라

1. 동일한 사역엔 아낌없이 동참하라

가. A-1 부르심에 응하도록 정화상태로 놔두라

일터(직장) 교회 공동체가 성경적인 사역을 가지고 직장 정서에 맞도록 일터(직장) 그리스도인들에게 다가가야 한다. 여기서 필요한 사역의 핵심은 일터 그리스도인에게 일터 교회의 사역으로서 그들이 복음

(일터교회의)으로의 참여(participation)가 선택이 아니라 필수적이라는 것을 깨닫게 해주는 적절한 접근이 필요할 것이다. 그러기 위해서, 동일한 사역의 공동체, 교회 일터로 하나님께서 당신을 부르고 있다는 소명감을 인식시켜 줘야 한다. 그 결과, '소명의식'(Consciousness of calling)에 이끌린 그들이 참여하도록 권면해 줘야 한다. 그리고 참여자는 욥이 고통 중에 하나님께 고백한 사실처럼 행하도록 한다.

> "그가 준비한 것을 의인이 입을 것이요 그의 은은 죄 없는 자가 차지할 것이며"(욥기27:17).

신앙을 고백한 '하나님의 백성된 그리스도인'(Christians become God's People)으로 거듭나게 해야 한다. 이것이 솔로몬일터교회의 사역이면서, 한국교회의 일터 현장에서 메인 사역으로 발전하길 간절히 바란다. 이 소명감(Consciousness of calling)은 오직 주님께서만 아시고 나를 친 자녀로 여기시고 온갖 은혜로 채우시겠다는 암묵적(暗黙的)인 약속이기도 하다. "직장의 그리스도인은 세상에서 사람들이 세운 성공기준을 향하여 달려가는 것이 아니다. 혹 그 기준에 맞게 성공했어도 주님사역에 쓰임 받지 못한다면 비참한 노동꾼에 지나지 않는다". 이런 깨달음은 그리스도인이기에 심장에서 터져 나오는 탄식이라고 말하고 싶다. 나를 부르심에 주님의 음성을 깊이 자각해야 한다. 그 소명의식이 어떤 상황에서 어떤 모양으로 나를 불러도 강력한 이끌림이 되도록 자신을 정화상태로 보호해야 한다. 이것은 '비운 채'로 나둔다는 의미이다. 즉 그리스도인으로서 주님의 사역에 아름답게 사용되는 바로 그 전 단계임을 인식해야 한다. 그렇게 될 때, 본서의 집필 목적인 '영성 성숙'이 비로서 자리잡을 것으로 사료 된다.

나. A-2 공동체로 모였다면 선한 일의 목표를 정하라

혼자 보다는 둘이 낫고, 둘 보다는 셋이나 그 이상이 더 강한 법이다 (전도서4:8-9). 전도서 기자인 솔로몬을 통해서 당신에게 던지는 이 메시지는 세상이라는 삶터(일터)를 지탱해가는 존재로서 더없이 의미 심장하다. 사람은 이 세상에서 절대 혼자서도 온전해질 수 있다는 주장은 더이상 설득력을 잃는다. 혼자서 하는 일에는 언젠가는 협력이 필요하거나 도움이 절실해질 때가 반드시 온다. 그럴 때 혼자라는 것이 무섭도록 싫게 된다. 또 한 사람이 넘어지거나 사고를 당할 때, 옆에서 도움을 주는 동무가 없다면, 그것처럼 불쌍한 존재가 없다. 사람은 절대 혼자 거처하도록 정신적 생리적 신체적 구조적으로 되어있지 않다. 세상에서 가장 작은 단체이면서 본원적인 '그룹'은 '부부'(a couple)라는 단위이다. 절대 혼자가 아닌 부부를 통해서 가족이 형성되고, 가족이 사회로 민족으로 국가 단위로 확장된다.

세계 150개 이상 되는 국가 중에 여러 학설이 있지만, 강대국(Great power)의 기준은 G.N.P 인구, 군사력 등을 말하기도 한다.[149] 그중 첫 번째가 인구수를 본다. 구체적으로 1억 이상의 인구가 돼야 강대국에 낄 수 있는 첫 번 기준이 성립된다.[150] 인구수는 단수가 아닌 다수를 말하고 있다. 일터 교회 역시 다수로 모인 공동체로서 여기서, 서로의 영적 상태의 바란스를 맞추며 동반적으로 성숙해 가는 과정을 밟는 것이 공동체로서 선한 일을 도모하는 사역 방안을 제시한다.

다. A-3 참여하는 행동의 표준화에 맞추라

세계 석학(碩學)들이 말하는 '강대국의 비밀'의 이론에서 중세기 말에
강대국으로 발돋음했던 국가는 로마나 그리스, 몽골 등이라고 한
다.151) 그중에서 몽골은 유럽지역도 아니고 아시아 지역에서 발생한
강대국이다. 그 당시 칭기즈 칸(Chingiz Khan)이 이끌던 몽골은 전체
인구가 100만 명에 불과했고 전쟁에서 싸울 수 있는 군인이 10만 명
이었다.152) 그 소수를 가지고 한때, 세계를 제패(정복)했다고 역사는
증명한다. 10만 명은 보통 어느 나라의 군대와 특별하게 다른 점이
있었다. 한결같이 조국을 위해 자신의 존재를 아낌없이 불사르는 용
기가 그들에게 있었고 싸우는 것에 '올-인'했다. 얼마나 맹위(猛威)를
떨쳐가면서 주변국을 정복하고 자신의 나라를 확장해 갔던가?

그들이 가진 몇 가지는 공통적인 목표가 같았으며 상호 정신이 하나
로 집중해 있었다. 또 하나는 지휘하에 행동이 표준화로 맞춰져 있었
으며 참여하는 행동이 공동적이었다. 일터 교회 공동체가 모이면 표
준화와 공동적인 사역 방침이 중요하다. 그래야 논문의 목적인 영성
성숙을 이루고 근본적 목표에 도달할 수 있다.

라. A-4 당신 옆에 있는 믿음의 동료와 함께 협력하라

우선 직장에서 믿음으로 뜻이 의합(意合)된 동료가 있다면 큰 힘을
얻을 수 있다. 좀 더 나아가서 일반 동료가 아니고 믿음을 가지고 당
신이 좋아하고 추진하는 일에 참여한 사람들이 함께 선한 일을 이루

어 간다면 진정 은혜로운 일이다. 당신 곁에 지금 누가 있는가? 그들
은 믿음의 정신, 영적 정신이 서로의 사이에서 작용하고 있다. 적어
도, 예배에 있어서는 절대 하나의 영적 정서에 싸이클이 조정되어 있
어서 한 하나님에게만 예배 행위로 영광을 돌리는 것이다. 당신이 하
는 일에 동일하게 함께 참여하는 동료가 당신 주변을 에워싸고 있다.
그렇다면, 분명히 당신은 축복받은 사람임에 틀림이 없다. 일터 교회
공동체로 모였다면, 아마 그 직장에서는 당신이 생각하는 가장 좋은
동무(member)일 수 있다.

이제, 모였으니 자신이 찾고 원하던 일, 그리고 함께 모인 사람들이
추구하는 목적이 동일한 일이라면, 모든 것을 바쳐서 협력하는 것이
다. 바로 이런 동일한 일에 적극적으로 동참하여 일터 교회 공동체가
영성 성숙이 형성됨으로 주님의 뜻을 이뤄 가는 것이 이 지상에 주님
의 뜻을 실현하게 된다.

2. 작은 일부터 시작하는 결단이 필요하다

가. B-1 당신이 얕볼 수 있는 '작은 일'을 주시한다

"작은 일의 날이라고 멸시하는 자가 누구냐?"(슥4:10)

이 물음은 어느 한정된 대상에게 하는 것이 아닌, '하나님의 직설적인
물음'(The direct question of God)이다. 예수님께서 제자를 부르실

때 그 방법을 기억하면 된다. 그물을 깁는 베드로와 그 주변의 인물들을 소명(calling)할 때도 복잡하게 부르시지 않았다. 여기서 그물을 깁고 있는 어부를 소명의 대상으로 삼고 부르셨다. 그들이 예수님의 공생애 사역의 조력자라는 사실이다. 덕망 있고, 존경의 대상이고, 뭇 사람들의 선망의 대상자가 많이 유대 사회에 널려 있듯, 대제사장, 서기관, 바리새인 등이 그들이다. 하필이면, 우리 한국 정서로 빗대어 봐도 바닷가에서 그물을 깁는 어부, '뱃놈'이라고 칭하는 대상이며,153) 왜 하필이면 사회적으로 비천한 신분이어야만 할까? 이 천년 전, 그 당시 정서에도 '뱃놈'이라는 대상은 주님의 제자로서 전혀 적합하지 못한 그런 별 볼일 없는 존재이지만, 예수 그리스도게서는 감히 위대한 그리스도의 제자의 자격에 전혀 미치지 못한 존재를 위대하게 사용하시길 원하셨다.

그들 대부분은 '작은 일'에 손을 대고 그일로 중요한 삶을 이어가는 수단으로 삼아 가고 있었다. 그런 사람들의 공통적인 심리가 단순해서 리더의 명령에 쉽게 동화되거나 절대적으로 따르는 속성이 있다. 결국, 그들이 3년의 교육과 훈련을 통해 비천한 베드로 같은 자가 위대한 제자로 거듭날 수 있었다. 마가 요한의 다락방에 성령님께서 임재하고 그들이 영성 성숙의 성령 충만으로 거듭나게 되었다. 예수님이 승천하여 계시지 않을 때, 제자들이 지배계급인 로마 사회를 정복하고 세계로 나아갈 수 있었다.

　나. B-2 어부의 천직 의식-그물 깁는 것을 보이라

왜 그랬을까? 보통 사람들은 크고, 많고, 그리고 강한 것을 좋아한다. 화려한 것도 마다하지 않는다. 이것이 보통사람들이 추구하는 취향이다. 그러나 예수님은 보통사람이 좋아하는 스타일을 싫어하여 그런 대상을 적용하지 않았다. 어부로서 꽤 관록을 쌓은 베드로는 한가하게 그물을 수선하는 일이 아닌 대범한 일부터 했다. 그러나 베드로는 현장에서 그물을 깁거나 하는 가장 '작은 일'부터 손을 댄 것이다.

당시에도 베드로가 하는 일이 예수님께 합격점(合格點)이 찍힐 정도의 일로 보면 될 것이다. 가장 보잘것 없는 일에 집중하는 그 자세가 바로 베드로의 참모습이었다. 예수님은 베드로를 바라보시면서 어부로서의 그물 깁는 이-노동을 하면서 단순하고 순수한 정신 자세와 함께 매우 충성스러운 직업의식을 보셨으리라 짐작한다. 그와 함께 베드로의 열정과 성실함 민첩함 등을 보시면서, 그의 내면에서 자신이 '어부'라는 천직 의식을 주저 없이 내보였던 그를 픽업하셨다. 주방(廚房)의 수많은 그릇 중에 빨리 사용되는 그릇은 언제나 깨끗하고 비워진 그릇이듯 하나님께서는 준비되어있는 그 상태를 보시고 아낌없이 선택하시고 사용하신다. 영적인 원리도 같다. 하나에 집중할 때 바른 정신이 이뤄지는 것처럼, 영성으로 집중할 때 성숙이 이루어지고 그 순간 위대한 역사는 나타난다.

다. B-3 일터 사역자로서 자기에게 치열하라

마라토너의 승부는 26.4마일(42,195km)되는 평면의 길이에서 좌우된다. 마라톤 경기의 시작은 다수(多數)와 함께 시작하여 15.6마일

(25km) 쯤 이르면 함께 시작했던 경쟁자는 사라지고 그때부터 비로소 자기와의 싸움이 시작된다. 마라토너의 의지는 이때부터 흔들리기 시작하여 한계점에 시달리기 시작한다. 외부의 바람의 압력으로 살갗이 터지는 듯하며, 내부의 체온은 급증하여 심한 물리적 고통으로 정신까지 혼탁해져 버린다. 그때부터 마라토너는 목표를 향해 달리는 선수가 아니다. 마라톤의 형벌 속으로 빠져들면서 본능적으로 내달리듯, 일터에서 자기와의 치열한 싸움을 하는 사역자가 되어야 한다.154) 이 사역의 본질적이고 근본적인 힘은 영성에 있다. 또 그에 대한 영성의 성숙한 덕목이 준비되지 않는 그리스도인은 일터 교회의 사역을 새롭게 추진해 갈 수 없다. 그러므로 항상 자기에게 관대하지 말고 치열하여 위대한 일에 동참해야 할 것이다.

라. B-4 믿음의 여정에서 갈채를 끌어내라

마라톤 경기에서 이기는 자는 월계관을 쓰고 갈채를 한 몸에 받는다. 그러나 패배한 자는 기대한 만큼 성취하지 못한 자신의 무능력을 통감하며 자기 비애(悲哀) 속으로 빠져들 수 있으며, 그와 함께 밀려드는 고통을 곱씹어야 한다. 비록 소수(小數)라는 선망의 대상이 되지 못하는 대명사이지만, 그럴수록 고통을 삼키며 시련을 이겨낸 승리자가 월계관을 쓰면서, 다수(多數) 위에 군림하며 온갖 행복이 주는 달콤한 그 영광을 모두 다 누릴 것이다. 이렇게 잠깐의 경기에서도 승자가 얻는 유익은 지대한 것이라면, 믿음의 여정 가운데서 강자와 약자가 보여주는 삶이 대조적일 수밖에 없는 것이다. 영성 성숙이라는 그리스도인의 믿음의 여정을 걷는 존재로서 당신은 얼마든지 이 여정 가운데서 갈채를 끌어낼 수있는 방안을 가지고 있다. 그 비결은 일터 교회의 새로운 사역을 향하여 영성 성숙의 능력으로 위대한 일을 만들어 내는 사람이다.[155]

마. B-5 패자이면서 진정한 승자를 자처하라

일터 교회 공동체의 그리스도인들에게 이 과정은 어떤 의미를 부여하는가? 당신에게 주어진 인생의 여정은 일 생 동안 인생의 길을 경주하는 자세가 필요하지 않을까 싶다. 비록 일터 교회 공동체로서 한 사람으로서 무엇이든지 승자가 아니라도 좋다. 아니 다수 속에 패자라도 좋다. 다만, 상급(면류관) 만이 최대 목적이 되어 수단과 방법의 노예가 되는 마라토너가 아니길 바라는 것이다.

다만, 본능적(本能的)으로 내달리며 자아와의 치열한 싸움에서 자신을 부정하며 십자가를 지고 가셨던 예수 그리스도 그분처럼, 패자(敗者)이면서, 진정한 승자(勝者)가 되는 정신이 더 중요한 일이 아닐까? 예수 그리스도께서는 일터 사역을 위하여 준비된 사람을 찾고 계신다. 준비된 사람은 영성 성숙에 민감한 사람이면서 성경 말씀의 교훈에 순응하면서, 프로답게 직업의식에 올-인하는 사람이다. 당신의 자리를 가능한 깨끗하게 정리하여 그 자리에 주님의 것으로 담기도록 준비하는 것은, 일터 영성 성숙을 준비한 사람이 되어 가며, 새로운 사역의 방안을 추진하는 사람이다.

3. '일-노동'으로서 당신의 존엄성을 보이라

가. C-1 그리스도인의 정체감으로 구원을 보이라

'Identity'는 정체감으로 번역한다. '현재 자기가 가진 특성이 언제나 과거의 그것과 같으며 미래에도 이어진다는 생각'이 아이덴티티의 정의이다. 당신에게 남과 똑같지 않게 부여된 속성이 있다. 그 속성으로 시종일관(始終一貫)한다면 진정 아이덴티한 삶을 책임 있게 살아온 것이라는 증거이다. 그리스도인들이 몸담고 있었던 기성 교회가 그동안 어떻게 흘러 왔는가? 그리고 덧붙이는 의문점은 왜 기성 교회가 균형을 잃고 추락하고 있는가? 바로 잡으려면 어떻게 해야 하는가?

이런 질문을 던지는 것은 한국교회의 올바른 구원에 대한 대안은 무엇인가? 하는 것이다. 구원의 대안은 지난 이천 여년 동안 기독교 역사에서 수없이 새로운 방법이라고 제시되어 왔고 지금도 그렇다. 그런데도 이런 질문을 던질 수밖에 없는 상황에 이르고 말았다. 그 원인의 공통점은 정체감의 문제에서 찾고 싶다. 시편 기자는 이 고백의 말씀은 사람의 정체감에 대한 문제를 리얼하게 드러내주고 있다. 연구자는 영성의 성숙을 향한 존재감을 확인하는 고백이라고 본다.

> "사람이 무엇이관대 나를 이렇게 영화롭게 해주셨습니까?"
> (시8:4,5).

나. C-2 그리스도인에게 정체감은?

그리스도인에게 정체감은 무엇을 말하는가? 그것은 왜 하나님이 나를 피조물 가운데 창조해 주셨는가? 그리고 인간을 영화롭게 하시고 신분적인 상승을 주신 이유는 무엇인가? 완전히 타당할 수는 없겠지만, 그리스도인은 적어도 자신에게 부여된 그 정체감으로 온전한 구원을 이루어 가야 한다. "그러므로 내가 택함 받은 자들을 위하여 모든 것을 참음은 그들도 그리스도 예수 안에 있는 구원을 영원한 영광과 함께 받게 하려 함이라"(딤후2:10).

사도 바울의 권면처럼, 일터 공동체가 그리스도 안에서 주어진 구원을 완성해 가면서, 나중 영원한 나라에 이르러 영광에 함께 참여하도록 권면한다는 것을 잊으면 안 된다. 그리고 구원을 자신만이 완성해 가는 일도 중요하지만 외부로 보이면서, 나와 이웃과 더불어 구원을 온전하게 이루어 가는 것을 하나님께서 우리 일터 공동체에 바라고 계신다. 이 바람을 현실적으로 실행하기 위해 영성 성숙을 추구해야 할 것이다.

다. C-3 '일-노동'으로 존엄을 보이는 것은 위대한 일이다

일반 직장인들이 일로서 존엄을 보이는 것은 실로 존경스러운 일이다. 기업이 '은탑산업훈장'이나 '수출금상' 등을 수상하거나, '세계기능올림픽'에서 금메달을 받는 것 등에 대하여 존경을 표한다. 또한 우수한 성적으로 입상하거나, 또 한 직장을 오래 근속(勤續)해서 얻는 상을 받는 사람 앞에 모두는 존경을 표한다. 아마도 이런 종류의 사람들은 자신이 하는 일이나 가치에 대한 정체감이 뚜렷하기 때문일 것이다. 이렇듯 일반적인 정체감으로 자신의 일생과 가문을 빛내는 예들도 얼마나 많은가?

나아가서 스포츠, 교육, 문화 예술 등을 통해, 소속된 단체나 사회 국가에까지 명예를 안겨주면서 의기소침한 국민에게 희망을 안겨준 일도 많다. 우리는 그런 일들이 있을 때마다 아낌없는 갈채를 보내주곤 하던 일들이 생각난다. 일-노동을 통해 하나님께 영광을 돌린다면, 더욱 존엄을 보이는 위대한 일에 이르게 된다. 이런 덕목을 추진해 가기 위해 일터 영성 성숙을 하는 것이 급선무이다. 일터 교회 그리스도인에게 영성 성숙은 선택이 아니라 필수과목을 이수하는 것이나 마찬가지이다.

　라. C-4 일터 교회의 그리스도인으로 존엄성을 보이는 일

일터 교회 공동체의 한 사람으로서 예수 그리스도께 신앙을 고백하고 얻은 믿음으로, 하나님께 헌신하고 그의 의를 드러내는 일련의 행위는 믿음의 정체감이 확실하게 자리 잡은 사람들의 결실이다. 그러므로 당신의 존재감과 존엄성을 보여 준다면 그것이 얼마나 하나님께 영광을 돌리는 일인가? 믿음의 정체감은 영성을 깊이 자각하고 그에 대한 성숙을 이룬 그리스도인이 얻을 수 있는 영적 축복이다. 세상에 가장 보잘것없는 당신을 위해 십자가에서 죽어 주시 분이 예수님이라는 사실이다. 그에 의한 믿음과 헌신으로 주님께 인정받는 힘은, 영성

에서 방출(放出)되므로 당신의 존엄성은 주님께서 높여 주신다.

일터 교회의 현장은 불신자들로 가득하고 이방 사상이 강한 영역이다. 그 안에서 절실히 요구되는 그것은 어떤 세속(世俗)의 힘이 강할지라도 거기서 성령의 능력에 붙들려 믿음의 웅지를 펴는 기개와 의지가 있을 때, 즉 영성의 강한 힘으로 성숙하고 그 능력에 붙들려 있을 때, 일터 교회는 사명을 무난하게 감당하는 것이다. 믿음의 근거한 영성은 당신을 어떤 하나님과의 관계를 갖게 하는 위대한 자원이다. 영성의 정체감을 보이는 것은 노동-일에 대한 정체감을 내보이는 것과 같은 것이다. 누구든지 이런 보상을 받는다면 이것보다 좋은 일이 어디 있겠는가? 부디 영성 성숙으로 이방 세계에 일터 교회 사역이 자리잡기 위해 그 방안을 찾아서 시행하는 것이 바람직하다.

4. 같은 주제 다른 형식

가. D-1 믿음이라는 같은 주제로 모이라

이방 세력이 강한 영역(領域) 속에서 믿음 하나로 모인 공동체는 개인의 이익을 목적으로만 할 수 없다. 왜냐하면 우선 일터 교회 공동체는 세속의 세력을 넘어 뛸 수 있는 기도하는 그룹이어야 한다. 일터(직장)라는 곳은 전혀 거룩한 속성이 어울리지 않는 장소에서 기도하는 그리스도인들로 구성되었기 때문에 자신의 이익만을 구할 수가 없다. 성경은 전혀 자신의 유익이나 개인의 감정을 앞세우는 것이 아니다. 다음 말씀은 그 이유를 확실하게 확인시켜 주고 있다. "그런즉 너희는 먼저 그의 나라와 그의 의를 구하라 그리하면 이 모든 것을 너희에게 더하시리라"(마6:33).

이것이 믿음이라는 한 주제로 한 분의 믿음의 대상 앞에 부름을 받고 모인 것이기 때문이다. 일터 교회 공동체는 모일 때, 믿음이라는 주제 안에서 구체적인 것까지 '같은 주제'로 모인 것이다. 하나의 정신, 하나의 목적, 하나의 행동 등으로 모였다. 그 '하나'라는 객관적 단어가 앞의 주제로, 주관적 단어인 정신, 목적, 행동이 전제되어 모임이 되었다. 즉 성령의 정신, 믿음(영성)의 목적, 그리고 성령에 의하여 거듭난 행동을 말한다. 그러므로 거룩한 모임(그룹)인 일터 교회 공동체 모든 이들이 영성으로 성숙하여 그의 나라 그의 영광을 위한 천국 백성이 되어야 한다.

나. D-2 다른 형식으로 표출하라

그러나 그 믿음의 주제가 교회 공동체 외부로 나갈 때는 '다른 형식'으로 표출되어야 한다. 왜냐하면 믿음 안에서 얼마든지 동일한 주제가 가능하기 때문에 모임이 이루어진 것이다. 다른 형식으로 표출된다는 것은 받아들이는 대상, 세상이라는 대상이 다르기 때문이다. 외부의 그들은 요구하는 사랑이라는 형식도 다르다. 희생을 요구하는 것이든지 물질을 요구하는 것이든지 말이다.

교회 공동체의 모임이 믿음을 가졌다는 속성은 인성의 속성을 말하는 것이 아니다. 영적인 속성이다. 그전에는 태어난 부모의 성격과 속성이 다르고, 성장 배경, 배운 학문, 지니고 있는 습관 등이 달랐으나, 모일 때는 믿음(영성)이라는 속성으로 모인 것이 분명하다. 그러나 교회 공동체의 모임이 한 믿음을 통해서 받은 한 복음을 외부 세계에서 요구하는 필요에 따라 다르게 적응하는 것이어야 한다. 복음을 받는 곳은 모두 다 다르기 때문이다. 복음이 적용되어 생명을 건지는 곳이면 적응하는 쪽은 시시비비를 가릴 수 없다. 복음은 그들이 필요해서가 아닌 하나님 편에서 요구하는 것이기 때문이다.

마지막으로 극한의 상황이 복음을 적용하는데 함께 생명이라도 요구하는 경우라도 거기에 응해야 하는 것이 아닐까? '사도 바울이 수리아 안디옥교회에서 세계 최초 선교사로 파송을 받고 이방 세계를 향해 선포하기 위해 가지고 간 그것은 하나의 복음이었다'(When Apostle Paul was sent to the Church of Suria and Antioch as the world's first missionary, it was a gospel that him took to proclaim toward the foreign world).156) 그것을 사도 바울과 바나바가 들고 나갔다. 그러나 이방 세계 현장에 그 복음을 적용하는 것은 현장과 상황, 대상에 따라 제각각이었다. 그들의 요구와 형편에 맞춰서 생명의 복음을 증거했다. 세속성 강한 이방 세계에 복음이라는 다른 표출 방식으로 나가는 것은 영성이 강한 그리스도인만이 가능한 것이므로 영성 성숙이 준비된 그 능력으로 표출하는 것이어야 한다.

다. D-3 속죄의 동일한 이슈를 부활의 이슈로 적용하라

예수 그리스도께서 지셨던 죽음의 십자가는 참혹한 것이지만, 그분이

죽음의 권세를 깨뜨리고 부활하신 것은, 영광스러움의 극치(極致)이다. 참혹한 것을 영광으로 이루어낸 것은, '위대한 예수 그리스도의 속죄'라는 주제이다. 속죄의 이슈는 동일한 것이지만, 영원한 죽음에서 다시 사는 부활의 이슈는 다른 형식이라는 것이다. 속죄의 이슈는 누구에게나 동일하게 적용되어야 한다. 그리스도께서 이 땅에 '도성인신'(都成人神)157)하신 것은 모든 이들을 위한 속죄이다. 누구든지 이속죄에 적용되지 못하면 그는 구원과는 상관없다. 그러기에 그리스도의 속죄는 우리에게 동일한 사건으로 다가와야 한다. 그리스도의 부활은 속죄하는 구원의 사실 앞에서 적용된 것으로만 그치지 않는다.

그 사건을 자신의 죄를 용서하기 위한 사건이고, 자신의 생명을 위하여 예수 그리스도께서 죽으신 것은, 부정할 수 없는 은혜의 역사로 고백을 하는 사람만이 그 사실을 깨달은 대로 구원을 얻는다. 부활의 적용은 사람마다 다르다. 그 부활의 사실이 각 사람들에게 적용되도록 희생과 헌신이 필요하다. 그리스도는 평화와 화합을 원하시지만 원수는 싸움과 분열을 원한다. 기독교 역사 가운데 예수님의 삶을 본받아 살려고 몸부림치며 '올인'한 사람 중, 중세 시대의 아시시의 성 프란치스코158)(St. Francis of Assisi)의 '평화의 기도'를 읊조려 본다.

> "주님, 저를 당신의 도구로 써 주소서… 자기를 버리고 죽음으로써 영생
> 을 얻기 때문입니다".

일터 교회 공동체의 멤버로서 자각심(Self-awareness)을 가져본다. 속죄의 동일한 이슈를 부활의 이슈로 적용하기 위해 영성을 강하게 성

숙하게 하여 그 능력으로 세상 가운데 생명의 부활을 적용해간다.

제2절 논문의 향후 연구과제

<표 63>   일터 사역자, 성도(개인)의 변수

독립 변수	매개 변수	결과 변수
일터 사역자 일터 사역/ 리더십 영성/ 리더십 인성/ 리더십 소명/ 지적능력과 역량/ 협력과 소통/ 그리스도인 인격	**성도(개인)** 일터 신앙(신학) 성숙 개인적 신앙 훈련 영성 회심 일터 교회 예배 사역활동 일터 영성 성숙에 영향을 미치는 요소들	**성도(개인)** 일터 영숙 성숙

'본 글의 향후 연구과제'로서의 주제는 일터 교회 공동체의 '사역자'와 '성도'가 그것이다. 이 두 그룹의 '일터 사역자'는 '독립 변수'로서 '성도(개인)'으로 '매개 변수'로서 어떤 역할이 있어야 하는가를 연구하며 상호 관계까지 살펴보았다. 그에 대한 사역과 역할을 생각하여 제시하면서 '향후 연구과제'는 '일터 교회 공동체'의 중대한 결과를 초래할 수 있기에 사려 깊게 밑그림을 그려보고 성장(Growth)과 확장(Expansion)에 기여하도록 끊임없는 연구가 되도록 할 것이다.

1. 독립 변수159) : 일터 사역자

다음과 같이 일터 사역자와 일터 교회 성도와의 관계성에서 새로운 제안을 할 수 있다. 먼저, '독립 변수'이다. 독립 변수로서 일터 사역자를 핵심 주제로 정한 것은 다음과 같은 내용을 살펴볼 필요가 있다. 그 내용으로는 다음과 같이 소개하면서 주제들에 대하여 독립 변수의 문제를 살펴보도록 하겠다.

가. '일터 사역'의 리더로서의 사역을 말할 수 있다.

'일터 사역', 이것은 전통적 교회의 지도력이 아니고 변형적인 지도력을 말하는 것도 아니다. 그렇다고 좀 더 나은 지도력도 아니다. 아주 새로운 틀(패러다임)의 교회 지도력에서 발출되는 그런 지도력이어야 할 것이다. 일터 사역 자체가 새로운 정서와 문화, 그리고 환경에서 발휘돼야 한다. 더욱 리더십의 대상인 성도(개인)가 전통적인 교회 성도(개인)과 전혀 다르므로 그들에게 영향을 받거나 사역의 방향이 틀어지거나 저촉받는 일이 있어서는 안 될 것이다. 오직 일터 사역을 추진하는 주체의 '독립 변수'의 진가를 나타내야 하므로 일터 사역의 본질을 가지고 임해야 할 것이다.

나. 지도자로서의 리더십의 영성(spirituality)을 들 수 있다.

일터 사역자는 모든 환경이 일터 사역만 추진할 수 있도록 상황이 보장되어 있는 것이 아니다. 여기에는 돌발변수가 도사리고 있다. 일터 (직장)은 해당 기업이 흑자 속에서 발전해 갈 때 모든 조건이 주어지게 된다. 여기에 일터 사역자로서의 이중 고통이 주어지게 된다. 전통적 교회처럼 영적 분위기가 조성되고 조건이 교회 활동을 할 수 있도록 보장된 환경에서는 누구나 영적으로 성도들을 이끌어 가도록 올인할 수 있다. 그러나 일터 교회는 이와 반대로 예배를 비롯하여 영적인 역할을 하면서 추진해 가는데 예측하지 못한 변수가 도사리고 있으므로, 이런 경우를 대비하여 매우 강한 영성으로 쉼 없이 훈련하여 영성 성숙(Spiritual Maturity)을 이루고 그 조건으로 일터 교회를 이끌어 가야 한다.

다. 지도자에게 팔로워를 이끌어 가는데 '인성'(personality)을 간과할 수 없다.

믿음 이전에 인간됨의 근본적인 요소는 '인성'(personality)이다. 각박하고 다양한 현대 사회 환경에서 인성에 좌우되는 일들이 얼마나 많은가? 하는 것은 더없이 중요하다. 인성(인격)은 전통적인 교회 지도력 보다는 한층 더 높은 수준을 요구한다. 다양한, 그리고 각박한 현실에 스트레스로 가득 찬 회중(성도)들이 교회와 각종 프로그램 중에 위로와 권면이 절대 필요하다는 것이다. 이럴 때, 지도자의 인성은 그 어떤 요인으로도 영향을 받지 않는 그야말로 독립적인 변수로서 작용해야 한다. 역시 일터 교회의 지도자 인성은 성도(개인)와 그들에게 상당한 영향력을 끼치게 되므로 일터 교회 공동체를 이끄는데 더할 나위 없는 요소이다. 모름지기 일터 교회 지도자 인성(성품)은 영성에 바탕을 두어야 하고 그 영향력에 의하여 그룹의 성공여부가 판가름 난다고 해도 과언이 아닐 것이다.

이 주제는 기독교 영성과의 함수관계를 가지고 있으며, 근본적인 자료는 하나님 말씀에 근거한다. 지도력은 말씀에 근거하지 못할 때, 일시적으로는 성공한 것 같아도 결과는 패배의 나락으로 떨어지는 결과를 가져올 수 있다.

> "그러므로 하늘에 계신 너희 아버지의 온전하심과 같이 너희도 온전하라"(마5,48).

라. 지도자의 소명감(召命感)으로 응답해야 한다.

미국 존경받는 교육지도자이자 사회운동가인 파커 파머는 소명에 대해 이렇게 말했다. "소명은 듣는 데에서 출발한다. 소명이란 성취해야 할 목표가 아니라 이미 주어져 있는 선물이다"라고 했다. 구약의 지도자나 백성, 그리고 신약의 12제자와 초대 교회 성도 등 하나님께 부름받은 것은 틀림이 없다. 하나님의 부르심은 언제나 응답과 결단에 앞서야 하므로 응답 없는 부르심은 진정한 소명이 되지 못한다. 하나님은 당신이 원하시는 대로 우리를 부르셨다. 따라서 부르심에 충실한 것만이 일터 교회 지도자의 바른 자세이다. 바로 일터 교회 지도자에게는 이런 소명감(召命感)이 확실해야 한다. 하나님께서 일터 교회 지도자 사명을 감당하기 위해 그 부르심에 맞춰서 일하므로 응답하는 삶이 있어야 한다. 자신의 입맛에 맞게 행동하는 것은 서명에 있어서 어불성설(語不成說)이다. "깊은 영성, 단순한 삶, 현실적인 경건한 믿음. 성숙해 가는 것은 우리를 사랑하고 우리를 찾길 바라시는 하나님께 응답하는 영적 여정이다.[160] 세상이 지식, 주의, 사상, 힘, 재물, 등에 춤을 추더라도 소명을 받은 일터 교회 지도자는 소개되는 말씀처럼 요동하지 않고 실천하는 삶으로서 소명을 이행해야 한다.

마. '지적 능력'과 '역량'은 지도자에게는 필수적 항목이다.

리더는 그 그룹을 다이나믹하게 이끌어야 한다. 그러기 위해서 능력은 그만큼 팔로워들을 이끌수 있다는 말이다. 리더십(Leadership)은 마치, 격하게 파도치는 험한 바닷에서 배를 끌고 가는 것이나 다름없다. 그 상황에서 배를 목적지까지 이끌어가는 것은 리더십에 따라 달라진다. 언제 어느 상황에서도 필요한 지적인 능려는 매우 필요할 것이고 그에 따른 역량만큼 효과적으로 이끌어 갈 수 있다. 여기서 지적능력이라 함은 하나님 말씀의 근원을 말한다. 그로부터 원천(源泉)을 삼는 것은, "내게 능력 주시는 자 안에서 내가 모든 것을 할 수 있느니라"(빌4:13)의 능력으로 일터(직장)에서 거룩한 공동체를 이끌어 가야 할 것이다. 그러므로 말씀가 함께하는 역량은 무한한 잠재력을 펼치며 사역하게 할 것을 말하는 것이다. 힘과 지적 근원이 말씀에 있으므로 어떤 사상과 풍조애 흔들릴 필요가 없는 그야말로 독립변수로서 든든하게 하나님 나라를 세워갈 수 있다.

바. '협력'과 '소통'은 리더십에서 평행을 이루는 덕목이다.

현대적인 지도력은 수직성이 아니라 수평(평행)성이다.

> "사랑하는 자들아 하나님이 이같이 우리를 사랑하셨은즉 우리도 서로
> 사랑하는 것이 마땅하도다"(요1서4:11).

이 이론 중 4가지 형이 제시되고 있는데, 여기서 강조하는 것은 위임형이 제일 바람직하다고 본다. 그룹의 리더십의 성경적 목표는 'S-4 위임형'이라고 할 수 있다. S-1, S-2, 그리고 S-3의 세 과정은 S-4로 나아가기 위한 과정으로서 정확하게 거쳐야 한다. 이 중 하나라도 생략하거나 건너뛰면 마지막 과정에 이르더라도 불완전한 리더십 상태가 된다. 결국, 'S-4 위임형'은 위 도표에서 말해주는 것처럼, 평행을 의미하고 있다.

성공적인 일터 교회 리더십으로서 '협력'과 '소통'의 덕목은 어떠한 변수에서도 변질되거나 추가 개정될 수도 없다. 오직 독립 변수로서 다른 특성과 현합될 수도 없는 것이다. 그러므로 평행성의 리더십은 일터 교회에서 절대적으로 필요한 것이 되었다.

  사. '그리스도인 인격'은 일터 교회 지도자에게
      매우 포괄적 이슈이다.
      "Θείας κοινωνοὶ φύσεως"(세이아스 코이노노이 휘세오스)
      (Πέτρου β 1:4).[161]

신약은 "신적인 성품에 참여자들"(벧후1:4).이라고 기록하고 있다. 이 의미는 하나님이 각 사람을 처음 부르신 그 자리는 자연인 상태였으

나 이런 마음과 육체, 그리고 영혼 상태로는 인간의 죄의 본성을 지니고 있어서 하나님 나라에 이르지 못할 것이 분명하기 때문이다. 그러므로 고치고 다듬어서 종래에는 '신적인 참여자'로서의 자격의 기준을 인격(성품)에 기준을 두겠다는 것이다. 바로 인격의 온전함을 모델

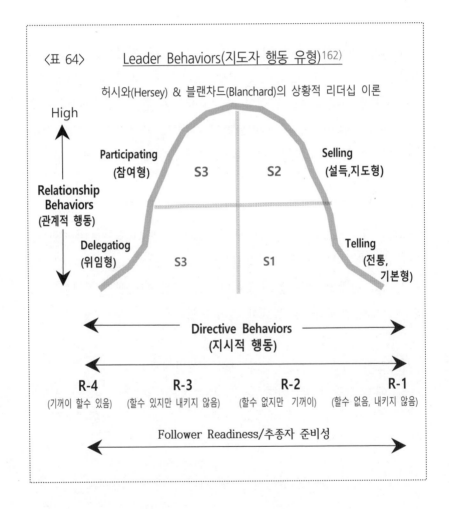

〈표 64〉 Leader Behaviors(지도자 행동 유형)162)

허시와(Hersey) & 블랜차드(Blanchard)의 상황적 리더십 이론

High

Relationship
Behaviors
(관계적 행동)

Participating
(참여형) S3 S2 Selling
(설득,지도형)

Delegatiog
(위임형) S3 S1 Telling
(전통,
기본형)

Directive Behaviors
(지시적 행동)

R-4 R-3 R-2 R-1
(기꺼이 할수 있음) (할수 있지만 내키지 않음) (할수 없지만 기꺼이) (할수 없음, 내키지 않음)

Follower Readiness/추종자 준비성

로 보여주신 예수 그리스도까지를 목표로 정하는 것이다. 우리의 구원의 완성을 이루시기 위하여 우리를 섭리해 가시며 기쁨과 슬픔, 고난과 역경을 경험하게 하신다. 이러한 과정으로서 일터 교회 지도자의 인격은 이에 합당한 인격의 훈련과정을 거쳐서 신적인 성품에 참여하기까지 독립 변수로서 주변의 시험과 환란 등의 고통을 극복해 기도록 해야 할 것이다.

2. 매개 변수 : 일터 교회 성도

예수 그리스도는 일터 교회 성도와 공동체에게 있어서 '그리스도인의 모본'(Our example)이시며 '믿음의 완성자'이시다(Finisher of our faith, 히12:2). 성도 자신의 관점에서 생각하고 바라보는 차원의 대상과 같아지려는 경향이 있으나, 그에 의존하지 않고 성령의 깨달음 대로 순종해야 한다. 성령님께서 끊임없이 예수 그리스도를 성도(개인)에게 모본으로 제시한다. 예수 그리스도를 바라보는 성도(개인)의 경건은 그분에 대한 참된 지식으로 말미암는다(벧후1:3)는 점을 인식하면서 조심스럽게 삶의 현장에서 성도(개인)으로서 그분께 다가가는 삶을 살므로 일터 교회의 성도에게 부여된 사명과 책임을 감당해야 한다.

'매개'를 사전에서 찾아보면, '둘 사이에서 양편의 관계를 맺어줌'이라는 뜻을 가진다. 위 〈도표 53〉의 주제 중 독립 변수는 '일터 사역자'이며, 이 속성은 고정적인 변하거나 주변의 것에 영향을 받지 않는 특성이 있다. '성도(개인)'는 은 '매개 변수'로서 독립 변수의 작용에 따라 결과가 달라지는 반면, 일터 교회 지도자의 리더십에 따라 성도 (개인)의 결과가 변한다.163) 그러므로 일터 교회 성도(개인)는 자신의 자리를 충실하게 지키고 지도력에 순종하고 협력하면 초대 교회 같은 다이나믹한 거룩한 공동체가 되는 것은 자명(自明)한 일이다.

3. 결과 변수164) : 일터 교회 성도

연구자는 본서의 최종적인 부분을 마무리하면서 '결과 변수'로서 '일터 교회 성도(개인)에 대하여 다음과 같은 마무리로 '본 글의 향후 연구 과제'를 나름대로 제시해 본다.

가. 그리스도인으로서 예수 그리스도처럼, '누구라도 사랑하기'(To love anyone)

일터 교회 성도(개인)은 인간의 본성을 가지고는 그 누구도 예수 그리스도처럼 사랑할 수 없는 것은 맞다. 그러나 예수 그리스도는 성부 되신 하나님 앞에서 스스로 아들로서 성부의 형상에 일치되는 삶을 산 것을 성경이 증거하고 있다. 일터 교회 성도(개인)로서 예수님을 닮아간다는 어려운 숙제를 학생이 매일 선생님으로부터 배우듯 살아갈 때, 그를 닮기 위한 노력과 동시에 누구라도 사랑할 수 있는 일터 교회 성도의 책무이다.

예수를 믿음과 동시에 중생 단계에서 다음 성화의 과정 속에 있다는 증거는 성령께서 충만하게 내게 역사하심으로 '내가 모든 것을 할 수 있는 것이다'.165) 그러므로 이제, 그리스도인으로서 느헤미야 같은 지도력으로 '아무라도 사랑하기'를 꺼려하지 않는 인성(人性)으로 변화해야 한다. 그리고 '누구라도 사랑하기'(To love anyone)의 삶을 추구해야 하지 않을까? 그리스도인은 하나님께서 우리를 어디로 이끌고 가는지를 깨닫고 자신의 성찰에 게을러서 안 된다. 그리고 공동체와 사회를 위하여 쓰임 받는 그리스도인으로 변화와 성장을 도모해 가야 한다고 생각한다.

나. 예수 그리스도의 '탁월성을 바라보기'
(To look at excellence)

그리스도인에게 그냥 지나칠 수 없는 약점 하나를 말한다면, 그것은 일반인(이방인)에게도 나타나는 '상대적 빈곤증'(Relative poverty)166) 일 것이다. 어떤 경우, 심할 정도로 그리스도인으로서 자신을 들여다 보면 다른 상대와 비교하며 '자기 비하'(self- deprecation)167) 에 빠지는 경우가 있다. 이 원인은 일터 교회 성도(개인)으로서 각박한 세속사회나 일터(직장) 속에서 온전한 삶을 이룰 수 없다는 증거이다. 성도는 거룩성을 유지하면서 자존감을 가지고 살아야 하지만 계속적으로 성령의 도움을 받을 수 없다면 심한 슬럼프에 빠지게 된다.168)

일터 교회 성도(개인)는 경건의 초점을 예수 그리스도로 고정시켜 한 방향으로 나아가면서 그분의 탁월성을 바라보는 것이다(To look at excellence). 그래야만 주변의 시험과 고난 속에 처한 다른 사람을 옳은대로 이끌 수 있다. 이 말을 다른 표현으로 하면, 예수 그리스도의 성품을 닮아간다는 것이다. 일터 교회 성도로서 탁월한 지도력으로 거듭나려면 그리스도의 탁월성을 바라보고 그 방향으로 나가야 할 것이다. 매일 순간마다 바라보는 것이 당연한 일과가 될 때, 느헤미야 같은 탁월한 지도력으로 거듭나는 변화가 반드시 다가온다.

다. 그리스도의 '주권에 복종하기'
(To submit to sovereignty)

일터 교회 성도(개인)로서 예수 그리스도의 주권(Sovereignty of Jesus Christ)에 대한 온전한 복종은 우리의 옛 자아가 그분과 함께 십자가에 죽었다는 확고한 인식과 그리고 우리 안에 계시는 예수 그리스도의 부활의 능력을 의지하는 믿음은 일터 교회 성도(개인)의 삶을 놀랍게 변화시킨다.[169] 왜냐하면 예수 그리스도는 불멸의 생명력의 원천(The source of life)이시기 때문이다. 우리가 그분에게 복종하고 그분의 능력과 지혜를 의지할 때, 예수 그리스도의 형상을 닮은 도덕적인 아름다운 열매를 맺게 하신다.

예수 그리스도께서 숙련된 토기장이므로 질그릇과 같은 일터 교회 성도(개인)을 영광스런 모습으로 빚어주실 것이다(롬9:21). 그럴 때, 느헤미야 같은 지도력을 겸비하게 된다. 예수 그리스도의 생명력에 일터 교회 성도(개인)로서 자신을 굴복시켜야 자신과 교회, 사회와 민족 그리고 세계가 함께 생존할 수 있다. 그러므로 그리스도의 주권에 절대적으로 복종하는 인성(人性)으로 행하는 것은 더이상 일터 교회 성도(개인)로 자신에게 주어진 사명이 짐이 되지 않게 해야 한다.

라. 영적 모방자 '예수 그리스도를 따라가기'
    (Follow Jesus Christ)

일터 교회 성도(개인)는 무엇보다도 먼저 하나님을 본받아야 하지만
(엡5:1), 한편 경건한 사람들을 본받으라는 권면도 받고 있다(고전
4:16;11:1; 빌3:17). 성도는 경건의 본이 되는 신앙의 조상이나 선배
되는 믿음의 지도자들도 조명해야 한다(히13:7). 사람들은 기록된 진
리에 대한 본(A model)을 필요로 한다.170) 이것은 일터 교회 성도(개
인)에게 있어서 예수 그리스도인의 인성을 리더십의 현장에서 모범적
으로 닮아가야 하는데 도움을 주는 일이다. 일터 교회 성도(개인)는
그리스도의 훌륭한 모본을 발견하고 그를 따라가는 영적인 '모방자'(A
imitator)가 되어야 할 것이다. 바쁘게 움직이던 걸음을 멈추고 당신
의 미래의 삶에 성공적으로 살아갈 일터 교회 성도(개인)로 결정지어
줄 만한 모델에 대해 생각하고 기쁘게 따라가는 것이어야 한다.

마. 참된 그리스도인이 되기 위한 '고난 속에 낮추기'
    (Lower in adversity)

일터 교회 성도(개인)는 시련의 시간이나 힘들 때를 불행으로 여기는
것을 경계해야 한다. 나아가서 성경은 일터 교회 성도(개인)로서 부정
적인 그것을 온전히 기쁘게 여겨야 한다고 요구하고 있다(약1:2,3).
이 말씀에 대한 뜻은 '시련은 그것을 당하도록 우리 자신을 내어 줄
경우, 우리의 인성(인격)을 온전케' 해주기 때문이라고 한다. 그러므로
고난이 일터 교회 성도(개인)로서 자신을 연단하도록 삶의 현장 가운

데 정면으로 노출 시킬 줄 아는 당당함이 있어야 한다. 구약 성경의 인물, 느헤미야 같이 고난 속에서도 자신의 단점이나 취약점을 극복하면서 다이나믹한 리더십을 행사할 수 있어야 하겠다.

우리는 늘 상, 참된 일터 교회 성도(개인)가 되기 위해 자신을 성찰하기를 좋아하고 자신을 고난 속에 낮추기를 즐겨야 한다(Lower in adversity). 오히려 상대나 팔로워가 자신을 불편하게 할 때, 그 피해를 긍정적으로 극복하는 유익한 리더십으로 자신을 연단해야 한다. 이유는 견딜 수 없이 힘들 때, 인간은 교만이라는 품성을 아주 쉽게 버리는 속성이 있기 때문이다.171) 이런 이유로 고난 속에 자신을 낮추기를 좋아하는 인성이 유능한 리더십을 경험으로부터 도출(導出)되기도 한다.

제3절
각 장별 요약과 논문의 결론

1. 제1장

본서의 1장은 현재 한국교회는 다른 곳으로부터 발생되는 교회와 복음의 대안이 되는 것을 필요로 한다는 이슈를 심각하게 고민하면서 작성했다. 주제는 [일터교회 영성 성숙도 연구]와 [사역 유형별-일터신학, 일터교회, 인터선교, 일터사역]의 부주제의 목적을 세워서 그 방향으로 연구해 갔다. 시작 부분부터 그에 따른 일터 신학 안에서 제기되는 각 주제를 연구하면서 그 대안을 찾아가도록 본서의 연구 목적, 연구의 배경과 중요성, 그리고 본 글의 연구 한계 등, 각 장별로 요약하여 서론으로 작성해 놓았다.

2. 제2장

2장에서는 '일-노동'과 '일의 신학'에 대한 고찰을 했다. '노동-일'에 대한 성경적 원리와 '일터 교회'의 용어, '일-노동'에 대한 개념 정리로서 일터 신학의 하나님과의 관점, 철학적, 일반 학문과의 관점 등을 살폈다. 일에 대한 성경적 관점으로서 구약, 신약, 그리고 교회와의 관점을 정리했다.

또한 영적인 측면에서 살펴본 '일의 훈련과 일터 사역'의 내용은, 성경에 기록된 하나님의 궁극적 관심을 도출하여 본 본서에서 일의 훈련과정을 연구하면서 아울러 일터 사역에 대한 교회 공동체의 자세를 여러 면에서 고찰했다. 그 결과 일터(직장)는 새로운 선교현장일 수밖에 없다. 이런 이슈를 살려 일터사역을 전통 목회적 중심에서 새로운 목회의 대안으로서 일터를 변화시키는 운동이 필요하다는 것을 이해하게 되었다. 직장은 새로운 선교현장이라는 이슈를 부각시켜 전통적 목회적 근간에서 일터 훈련을 선행적으로 연구하여 일터 사역을 변화시켜 가도록 했다.

3. 제3장

3장에서는 '일터 교회 사역현장을 중심하여 선행연구에 대한 주제로 연구해 보았다. 일터의 사역현장을 생각하면서 일터 교회의 사역에 따르는 운영문제를 해결해야 하는 항목을 하나씩 열거하면서 다뤄본다. 일터 교회가 소속한 회사의 CEO가 설교(강단) 사역에 개입해야 하는가의 이슈, 주일에 회사가 영업을 해야 하는가의 이슈, 일터교회에서 발생하는 헌금을 어떻게 관리해야 하는가?

또 일터 교회로서 불신자와의 관계 등을 연구하여 제시했다. 일터 교회 공동체로서 올바른 자세를 견지하므,로 회사의 대표(CEO)와 그 직장의 일터 교회 전임 사역자 사이의 고유사역에 동참하는 문제, 어떤 일이라도 비중 있게 관심을 가지고 일-노동을 대하는 자존감 문제 등을 사려 깊게 살펴보고 그 대안들을 나름대로 제시해 놓았다. 모르긴 해도 애매모호한 사례를 본서가 정리해 주므로 효과적으로 일터 공동체의 선교가 이뤄질 줄 믿는다.

4. 제4장

4장 결론으로서 '일터 선교 공동체와 선교'에 대한 주제를 살펴보았다. 일터 선교(공동체)와 선교 사역을 위한 부르심은 일터 선교의 대위임령에 근거한 것이므로 그에 따른 주제로서, '한국 기독교의 사명을 함께 멘 일터 선교공동체'가 한국교회의 현주소를 바라보면서, 이제 한국교회는 일터 선교의 필요에 의하여 그 패러다임을 전환해야 할 때라고 말했다. 일터 교회는 예비된 공동체로서 마지막 21세기 세계선교를 일터 현장에서 감당하면서 그리스도인의 진정한 존재감을 보여줘야 한다고 했다. 그리고 전 세계적으로 일터 '자비량 선교사'를 요구하고 있으므로 일터 선교사와 그 기업이 이 요구를 귀담아듣고 성경적인 요구이기도 한 사명을 잘 받들어야 할 것을 말했다.

5. 제5장

5장은 ㈜잡뉴스솔로몬서치에 소속된 [솔로몬일터교회]가 삶의 현장인 일터에서 복음전도의 '사회적인 상황'과 '훈련계획'에 의하여 사명을 감당하는 공동체를 소개했다.

하나는 솔로몬일터교회의 사회적 상황의 '교회 표어', '교회 비전', 그리고 '교회 사명'을 소개했다. 다음은 솔로몬일터교회의 지나온 발자취를 돌아보면서 현재 위치한 사회적 상황에서 일터 선교사를 교육하여 양성할 것을 주장했다. 그러므로 교회가 지니고 있는 사회적 역량을 살펴보면서, 솔로몬일터교회가 한국 교회에서 일터 교회의 고유적 사명, 목회자를 섬기는 사역을 위한 훈련과 전략을 세워 대안으로 활용할 것을 주장했다. 한국교회 목회자들이 20만 개 법인 일터에서 일터(직장)의 목회 전임 사목(社牧)의 사역에 헌신하도록 돕는 일을 어떻게 시도할 것인지도 구체적으로 제시해 놓았다.

6. 제6장

6장은 본서의 마지막 전(前) 장이다. 이 장은 '영성 성숙 중심'의 설문에 대한 코드통계와 칼라그래프로 '솔로몬일터교회'와 설문에 참가한 8개 일터(직장)의 현장 연구를 분석한 가장 핵심적이며, 본서의 결론 부분을 작성하여 제시했다. 내용적으로는 솔로몬일터교회가 먼저, 교육계획에 의해 훈련된 결과를 토대로 조사연구의 목적을 가지고 설문자료를 총 8개 기관(4개 일터교회를 운영하는 기업과 4개 일터사역과 훈련프로그램을 운영하는 교회)의 직원들과 교회 성도 681명에게 자료수집을 의뢰했다. 그 자료를 '통계코드'로 작성하여 수직막대 형의 '칼라그래프'로 분석을 시도했다. 결과는 '일터 교회의 사역 실천 방안'을 제시하고 아울러 '본서의 향후 연구과제와 대안'을 제안했다.

7. 제7장

본 서의 마지막 장에서는, '솔로몬일터교회 공동체의 실천 방안'에 대한 연구를 마쳐 놓았다. 먼저, 영성 성숙의 목적을 세운 연구자는 '일터 교회 공동체의 사역 실천 방안'을 제시해 놓았는데, 큰 4가지 주제 속에 16가지와 '본서의 향후 연구 과제'와 '각 장별 요약과 본서의 결론'을 맺으면서 집필을 마무리 지어 놓았다. 아울러 미래 한국 교회의 강력한 대안으로서 일터(직장) 교회와 사역이 화두(話頭)로 떠오르고 있다는 것을 감안하면, 본 장이 한국 교회의 미래 구원사역의 새로운 패러다임으로 그 역할을 다할 것으로 본다.

부 록

'일터 영성 성숙' 설문지 안내문
'일터의 영성 성숙'의 주제 중심으로 설문을 받습니다

㈜잡뉴스솔로몬서치에서 일터교회 일터선교사의 사명을 다하시는 여러분에게 인사드립니다. 예수 그리스도 안에서 그동안 평안하셨습니까? 본 설문은 그리스도인의 '일터 영성 성숙'의 주제에 관한 실태와 영향, 그리고 요인을 조사하기 위함입니다.

귀하의 협조로 좋은 자료가 충분히 확보된다면, 본 연구 주제에 따른, 일터신앙(신학)/ 일터교회/ 일터선교/ 일터사역/ 일터영성 성숙 과정을 이해하고 연구하는데 풍성한 자료가 되며, 일터 영성 성숙 수준을 높이는데 기여해주며 지상의 하나님 나라가 더 확장될 것입니다.

본 설문지 질문사항은 총 74개로 구성되었으며, 귀하의 실제 생활 속에서 경험했거나 앞으로 닥칠 사항을 질문으로 꾸몄습니다. 한 주제마다 5가지의 질문을 달았으며, 그중 하나씩만 답해 주십시오.

이 설문은 한국 웨스트민스터신학대학원대학교 신학박사(Doctor of Theology) 과정의 김동연 님의 '일터 신학(Workplace Theology)' 논문을 작성하는 연구 자료로만 사용되며, 이 자료가 없다면 연구가 불가능 할 수 있습니다.

바쁘신 중에도 설문을 위해 귀한 시간을 사용해 주신 ㈜잡뉴스솔로몬서치를 위해 기도해주시는 일터교회 일터선교사님 성도 여러분들에게 진심으로 감사를 드립니다.

하나님의 축복과 형통하심이 귀하와 가족과 사업과 직장, 학교 위에 충만하게 임하시길 기도합니다. 귀하의 응답은 엄격히 비밀로 유지되며, 모든 질문에 구체적으로 응답해 주실 것을 부탁드립니다.

2019. 5. 11.(토)

* 연락처: 010-8893-4432 * 이메일: ceokdy123@naver.com

Ⅰ. '일터 영성 성숙'에 관한 질문입니다. 아래 15개의 설문항목을 읽고 해당란(5개 중 한 개)만 √표 해 주십시오.

설문 항목			① 매우 부정 (20% 이하)	② 부정 (40% 이상)	③ 보통 (60% 이상)	④ 긍정 (80%이상)	⑤ 매우 긍정 (100% 이상)
Ⅰ-1	일터는 사무실, 연구실, 가정, 학교, 영업, 운전, 진료, 작업현장, 국방 의무, 특수 임무 등 일터 개념으로서 얼마나 이해하고 있는가?	일터 개념					
Ⅰ-2	일터 영성 성숙이란? 사랑 안에서 참된 행위(행실)로 그리스도까지 성장하는 과정이라고 어느 정도 이해하는가?	성숙 개념					
Ⅰ-3	나는 일터에서 영적인 성장(영성 성숙)을 경험하고 있습니까?	목표					
Ⅰ-4	자신이 현재 일터, 가정에서 그리스도의 중심의 삶을 살며 그리스도와 친밀관계를 맺고 있는가?	관계					
Ⅰ-5	나는 일터에서 자신이 하는 일을 하나님 앞에서 소명이라고 느끼고 있는가?	소명					
Ⅰ-6	나는 일터에서 공동체 의식을 가지고 있는가?	공동체					
Ⅰ-7	나는 일터의 환경을 극복하면서 믿음으로 승리하기 위해 노력하고 있는가?	극복					
Ⅰ-8	나는 매일 일터에서 영성 성숙 성장에 만족하기 위해 성령의 충만함과 인도하심을 구하고 있다고 생각하는가?	성령 충만					
Ⅰ-9	나의 친구나 가족과 친지, 공동체의 성도가 내가 일터 영성으로 성장해 가고 있다고 보는가?	성장					
Ⅰ-10	일터교회를 섬기게 된다면, 성령님의 이끄심과 은사에 따라 섬길 수 있는가?	섬김					
Ⅰ-11	나는 일터에서 영적 성숙 열매를 맺기 위해 성령의 열매(갈5:22-23)를 구하고 있는가?	결과					
Ⅰ-12	나의 일터 영성 성숙으로서 그리스도를 닮아 가고 있다고 생각하는가?	닮아 감					

I-13	나의 일터 영성 성숙에서 침체되는 문제가 나 때문이라고 생각하는가?	침체	
I-14	나는 일터 교회에 출석하는 문제에 대해 스스럼 없다고 생각하는가?	참여	
I-15	나는 일터 교회에서 성도들과 교제하고 봉사하는 것을 노력하고 있는가?	교제 봉사	

II. '일터 신앙(신학)성숙'에 관한 질문입니다. 아래 12개의 설문항목을 읽고 해당란(5개 중 한 개)에 √표 해 주십시오.

설문 항목		① 매우 부정 (20%이하)	② 부정 (40%이상)	③ 보통 (60% 이상)	④ 긍정 (80% 이상)	⑤ 매우 긍정 (100% 이상)
II-1	나는 일터에서 예수 그리스도께서 자신의 구주 이심을 믿는 신앙관으로 일하고 있는가?	그리스도				
II-2	나는 일터에서 나의 말과 행동에 대한 기준이 성경의 기준으로 삼고 있는가?	성경				
II-3	나는 일터에서도 하나님이 적극적으로 내 삶을 섭리하고 계신다고 믿고 기도하고 있는가?	하나님 섭리				
II-4	나는 일터에서도 그리스도의 부활을 믿으며, 나도 그리스도처럼 부활할 것을 믿는 신앙이 있는가?	부활				
II-5	나는 일터에서도 그리스도께서 재림하시고 최후로 심판하심을 믿는 가운데 일하는가?	재림				
II-6	나는 일터에서 생활이 24시간 365일을 생활 신앙으로 실천하려고 노력하는가?	실천				
II-7	일터에서 하나님 나라의 가치를 국가와 사회 속에 세우는 것을 나의 선교적 사명으로 알고 실천하는가?	가치				
II-8	나는 일터에서 그리스도인의 올바른 직업관을 예수님의 33년 생애 속에서 찾기 원하는가?	직업관				

II-9	사도 바울이 세계선교를 담당한 것처럼 그의 텐트 메이킹의 삶에서 나의 일터 선교관을 찾고 있는가?	선교 관				
II-10	다윗의 헌신(목동)과 요셉의 삶에서 헌신을 다한 것처럼, 나의 일터 교회를 섬기는 삶에서 헌신을 다짐하고 있는가?	헌신				
II-11	나는 크리스천 기업의 비전은 기업을 통해 그리스도 복음을 전해야 한다고 생각하는가?	증거				
II-12	내가 서 있는 일터 어디든지 그곳이 바로 그 시간에 하나님을 예배하는 마음이 필요 하다고 생각하는가?	예배				

III. '일터 신앙훈련 회심'에 관한 질문입니다. 아래 12개의 설문항목을
읽고 해당란(5개중 한 개)에 √표 해 주십시오.

설문 항목		① 매우 부정 (20% 이하)	② 부정 (40% 이상)	③ 보통 (60% 이상)	④ 긍정 (80% 이상)	⑤ 매우 긍정 (100% 이상)
III-1	혹시 일터 교회를 섬기고 계신다면, 일터교회 신앙생활로 불편을 느끼고 있는가?	생활				
III-2	혹시 현재 일터 교회에서 신앙생활하고 있는 상태는 어느 정도에 해당한다고 보는가?	출석				
III-3	자신이 신앙 생활하는 일터 교회에서 영성의 회심의 경험이 있다고 생각하는가?	회심				
III-4	자신의 영적 회심 경험으로 인해 나타난 변화 가 있는가?	변화				
III-5	나는 현재 일터교회 생활에서 신앙성숙의 도움을 어느모로나 받고 있다고 생각한다?	성숙				
III-6	내가 속한 일터 교회에서 신앙생활에 대한 도움을 어떤 형편으로든지 받고 있는가?	도움				
III-7	자신이 성숙한 그리스도인이 되기 위해서 해결해야 할 문제를 고쳐려고 노력하는가?	노력				

III-8	나는 일터 교회 신앙생활 중 성경을 읽고 말씀에 적용하기 위해 노력하고 있는가?	적용					
III-9	나는 일터에서 휴식(점심) 시간 등에 묵상의 시간을 만들어 주님의 인도하심을 구하고 죄를 고백하는 기도를 하고 있는가?	묵상					
III-10	나는 일터에서 소외된 이웃의 고통을 위해 시간을 내어 물질 및 재능을 기부하고 있다	기부					
III-11	나는 일터에서 한 달에 한 번 이상 영적 멘토를 만나 대화 하거나 구성원과 친교 활동을 실천한다	멘토					
III-12	나는 일터 교회에서 개인적 신앙훈련을 받고 자신의 영성 성숙에 영향을 미친다	성숙					

IV. '일터 교회 예배사역'에 관한 질문입니다. 아래 14개의 설문항목을 읽고 해당란(5개중 한 개)에 √표 해 주십시오.

설문 항목		① 매우 부정 (20% 이하)	② 부정 (40% 이상)	③ 보통 (60% 이상)	④ 긍정 (80% 이상)	⑤ 매우 긍정 (100% 이상)
IV-1	내가 근무하는 기업은 기독교 일터 교회를 세우고 대내외에 기독교를 선포하고, 그에 맞는 활동을 해야 한다고 이해하는가?	선포				
IV-2	자신이 속한 일터 교회를 세운 후, 예배를 드리기 위해 회사 내 어느 곳이든(대강당, 회의실 등) 예배실을 마련하여 드리는가?	예배 공간				
IV-3	나는 일터에서 주중에 예배를 매주 월, 수요에 국한하지 않고 회사 형편에 맞도록 일자, 요일, 시간을 정하여 드리고 있는가?	예배 시간				
IV-4	일터교회 예배 시, 전임목사, 혹은 목회자가 부재한 경우, 경영자(장로, 집사)가 말씀 전하는 것에 동의하는가?	참여				

IV-5	일터 예배는 주 1회로 드리는 것이 합당하며, 회사의 경영상황, 소통과 교육 훈련시간으로 함께 활용하면 좋다고 생각하는가?	소통				
IV-6	나는 주일(일요일)에 근무할 경우, 회사주변 교회에서 예배를 드리거나 일터에서 예배 드리며 주일을 거룩하게 지키는가?	주일 성수				
IV-7	나는 일터교회에서 예배 시, 십일조와 각종 헌금 등에 참여하는 것은 성경의 교훈이기 때문에 순종하고 있는가?	헌금 참여				
IV-8	나는 일터에 속한 그리스도인이며, 일터 선교사로 하나님으로 부터 받은 문화명령과 선교명령을 받았다고 생각하는가?	순종				
IV-9	나는 기성(지역) 교회의 예배같이 일터교회에서 드리는 예배의 목표도 몸으로 드리는 거룩한 산 제사라고 생각하며 드리는가?	산제물				
IV-10	일터교회는 포스트모던 시대에 사람들에게 다가 가는 교회와 선교적 모델로서 변화시대에 맞는 '미래형 교회'라고 보고 있는가?	미래형 교회				
IV-11	일터교회 그리스도인으로서 지역사회와 마을 공동체를 섬기며 사랑을 실천하는 삶의 현장 에서 일터 선교사의 사명을 다하는가?	섬김				
IV-12	일터교회는 사회적 기업 정신으로 지역사회의 경제를 함께하며 경제적 도움이 필요한 이웃 에게 나눔을 실천하는 것으로 믿는가?	나눔				
IV-13	일터교회는 지역교회, 교단과 협력사역 관계를 잘 유지하고, 한국교회에 새로운 패러다임의 목양지로 자리매김 하고 있는가?	협력				
IV-14	일터 교회 사역의 영적 부문은 목사(목회자)가 담당하고, 기업 경영은 평신도 경영자 대표 (회장)가 맡는 '투톱' 협력사역임을 알고 있는가?	사역 분담				

V. '일터 영성 성숙 문제점'에 관한 질문입니다. 아래 10개의 설문항목을 읽고 해당란(5개중 한 개)에 √표 해 주십시오.

설문 항목		① 매우 부정 (20% 이하)	② 부정 (40% 이상)	③ 보통 (60% 이상)	④ 긍정 (80% 이상)	⑤ 매우 긍정 (100% 이상)
V-1	일터교회에서 개인적 신앙훈련을 통해 자신의 노력이 부족하다고 생각하고 있는가?	신앙 훈련				
V-2	나는 일터 교회 활동보다 사회 활동이 우선 이라고 생각하는가?	활동				
V-3	일터교회에서 나의 신앙생활 중 인간관계 문제 가 있다고 보는가?	인간 관계				
V-4	나는 일터 교회에서 신앙생활과 사회에서의 역할에 상호 충돌이 있다고 보고 있는가?	사회 역할				
V-5	일터 교회가 사랑의 공동체라는 인식을 하면서 그에 비해 자신의 이해와 참여가 부족한가?	참여 문제				
V-6	나는 자신이 속한 일터 교회가 재정적으로 부담 이 되고 있는가?	교회 재정				
V-7	자신이 속한 일터교회에서 나의 리더십에 문제가 있다면 고쳐가야 한다고 생각하는가?	리더 십				
V-8	일터교회는 복음을 수용할 가능성이 없거나 일터교회에 대해 부정적 시각이 있는 사람을 적극 수용해야 한다고 생각하는가?	수용				
V-9	일터 교회가 기존 지역교회나 특별히 교단과 협력문제에서 상생(相生) 관계를 가져야 한다고 생각하는가?	협력				
V-10	일터에서 하나님과 바른 관계를 유지하며, 특히 성령님이 나의 일터 영성 성장을 이끌고 있다고 믿고 있는가?	관계				

VI. '일터 사역자(전임사목), 및 지도자(CEO, 회장)'에 관한 질문입니다.
아래 10개의 설문항목을 읽고 해당란(5개중 한 개)에 ✓표해 주십시오.

설문 항목		① 매우 부정 (20% 이하)	② 부정 (40% 이상)	③ 보통 (60% 이상)	④ 긍정 (80% 이상)	⑤ 매우 긍정 (100% 이상)
VI-1	일터교회 사목의 전임 목회자는 어떤 경우도 소속된 기업 경영(인사) 등에 개입하지 않고 일터 목회에 전념해야 한다고 생각하는가?	일터 목회				
VI-2	일터 사역자(전임사목) 및 지도자(CEO, 회장) 의 변혁적 리더십 영성은 어떠 상태인가?	리더십 영성				
VI-3	일터 사역자(전임사목) 및 지도자(대표, 회장) 의 변혁적 리더십 인격은 어떤 상태인가?	리더십 인격				
VI-4	일터 사역자(전임사목) 및 지도자(대표, 회장) 변혁적 리더십의 소명은 어떠한 상태인가?	리더십 소명				
VI-5	일터 사역자(전임사목) 및 지도자(대표, 회장) 의 변혁적 리더십 지적 능력은 어떠한가?	리더십 지적 능력				
VI-6	일터 사역자(전임사목) 및 지도자(대표, 회장) 의 변혁적 리더십 공동체 세우는 스킬은 어떤 상태인가?	공동체 세우기				
VI-7	일터 사역자(전임사목) 및 지도자(대표, 회장) 의 변혁적 리더십 역량은 어떠한가?	리더십 역량				
VI-8	일터 사역자(전임사목) 및 지도자(대표, 회장) 의 변혁적 리더십 협력관계는 어떠한가?	리더십 협력				
VI-9	일터 사역자(전임사목) 및 지도자(대표, 회장) 의 변혁적 리더십 의사소통은 어떠한가?	리더십 소통				
VI-10	우리 일터 사역자(전임사목) 및 지도자(대표, 회장)는 그리스도에 가까운 덕목을 지니고 책임감 있고 윤리적으로 흠결이 없는가?	그리스 도 인격				

Ⅶ. 다음은 인적 사항 기록에 관한 기록입니다. 아래 5개의 각 문항의 해당란에 기록해 주십시오.

(※ 본 설문은 통계법 8조에 의거 철저히 익명으로 이뤄지므로 소속 교회명, 이름은 기입하지 않습니다)

Ⅶ-1	신앙생활을 시작한지는 얼마나 됩니까?	( )년 ( )개월
Ⅶ-2	현재 지역 교회에 출석한 기간은 얼마나 됩니까?	( )년 ( )개월
Ⅶ-3	귀하의 나이와 성별을 표시해 주십시오.	( )세, 남자( ), 여자( )
Ⅶ-4	귀하의 지역(기성) 교회, 직분을 표시해 주십시오.	미등록교인( ) 세례 교인( ) 집 사( ) 권 사( ) 장 로( )
Ⅶ-5	현재 출석한 지역 교회는 어느 교단에 소속하고 있습니까?	장로교회( ) 감리교회 ( ) 성결교회( ) 침례교회( ) 순복음교 회( ) 기 타 ( )
Ⅶ-6	현재, 속해 있는 일터교회가 나에게 어떠한 도움을 주고 있다고 생각하십니까? (자세하면서 간단히 설명해 주십시오)	
Ⅶ-7	일터 교회에서의 신앙생활이 기성(지역) 교회와 같은 수준으로 신앙생활이 유지되고 있습니까? (자세하면서 간단히 설명해 주십시오)	
※ 기타사항 : 그 외에 하실 말씀을 기록해 주십시오 (자유롭게~) 		

질문에 성실히 응답해 주셔서 진심으로 감사드립니다.

| 일터 사역 기관 소개 |
Introduction to Group of Workplace Ministry[172]

1. (사)한국기독실업인회
- 목적 : '비즈니스 세계에 하나님의 나라가 임하게 한다'는 성경적 경영을 통한 비즈니스 세계의 변화를 모색하는 사역을 추구한다.
- 대표 : 회장 김승규, 사무총장 김창성/ - 홈페이지 www.cbmc.or.kr
- * (사)한국기독실업인회 구성 : 국내 286개 지회/해외한인교포 156개 지회, 총 7,500명, 비즈니스 세계가 하나님이 뜻하는 바대로 회복되고 변화되기를 추구하는 사람들로 이루어진 국제적, 초교파적 기독교 기관이다.

2. (사)기독경영연구원
- 목적 : 하나님의 뜻 안에서 기업을 경영하고 하나님 나라의 비전을 가지고 연구하며 교육, 봉사, 선교를 실천하는 사역에 목적을 두고 있다.
- 대표 : 원장 배종석/ - 홈페이지 http://kocam.org

3. (사)청년의 뜰
- 목적 : '청년 멘티와 멘토의 특별한 만남'과 청년을 대상으로 한 멘토링을 통해 세상의 변화를 추구하는 사역을 한다.
- 대표 : 이사장 김영길 박사(한동대학교 총장), 공동대표 김우경 변호사
- 홈페이지 www.ayacw.org

4. IT 변혁연대
- 목적 : 일터 영성과 전문인선교, 선교사 후원에 대한 3가지 기도와 물질, 그리고 사역후원을 하며, 선교사가 전문인 사역할 때, 후방에서 도움이 되게 하는 사역을 한다.
- 대표 : 김기석 교수(한동대교수)/ - 홈페이지 www.itta2000.org

5. 새중앙교회 직장인학교

- 목적 : 새중앙교회 직장인학교는 직업 영성의 회복, 가정, 교회, 직장 모든 곳
  에서 일치된 신앙의 삶을 살아가며 하나님을 경험케 하도록 하며,
  2000년에 시작하여 15기까지 1,100명 이상 수료자를 배출한 안양에
  소재한 새중앙교회의 직장인학교 사역이다.
- 대표 : 박중식 담임목사 / 담당총무 박종민/ - 홈페이지 www.sja.or.kr

6. 삼일교회 Job Academy

- 목적 : '현장의 제사장이 되라!' 삶의 현장인 일터의 사명을 감당하기 위해 삼
  일교회와 성도가 연합하여 하나님의 부르심을 구체적으로 알아가게 하
  는 일터훈련 사역에 역점을 둔 단체이다.
- 홈페이지 www.samiljob.com   www.samilchurch.com

7. 교회 소명 아카데미

- 목적 : 직장사역훈련센터 주관으로 교회에서 실시하는 일터사역자 양육 프로
  그램을 개발하고, 소개하는 사역에 역점을 둔 공동체로서 교회를 중심
  한 산하 지역교회에서 본 사역을 운영해 가고 있다.
- 관련교회 : 높은뜻광성교회 www.gwks.or.kr,
            높은뜻정의교회 www.jeongeui.org,
            더사랑의교회 www.sujisarang.org
- 대표 : 김동호 목사(이장호목사, 오대식목사, 이인호목사)
- 카페 http://cafe.daum.net/callingac

8. 직장사역연구소(BMI)

- 직장사역연합(WMF, Workplace Ministry Fellowship)은 그리스도인이 세상
  에서 성경적 직업관으로 무장하여 하나님의 나라를 세우도록 섬기는 사
  역하는 단체들의 공동체이다.
- 목적 : 일터사역의 토대를 구축하는 신학 작업과 일터사역을 구체화하는 교재

(일터사역 학교)와 일터 프로그램을 개발하는 사역을 한다.
- 대표 : 방선기 목사(직장사역연합대표)/ - 홈페이지 www.bmi.or.kr

9. 직장사역훈련센터(WMTC)

- 직장사역연합(WMF, Workplace Ministry Fellowship)은 크리스천들이 세상에서 성경적 직업관으로 무장하여 하나님의 나라를 세우도록 섬기는 사역하는 단체들의 공동체이다.
- 목적 : 교회와 기업, 신학교에서 일터사역자를 훈련하여 파송하는 일을 위한 세미나와 학교 프로그램을 주관하는 사역, 월요일의 그리스도인을 사역자로 세운다.
- 대표 : 최호열 목사, 방선기 목사(직장사역연합대표)/
- 홈페이지 www.bmi.or.kr

10. CS 네트워크(CSN)

- 직장사역연합(WMF, Workplace Ministry Fellowship)은 그리스도인이 세상에서 성경적 직업관으로 무장하여 하나님 나라를 세우는 그룹과 단체를 섬기고 사역하는 공동체이다.
- 목적 : "비즈니스 세계에 하나님의 통치가 임하게 하라"는 표어를 세우고 기업에 사목(Chaplain)을 파송해 상담, 예배, 교육을 담당하게 하는 사역, 일터 목회와 채플린(Chaplain) 사역을 중점적으로 후원하고 있다.
- 대표 : 이창훈, 방선기 목사(직장사역연합대표)/ - 홈페이지 www.bmi.or.kr

11. (사)세계직장선교센터

- 목적 : 창조 명령과 선교명령을 일터에서 수행하기 위해 일터에 파송하는 일터 선교사를 양육하고 지원하는 사역을 하는 곳이며 부산에 있다.
- 대표 : 김금주 목사
- 홈페이지 http://hompy.onmam.com/Hompi/index.aspx?hpno

12. (사)아름다운동행

- 목적 : 〈아름다운 동행〉격 주간 신문 발행과 감사 운동으로 세상의 이웃들이
  예수님과 멋지게 동행하도록 돕는 사역이다.
- 대표 : 이사장 박위근 대표 박에스더/ - 홈페이지 www.iwithjesus.com

13. 울산다운공동체

- 목적 : 일터사역의 목회적 적용, 영혼 구원하여 제자삼아 세대를 통합하고,
  일터와 세상을 변화시키는 생명 공동체로서, 신약교회의 회복, 세대
  통합, 직장사역, 지역복지가 성경적 교회, 성경적 가정, 성경적 일터
  의 모습을 회복시키기 위한 사역을 중점적으로 추구한다.
- 대표 : 박종국 목사/ - 홈페이지 www.downch.org

14. 한만두식품

- 목적 : 매주 월요일과 금요일 오전 9시에 일터예배를 드린다. 1999년 수제
  물만두 전문업체 등록을 시작으로 만두 제조업체 사업에 진출했다.
- 대표 : 남미경(높은뜻푸른교회 권사)/ - 홈페이지 www.hanmandu.com

15. 밝은교회

- 목적 : 전문성과 영성, 두 날개로 무장하라, 탁월한 평신도 전문사역자 배출
  목표, 건강한 영성개발교회, 가정, 직장 모든 곳에서 주님의 향기를 발
  할 수 있는 행복한 공동체 만들기, 평신도 사역자를 위해 교회 내
  KEEP 코스에서 자체 프로그램을 개발 시행 계획하는 공동체이다.
- 대표 : 변호사 주명수 목사/ - 홈페이지 www.brightchurch.com

16. 쎈 앤 쉴드

- 목적 : 일터 복음화와 변혁을 위한 패러다임을 전환하도록 리드한다.
- (주)썬앤쉴드는 굴삭기 관련 어태치먼트 및 응용장치 개발업체로서 썬앤쉴드
  (Sun and Shield)는 시편 48:11에 근거하고 있다.

-대표 : 류영석/ 신승진 목사(사목)/ -홈페이지 http://www.i-sns.com

17. (주)헤세드정보기술

- 목표 : 일터 가치가 있는 삶의 비결, 금융과 공공분야 정보시스템 구축하며 운영하는 정보기업. 한국농어촌공사, 서울메트로, 모 카드사 등 공항버스 앱 등을 운영하는 기업 '사회적 책임을 다하는 IT 전문기업'이다.
- 대표 : 손병기/ - 홈페이지 www.hessedit.co.kr

18. 토파스여행정보(주)

- 목표 : 직장 전도와 신우회 활동으로 복음을 전략화하다. 한진그룹과 대한항공과 세계적인 GDS 시스템인 아마데우스(Amadeus)와 제휴하다. 토파스(Topas)는 한국 여행시장의 선진화를 이끌 준비를 하다. "여행사들의 동반자로서 함께 성장한다"
- 대표 : 방선오/ - 홈페이지 www.topas.net

19. BH 성과관리센터-(주)뷰티플 휴먼 BH CONSULTING

- 목표 : 일터사역, 이제 사례로 이야기 합시다. BH(Beautiful Human) 성과관리센터장, 〈일터 속의 전문가, 직장인 학교〉, 〈성공의 숨겨진 비밀 '피드백'〉의 저자, 前 이랜드 그룹 지식경영관리자, 現 CBM C경영자학교, 직장인학교, 피드백학교를 운영하는 한국 CBMC 대학 성과향상팀장, 합정동 다운교회(인도자).
- 대표 : 김경민 센터장/ - 홈페이지 http://bhcenter.kr

20. 엠트리(M-tree)

- 목표 : 가치를 사는(Live & Buy)사람들, M-Tree는 2009년 뉴욕에서 설립된 비영리 법인, '우유곽 대학을 빌려드립니다', '더불어 함께 사는 것이지요.'' 저자, 세상을 바꾸는데 온 삶을 헌신한 '월드 체인저(World Changer)'는 그의 정체성이다. 미주 지역에서도 활동 중이다.

- 대표 : 최영환(맨해튼 온누리교회)/ - 홈페이지 http://www.mtreeart.com/

21. 이룸 디자인 스킨

- 목표 : 직업 선택과 창업 어떻게 할 것인가?
  IT 액세서리, 스마트함과 즐거움, 디자인을 모두 담은 스마트폰 가죽케이스 웨더비 3개 라인으로 생산한다,
  '웨더비'는 실용적인 클래식 디자인을 지향하는 브랜드, 최고급 가죽을 사용해 고급스러움을 표현하다
- 홈페이지 www.wetherby.co.kr - http://irumskin.blog.me

22. (사)한국기독교직장선교연합회

- 목적: '한직선'은 31년의 역사를 통하여 많은 주님의 사역을 감당하였으며, 전국 43개 지역 48개 직능단체가 서로 협력하여 직장선교를 통하여 이 땅의 부흥을 추구하고 있다.
- 대표 : 이사장 정세량 장로, 대표회장 주대준 장로
- 홈페이지 www.workmission.net/

| 기업에서 운영 중인 일터교회 Site |

Running Circumstance of Workplace Ministry in Company[173]

* [**사랑의 공동체**]는 '한국교세라정공'의 일터교회 이름이다.
  일주일에 한 번씩(월 오전) 600여명의 전 직원이 전희인
  대표이사(충신교회 시무장로)와 함께 모여 찬양과 예배를
  드리고 있다.
* 절삭공구 전문업체, 인서트, 홀더 등 기업
* 홈페이지 www.kptk.co.kr/

사랑의 공동체 http://loveland.kptk.co.kr

잡뉴스/솔로몬서치[김동연 목사/대표이사]
www.solomonsearch.co,kr

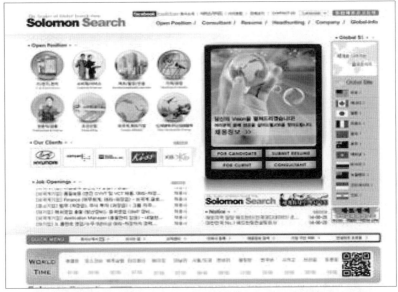

우성염직 [구홍림 대표이사]
www.dyetech.co.kr

지비전(G-Vision) [김근배 장로/대표이사]
www.gvision.co.kr

TMD 교육그룹 [고봉익 대표이사]
www.tmdedu.com

(주)이포넷 [이수정 대표이사]
www.e4net.net

(주)세븐에듀 [차길영 대표이사]
www.sevenedu.net

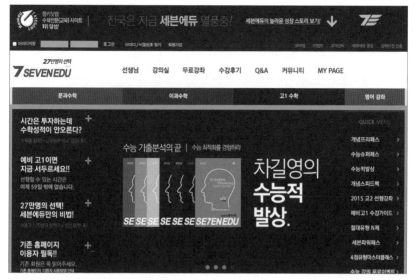

(주)청호컴넷ATM [심재수 장로/대표이사]
www.chunghocomnet.com

경희 [이혜진 대표이사]
www.khserve.com

MC-TV [김왕기 장로/대표이사]
www.0179.tv

석봉토스트 [김석봉 장로/대표이사]
sukbong.com

디넷뜨(주) [한일광 대표이사]
nprosys.co.kr/ www.dinett.com

| 뒤에 다는 각주 |

1. Timothy Keller, Every Good Endeavor: Connecting Your Work to God's Work, 최종훈 역, 『일과 영성』, (서울: 두란노서원, 2012), 12-19. 팀 켈러 목사, [뉴욕 타임즈]가 선정한 베스트셀러 저자 이자 [뉴스위크]에서 "21세기의 C.S. 루이스"라는 찬사를 받고 있다. 그는 뉴욕 리디머교회 담임목사이며, 뉴욕 한복판에서 방황하는 젊은이들을 소외되고 도움이 필요한 이들을 역동적인 하나님 나라 안으로 끌어들이고 있는 목회자이며 직장 선교의 살아있는 증인이기도 하다. 리디머교회의 성도들은 '맨해튼에서 가장 역동적인 그리스도인들'이라고 한다.
2. Keller, Every Good Endeavor, 21-22.
3. Jean Calvin, Institvtion de la religion chrestienne, 박건택 역, 『칼뱅 총서 1. 기독교 강요 1541(2판 프랑스어)』, (서울: 부흥과개혁사, 2018), 79.
4. R. Paul Stevens, Work Matters: Lessons from Scripture, 주성현 역, 『일의 신학』, (서울: 도서출판 CUP, 2014), 13-15. 스티븐스 박사는 그 외에 와싱톤 시애틀의 바켄대학교와 싱가폴의 비블리컬신학대학원의 교수이다. 철강회사 CEO이던 부친 밑에서 잡역부에서부터 건설분야, 회계, 사무직 등을 경험했다. 이런 경험으로 예배당 안에 갇힌 신학이 아닌 삶의 현장을 신학의 무대로 '생활 신학'을 터득하게 된 것 같다. 저서로는 『21세기를 위한 평신도 신학』, 『일 삶 구원』 등 30여 권이 있다.
5. Stevens, Work Matters, 16-17.
6. Bill Hybels, A Christian at work, 독고엔 역, 『직장 속의 그리스도』, (서울: 도서출판 한세, 1994), 21-22. 빌 하이벨스 목사는 미국 일리노이 주의 남 베링턴에 소재한 Willow Creek Community Church의 담임목사로 시무하고 있으며 유명한 설교가이자, 작가이며, 상담가이다. 여러 저서가 있으며, 늘 상 많은 성도와 직장 속의 그리스도인들을 상담하며 치유하고 있다.

7. Peter Wagner, The Church in the Workplace, 이건호 역, 『일터교회가 오고 있다』, (과천: WLI KOREA, 2014), 18.

8. Stevens, Work Matters, 25.

9. Stevens, Work Matters, 27.

10. Keller, Every Good Demeanor, 243-244.

11. Tin Dunlop, Why the future is WORKLESS, 엄성수 역, 『노동 없는 미래: 인류 역사상 가장 인간답게 살 수 있는 시간이 온다』, (서울: 비즈니스맵, 2016), 38-39.

12. Dunlop, Why the future is WORKLESS, 41.

13. Robert C. Banks & R. Paul Stevens, The Complete Book of Everyday Christianity, (Downers Grove, Ⅰll.: IVP, 1997), 107.

14. Stevens, Work Matters, 97.

15. Wagner, The Church in the Workplace, 15.

16. "너는 엿새 동안 일하고(avodah, work) 일곱째 날에는 쉴지니"(출34: 21). "사람은 나와서 일하며(avodah, work) 저녁까지 수고하는도다"(시104:23).

17. Os Hillman, The 9 To 5 Window, 조계광 역, 『일터 사역: 믿음으로 일터를 변화시키는 일』, (서울: 생명의말씀사, 2007), 103.

18. Hillman, The 9 To 5, 105.
  힐먼은 본 저서의 같은 면, '일터 변화시키기 운동'란에 따르면 정기적으로 모임을 갖는 직장 내 기도 모임과 성경공부 모임이 무려 만개 이상이나 된다고 한다"(Michelle Conlin, religion in the Workplace, Busi- ness Week, November, 1999).

19. 추정완, 『노동과 직업의 윤리성에 관한 연구』, (서울: 서울대학교출판부, 2002), 72.

20. Hillman, The 9 To 5, 21-22.

21. Hillman, The 9 To 5, 23.

22. Os Hillman, Faith @ Work (Cumming, GA: Asian Group Publi- shing, 2004), 2-5.

23. Wagner, The Church in the Workplace, 110.

24. Stevens, Work Matters, 28-30.

25. Sinclair B. Ferguson & David F. Wright, IVP New Dictionary of Theology, 이길상 역 외 3인, 『아가페 신학 사전』, (서울: 아가페출판사, 2001), 190-192.

26. Herman Ridderbos, PAUL: An Outline of His Theology, 박영희 역, 『바울 신학』, (서울: 개혁주의신행협회, 1991), 279.

27. Glen Smith, "Theology at Work in Francophone Urban Contexts" (unpublished report for Bakke Graduate Uniersity, 2009), 121.

28. Hillman, The 9 To 5, Window, 22-23.

29. Ferguson & Wright, IVP New Dictionary of Theology, 743.

30. 배수영, 『어거스틴의 내면세계로의 여행』, (서울: 예루살렘출판사, 2002), 67-69.

31. Ferguson & Wright, IVP New Dictionary of Theology, 747.

32. Dr. Les Blank, "Handout for Lecture: Transitions in Ministry", (LA: Azusa Campus, 1998), 143.
    헬, '텔레이오스'는 도덕적인 온전함을 나타내는 흠이 없는 상태, 조건, 나아가 어떤 작용하기에 적합한 완전한 조건을 말한다. "그러므로 하늘에 계신 너희 아버지의 온전하심과 같이 너희도 온전하라"(마 5:48).

33. 박윤선, 『성경 신학』, (서울: 도서출판 영음사, 1978), 228-229.

34. Ferguson & Wright, IVP New Dictionary of Theology, 1060.

35. Wagner, The Church in the Workplace, 18.

36. Ridderbos, Paul: An Outline of His Theology, 386-387.

37. Mark Green, Thank GOD It's Monday: Ministry in the Workplace, (Blet-chley, England:Scripture Union, 2001), 104.

38. 신(theos)에 관한 합리적 탐구(logos).

각 종교 마다 이에 해당되는 신학이 있지만, 개신교 학문체계에서 신학은 흔히 예수 그리스도를 믿는 기독교 신학을 가리킨다. 기독교 신학은 그리스도의 진리를 체계적으로 진술하고, 새로운 상황에서 그 진리를 거듭 재해석하는 기독교 공동체의 노력이다. 신학은 교회에 봉사하는 학문으로서, 성경과 교리의 인도를 받아 기독교의 진리를 인간사회의 상황에 선포하고 변증하는 기능을 담당한다. 신학의 연구대상은 이성의 영역 안에서 온전히 해명될 수 없는 '궁극적이고 성스러운 실재'이기도 하다. 신학의 탐구가 하나의 학문적 연구로서 신학은 인간의 시도이며, 이것은 궁극적으로 성경의 진리를 인간의 논리로 연구하는 학문이라고 한다(네이버 지식백과-브리태니커 사전).

39. Darrell Codsen, PTM: Theology of Work, a Work and the New Creation, (Carlisle, U.K: Patemoster Press, 2004), 4-5.

40. Stevens, Work Matters, 15.

41. Stevens, Work Matters, 26.

42. Ferguson & Wright, IVP New Dictionary of Theology, 853-854.

여기서 말하는 이중성을 이원론(二元論)으로 대치하여 설명을 함이 좋을듯 하다. 이원론은 어느 것도 다른 것으로 환치되지 않는 두 개의 실체들이나 세력, 양태가 있을 때 존재한다. 두 종류의 실체가 어떻게 관련되는가? 하는 문제들을 알아야 한다. 신학에서는 이원론의 관계에 대해 네 가지로 말한다. 1. 하나님과 창조물에서 하나님을 창조물을 동등하게 취급할 때는 큰 잘못이 발생하고 만다. 2. 영혼과 육체의 관계는 인간이 육체의 죽음 이후에 영혼이 살아 남는다는 논리를 믿는다. 3. 선과 악, 여기서 악은 선을 대치하고 서로 갈등하는 것을 말한다. 4. 계시와 이성은 구원은 계시로만 알고 믿는 것인 반면, 이성은 계시의 신비로움을 거부하고 논리와 상식에서 통하지 않으면 부정하는 것을 말한다.

43. Herman Bavinck, Calvin and common grace, 차영배 역, 『일반 은총론-경계해야 할 자연주의와 초자연주의』, (서울: 총신대학출판부, 1987), 54.

44. Ridderbos, Paul: An Outline of His Theology, 398.

하나님의 백성을 "하나님이 그의 구원행위 가운데서 그들을 자기편에 세우시고 그의 은혜와 구속의 예시를 삼고자 한 백성들이라는 의미를 가진다"고 했다.

45. Ridderbos, Paul: An Outline of His Theology, 399.

46. Stevens, Work Matters, 90-91.

47. Lee Hardy, The Fabric of this world : Inquiries into Calling Career Choice, and the Design of Human Work, (Grand Rapids Michigan, Wm: Eerdmans Publishing Co., 1990), 71.

48. John Calvin, Commentary on the Genesis of Moses, 칼빈성경주석 번역 위원회 역, 『창세기 주석』, (서울: 성서교재간행사, 1990). 205.

49. Herman Bavinck, GEREFORMEERDE DOGMATIEK, 김영규 역, 『개혁주의 교의학』, (서울: 크리스챤다이제스트, 1998), 704-705.

50. 추정완, 『노동과 직업의 윤리성에 관한 연구』, 68.

51. 김지호, 『칼빈주의란 무엇인가?』, (용인: 칼빈신학대학원대학교 출판부, 2004), 178-179.

52. Bavinck, DOGMATIEK, 612.

53. Bavinck, DOGMATIEK, 613.

54. Jean, Institvtion de la religion chrestienne. 104.

55. 배수영, '선교학 강의안: 하나님의 구속사', (안양: 안양대학교신학대학원), 82-85.

56. Pannenberg, W. ed., Revelation as History (London: UK, 1969), 132. 판넨베르그는 하나님의 구속사를 더 큰 틀인 일반적인 역사를 이용하며 구원이 성취되도록 간섭하시고 계시는 것으로 말씀하신다. 즉 History of Redemption 을 History of The World와 동일하게 다루고 계신다. 이렇게 되면 신학자들이 주장하는 것처럼, 이스라엘 역사에서 과거와 현재, 혹은 현재와 미래 사이의 두 그림 간의 과격한 분리를 더 이상 주장할 수 없게 된다.

57. Jesuah, Kwak, Church Growth in Korean Context, 『교회 성장학 강의안』, (훌러신학교선교대학원, 2001, 10. 18).

58. Wagner, The Church in the Workplace, 26.

59. Wagner, The Church in the Workplace, 27.

60. Wagner, The Church in the Workplace, 25-26.

61. 정성구 박사의 증언에 따르면, 그는 1974년부터 총신대학 교수로 재직하면서 벽산그룹 사옥 내에서 직장예배를 인도했었다. 그 당시 벽산그룹의 일터 예배는 정기적으로 주 1회 월요일에 실시되었으며, 정박사는 약 3년 정도 벽산그룹 일터 예배를 인도했다고 회고했다.

62. Hillman, The 9 To 5, 114.

63. Doug Sherman and William Hendricks, Thank God It's Monday radio program, (Grand Rapids, MI: Discovery House Publishers, 2000), 231.

64. 주후 4세기경 콘스탄틴 때부터 초대 교회에서 히브리적 교회의 뿌리가 단절됨으로서, 교회는 철저하게 헬라적 사고의 기틀 위에 세워지게 되고 그것이 지금의 교회에까지 이르게 되었다.

65. 헬라 철학은 존재론에서 출발하면서 인간이 어떻게 절대자와 결합해서 인간이 추구하는 바를 이루는 것이다. 세상은 존재와 인식의 원형(이데아)의 그림자로서 세상으로 정의한다. 그러므로 세상의 모든 것은 악하다는 관념 속에서 이상적 원형을 추구하는 방법론으로서 세상을 탈출하는 것이다. 육신은 악하다고 부정하면서 절대적 신을 형상화시켜버린다. 또한 시간과 공간에 대한 이해도 플라톤은 무시간적인 영원으로서의 이상향을 추구하기도 하고 윤회적 시간론을 주장하기도 한다. 그래서 세계관이나 역사관 역시 자연에서 그 법칙과 의미를 찾으려 한다. 이러한 지식과 논리를 중시하는 철학의 영향을 받은 이단이 초대 교회부터 있어 온 영지주의이다.

66. 배수영, '강의안: 하나님의 구속사-The Redemptive Activity of God', (안양: 안양대학교신학대학원, 2003), 14-15.

67. 배수영, '강의안: 성경적 선교학 개론-The Biblical Mission Introduc- tion', (안양: 안양대학교신학대학원, 2003), 71.

68. Charles Van Engen, MISSION ON THE WAY, 박영환 역, 『미래의 선교

신학』, (부평: 도서출판 바울, 2004), 44-45.

69. Parker J. Palmer, The Active Life: A spirituality of work, creativ- ity, and caring. 홍범룡 역, 『일과 창조의 영성』, (서울: 아바서원, 2013), 29-30.

70. Ken Eldred, Business Mission, 안정임 역. 『비즈니스 미션』, (서울: 예수전도단, 2006), 69.

71. Wagner, The Church in the Workplace, 25-27.

72. 와그너는 오랜 자신의 경험과 지식과 신앙의 체계에도 과감히 도전하여 새로운 길을 개척해 나가는 노련한 목회자이자 세계 기독교계의 스승이자 그의 큰 걸음이 가슴에 와 닿는다.

73. Wagner, The Church in the Workplace, 26-28.

74. 국민 기업 이미지 '생각 따로 기대 따로'(㈜내일신문/2004.07.16).
지난 2001년 다국적 컨설팅회사인 '엑센추어사'가 22개국 880개 기업 CEO에게 '기업인에 대한 부정적 인식이 있다고 보는가?'라는 질문을 했다. 그 조사결과를 본다면, 반(反) 기업정서 수준을 국가별로 열거한 바 있다. 한국(70%), 영국(68%) 아르헨티나(55%), 브라질(53%), 프랑스(53%) 일본(45%) 순이다. 반기업정서가 가장 낮은 나라들은, 네델란드(13%), 대만(18%), 미국(23%), 말레이시아(23%), 싱카포르(28%) 등이다. 한국이 세계적으로 가장 높게 나타난 것은 어쩌면 여기에 '일터 교회'가 더욱 필요함을 보게 한다(이재호 기자/ 인터넷신문등록번호(서울 아 51953 등록일자 : 2018.12.06).

75. '회사의 목사'(The company's pastor) or 비즈니스 사역자(Business Minister)를 말한다. 이러한 직책은 현대 사회에서 더 다양하게 그리고 많이 요구하게 되었다. 그리스도인 기업이나 일터, 심지어 관공서에서도 사목(社牧)이 믿음의 공동체 사역을 하는 것을 흔히 볼 수 있게 되었다.

76. "우리가 그를 전파하여 각 사람을 권하고 모든 지혜로 각 사람을 가르침은 각 사람을 그리스도 안에서 완전한 자로 세우려 함이니 이를 위하여 나도 내 속에서 능력으로 역사하시는 이의 역사를 따라 힘을 다하여 수고하노라"(골 1:28-29).

77. 『교단 헌법-五. 정치, 제5장 32,33조』, (서울: 대한예수교장로회총회(백석) 총회출판국, 2014). 143-149.
   지역교회 목회자는 노회로부터 파송 받은 목사이며, 목사는 교단 총회가 제정한 헌법 준수의무를 진다. 교단 헌법은 목사의 자격, 선임과 해임, 수행 역할, 의사 결정 방식과 절차, 직분자 선발과 임기, 교회기구 등에 관한 규정을 하고 있다.
78. 『교단 헌법-五. 정치, 제5장 27조』, 141-142.
79. 복음적 신앙이란, 오직 예수 그리스도를 믿음으로서 얻는 구원, 하나님의 전적인 은혜로 인한 구원, 인간의 죄로 인한 타락, 십자가 보혈을 통한 죄 사함과 중생, 천국과 지옥의 실재, 믿지 않는 영혼들에 대한 하나님의 심판, 성령의 은사와 치유하심에 대한 인정, 그리스도인의 경건한 삶, 성화에 이르는 지속적 삶의 변화, 이 세상에 대한 청지기로서의 사명 등 이라고 말할 수 있다.
80. Hillman, 『The 9 To』, 26.
81. Keller, Every Good Demeanor, 64.
82. Andy Crounch, Culture-Making : Recovering Our Creative Calling (London: IVP, 2008), 47.
83. Keller, Every Good Demeanor, 76.
84. 레위기 23:3, "엿새 동안은 일할 것이요 일곱째 날은 쉴 안식일이니 성회의 날이라 너희는 아무 일도 하지 말라 이는 너희가 거주하는 각처에서 지킬 여호와의 안식일이니라."
85. 『교단 헌법』, 213.
86. 『교단 헌법』, 213.
87. 마가복음 2:27, "또 이르시되 안식일이 사람을 위하여 있는 것이요 사람이 안식일을 위하여 있는 것이 아니니."
88. 일터 사역지나 신우회에 소속된 직장인으로서 신우회 헌금을 하게 된다. 자신이 속해 있는 직장선교회는 매년 장애인 봉사캠프, 단기선교여행, 소년.소녀 가장 돕기 음악회 등을 섬기고 있다. 이러한 행사에 소요되는 재정적 필요는 회원들의 자발적 헌금으로 충당된다.

89. 신명기 14:22, "너는 마땅히 매 년 토지 소산의 십일조를 드릴 것이며."

90. 실제로 크리스천 중에는 십일조가 아니라 십 분의 이(20%) 내지 십 분의 삼(30%)까지를 건축, 선교와 관련하여 헌금하기도 한다. 이는 결국 한 사람 한 사람의 신앙 양심에 맡길 수밖에 없다.

91. 지역교회의 어떤 목회자는 장로나 집사가 운영하는 사업의 경영에 시시콜콜 관여하기도 한다. 종업원 채용에 누구를 뽑아달라며 이력서를 내미는 경우도 있다. 나아가 근무시간 등 경영에 관한 사안(事案)에도 영향을 미치려 한다. 물론 목회자 관점에서는 선한 의도를 가지고 조언한다고 생각되지만, 경영 일선에 있는 사람으로서는 부담스러울 수밖에 없다.

92. 종교개혁(Reformation)은 교황이 교회의 주인되는 반(反) 성경적인 사상에 도전하여 예수 그리스도가 교회의 주인 된 초대 교회로 돌아가자는 Re(다시) 성경적인 믿음(Form)을 찾겠다는 새생명으로 회귀(回歸)하는 운동이다.

93. J. I. Packer, Knowing God, 정옥배 역, 『하나님을 아는 지식』, (서울: 한국기독학생출판부(IVP), 2008), 89.

94. John Calvin, Commentary on the Epistles of Paul the Apostle To The Corinthians, 칼빈성경주석 번역위원회 역, 『고린도-에베소서 주석』, (서울: 성서교재간행사, 1990). 414-415.

95. Keller, Every Good Endeavor, 81.

96. 지역교회의 목회적 권위(Pastoral Authority of The Local Church)란 목회자가 교회를 이끌어가는데 하나님으로부터 부여받은 영적인 힘과 존경을 포함한 것을 말하고 있다.

97. 에베소서 4:16, "그에게서 온몸이 각 마디를 통하여 도움을 받음으로 연결되고 결합되어 각 지체의 분량대로 역사하여 그 몸을 자라게 하며 사랑 안에서 스스로 세우느니라."

98. 오늘날 한국 교회는 목사와 장로, 목회자 상호 간 갈등과 분열, 대립, 소송문제로 비기독교인에게 비난의 손가락질을 받고 있다.

99. 로마서 12:18, "할 수 있거든 너희로서는 모든 사람과 더불어 화목하라."

100. 마태복음 7:1-2, "비판을 받지 아니하려거든 비판하지 말라 너희가 비판하는 그 비판으로 너희가 비판을 받을 것이요 너희가 헤아리는 그 헤아림으로 너희가 헤아림을 받을 것이니라."

101. 선교명령의 적극적 수행정도는 직원채용, 평가 및 급여와 상여, 해고 문제 등 인사관리 전반에 적용되기도 한다. 디모데전서 2:4, "하나님은 모든 사람이 구원을 받으며 진리를 아는 데에 이르기를 원하시느니라."

102. 배수영, '강의안: 성경적 선교학 개론', 40.

103. Carl Muller, Modern Mission Theology, 김동영 역, 『현대 선교 신학』, (서울: 한들출판사, 1997), 13

104. Carl Muller, Modern Mission Theology, 13.

105. J. H. Bavinck, An Introduction to The Science of Missions, 전호진 역, 『선교학 개론』, (서울: 성광문화사. 1978), 152.

106. Ridderbos, Paul: An Outline of His Theology, 517.

107. 한국선교신학회 엮음, 『선교학 개론』, (서울:기독교서회, 200)2, 26.

108. John Stott, Christian Mission in the Modern World, 김명혁 역, 『현대 기독교 선교』, 서울: 성광문화사, 1981), 121.

109. Donald A. McGavran and George Hunter, Church Growth Strategies that Work, (Nashville : Abingdon Press, 1980), 56.

110. D. Bosch, Witness to the World, (Ga:Atlanta, John Knox Press, 1980), 95.

111. 인도에서 사역한 영국 침례교 선교사이며, 영국 노스햄프턴에서 출생하여 고등학교를 졸업하고 16세에 구두수선 기술을 배웠다. 19세에 기도 모임에서 그리스도를 영접하였고, 복음을 전해야 한다는 불타는 사명감으로 23세가 되던 1783년 10월 5일에 침례교 목사가 되었다. 목회에 전념하던 어느 날 「쿡 선장의 항해기」(Captain Cook's Voyages)를 읽고 세계 선교의 비전을 가졌다. 그는 1834년 세람포로 사역지를 옮긴 지 34년 만에 73세의 일기로 인도 땅에 묻혔다[네이버지식백과-교회용어사전].

112. 배수영, 선교학 개론-The Lectureship for The Biblical Missiology, (서울: 도서출판 예루살렘, 2002), 37-40.

113. D. Bosch, Witness to the World, 95-102.

114. 정성구, 『아브라함 카이퍼의 생애』, (경기: 킹덤북스, 2010), 274.

115. 정성구, 『교회의 개혁자 칼빈』, (서울: 하늘기획, 2010), 123-125.

116. 정성구. 『아브라함 카이퍼의 생애』, 274-276.

117. Mats Tunehag, Business As Mission. 해리 김 외 1인 역, 『'선교로서의 사업'의 길라잡이 새로운 비전, 새로운 마음, 새로운 부르심, Busi- ness AS Mission』, (서울: 예영커뮤니케이션, 2005), 101-102.

118. '성직'(聖職)은 교회에 의하여 규정된 규범에 따라 하나님께 봉사하는 직무를 말한다. 영어로는 'the clergy', 'the ministry', 'a sacred pro- fession'이라고 사용한다고 설명한다[Daum 백과사전].

119. 일반적으로 삼위일체(Trinity, 三位一體)는 세 가지의 것이 하나의 목적을 위하여 연관되고 통합되는 일이라고 하지만, 기독교는 삼위일체(the Trinity)의 교리를 기독교의 핵심교리로 삼고 있으며, 이 삼위일체 교리에서 조금이라도 오용(誤用)되거나 남용(濫用)되면 그 순간 기독교가 이단으로 전락하게 된다.

120. '문명', 『네이버 지식백과-두산 표준 국어사전』.

121, Paul G. Hiebert, Anthropological Insights for Missionaries, 채은수 역, 『문화 속의 선교』, (서울: 총신대학출판부, 1967), 41.

122. Hiebert, Anthropological Insights for Missionaries, 43.

123. 배수영, '강의안: 선교를 위한 인류 문화인류학', (안양: 안양대학교신학대학원, 2006), 71.

124. 박형룡, 『박형룡 저작전집 3권: 교의 신학 인간론』, (서울: 한국기독교교육연구원, 1977), 15.

125. 배수영, '강의안: 선교를 위한 인류 문화인류학', 63.

126. Bruce J. Nicholls, Contextualization: A Theology of Gospel and Culture, Downers Grove, IL:Inter-Vasity, 1979, 8.

127. 에밀 부르너(Emil Brunner:1889-1966)는 칼 바르트와 동시대에 살았던 개신교 신학의 위대한 신학자였다. 그는 일생동안 신학자이면서 동시에 설교요 전도자 그리고 교육자로서의 폭넓은 삶을 살았다. 그는 교사의 아들로 태어났으며 그의 어머니는 자유주의 신학이 교회를 침투하던 시대에 신앙을 지키고 선조들의 신앙 신조에 굳게 섰기 때문에 희생된 목사의 딸이었다. 그는 깊은 신앙의 소유자였던 어머니의 무릎에서 성장했다.

128. 김태연, 『비즈니스 전문인 선교학』, (서울: 수학프로패셔널출판사, 2008), 41-44.

129. 김태연, 『비즈니스 전문인 선교학』, 42-43.

130. 배수영, '강의안: 선교를 위한 인류 문화인류학', 68.

131. Jean, Institvtion de la religion chrestienne. 50.

132. 김세윤, '초청세미나: 한국 교회의 위기 '왜곡된 칭의론' 탓', (서울: 논현동 서울영동교회, 2014.2.16.).

133. 한편 본문의 '반석'이 의미하는 바에 대한 여러 견해에서, 베드로는 단순히 '돌'이라는 의미에 지나지 않고 베드로 자신이 증언했던 것처럼 예수께서 친히 '반석'이 되신다(벧전2:5-8)는 견해를 다음 학자들이 밝히고 있다(Augustine, Gander, Lenski, Luther). 예수님 자체가 교회의 기초가 되시지는 않는다는 로마가톨릭의 주장처럼, "베드로는 예수로부터 직접 천국 열쇠를 부여받은 교회의 기초석으로서 베드로의 후계자가 곧 모든 교회와 천국의 전권을 위임받는다고 한다." 이 말의 의미는 베드로가 교황의 수장권(收藏權)의 기초를 마련한다는 절대적 견해(H.M. Riggle, J. Gibbons)를 따름으로 그 권한을 교황이 이어받았다는 주장이다.

134. 이 부분에서는 본문 마태복음 16:18, 본 절의 뜻을 해석하며 일터 교회와의 접목을 자연스럽게 조정하면서 선교적 측면에서의 일터 교회 공동체의 속성과 권면을 제시해 보았다.

135. 민경배, 『한국 교회에 있어서 사회선교-역사적 고찰』, (서울: 대한예수교장로회총회출판국, 1991), 48-49.

136. 민경배,『한국교회에 있어서 사회선교-역사적 고찰』,72.

137. 정성구,『나의 스승 박윤선 박사』, (용인: 킹덤북스, ,2018), 141-142.

138. 손창남,『모든 성도를 위한 부르심: 직업과 선교』, (서울: 조이선교회, 2019), 154-155.

139. '자비량 선교사'(Tentmaker)는 직업을 가진 선교사를 말한다. 다른 문화권 속에서 자신이 직업을 가지고 생활비를 벌면서 선교 사역을 수행하는 것을 말한다. 이러한 전례는 사도 바울이 만들어 놓았으며 사도행전과 그의 서신서 곳곳에 증거하고 있다. Tentmaker는 그의 선교 동역자 된 브리스길라 아굴라 부부를 고린도에서 만나 그들이 가졌던 텐트를 만들거나 수리하면서 현지의 선교비를 충당하며 선교 사역을 감당해 갔었다.

140. 김태연,『비즈니스 전문인 선교학』, 46-48.

141. 위촉장(잡뉴스솔로몬서치 BIM)은 [제4장, 일터 교회 비전 및 일터 선교사 현장과 스테이트먼트], '솔로몬 일터 선교 아카데미'의 p.270에 소개되어 있다.

142. 김동연, [C-스토리 첫 번째 이야기], (분당: 사단법인 씨스토리운동본부, 2014), 61-63. 이 부분은 본 매거진의 '사람을 품다'의 코너 '직장 밝힘'-김동연의 아티클로 엮은 것을 옮겼다.

143. BIM-'비즈니스는 선교다'(Business is Mission)으로 사용되는 용어를 적극적으로 선교적인 기능이 더해지도록 발전시켜서 표현한다면, BAM-'선교와 같은 비즈니스'(Business as Mission)이다. 이 단어의 핵심적인 가치는 '헌신적인 선교'(Devotion to missionary work)를 강조한다.

144. R. Paul Stevens, Doing God's Business, 홍병룡 역,『하나님의 사업을 꿈꾸는 CEO』, (서울: IVP), 2009.

145. "일터에서도 선교 열정을 쏟자!", (국민일보, 2007.10.17.).

146. J.S.S의 Vision의 이니셜은 'Job News & Solomon Search & Solomon Workplace Church의 명칭에서 따왔다.

147. 위의 소개하는 내용은 현재 운용 중인 솔로몬 홈페이지, '솔로몬교회성장연구소'(www.solomonch.com) 메인 창, 하단 아이콘[일터선교사]에서 다운로드

하여 편집을 거쳐 게재한 것이다. 본 교재는 현재 '솔로몬교회성장연구소'에서 일터 교회, 일터 선교 사역에 대한 비전과 목회자 및 예비 목회자(신학생)를 교육하는 일터교회 지도자와 일터 선교사를 양성하는 내용으로 엮어져 있다.

148. 본 통계코드의 칼라분석그래프는 [한컴, Welcome to Show.show] 프로그램을 사용하였다.

149. 강대국(强大國, great power)은 국력이 강하고 정치적, 군사적, 경제적 영향력을 이웃하는 다른 나라와 지역을 넘어 전 세계에까지 행사할 수 있는 나라를 말한다. 또는 복수로 열강(列强)이라고도 부른다. 강대국이라는 용어는 나폴레옹 전쟁의 종전처리 문제가 한창 논의되던 1814년 처음 소개되었으며, 1815년 빈 회의를 통해 유명해졌다. 그러나 극초강대국이라는 용어가 냉전 종식 이후에 도입된 단어임에도 그 이전 시대에 큰 헤게모니를 가진 나라들에 종종 사용되듯, [1][2][3][4] 강대국이라는 용어도 1815년 이전의 국가들에 대해서도 사용되기도 한다. 미국과 구 소련 같이 강대국을 넘어 전 세계적으로 자신의 이익을 보호하고 관철할 수 있는 능력을 가진 국가를 초강대국(超强大國)이라고 부른다.

150. 프랑스 역사가 장-바티스트 뒤로젤은 '다른 어떤 타국과 맞서도 독립을 유지할 수 있는 국가'라고 말했다.

151. EBS 방영, '강대국의 비밀', (2014. 4).

152. 칭기즈 칸(Chingiz Khan)은 몽골 제국 제1대 왕이다. 그의 본명은 테무진(Temüjin : 또는 Temuchin)이다. 태어난 년도가 정확하지 않아 1155년 또는 1162, 67~1227.8.18. 생애를 기록하고 있다. 몽골 바이칼 호 근처에서 태어난 그는 몽골의 무사·통치자이다. 그 후 그의 손자 쿠빌라이(忽必烈)가 원(元)나라를 세운 후 원의 태조(太祖)로 추증되었다. 칭기즈 칸은 역사상 가장 유명한 정복 왕 가운데 하나이며, 유목민 부족들로 분산되어 있던 몽골을 통일하고 제위(帝位, 칸)에 올라(1206) 몽골의 영토를 중국에서 아드리아해까지 확장했다.

153. '뱃놈'이라는 용어는 배를 부리거나 배에서 일하는 사람을 얕잡아 이르는 말이다. 옛날 양반과 상놈이 상호 존재하던 계급사회에서 통용되었다. 이 말을 보

통 용어로 말하자면 '뱃사람'이라고 한다.

154. 배수영, 『21세기 리더십 에세이』, (서울: 베드로서원, 2002), 242-243.

155. 배수영, 『21세기 리더십 에세이』 244-245.

156. 수리아에 있는 안디옥(Antioch)은, 1) B.C 300년경에 수리아 왕 셀고스니가돌이 건설하고 국도로 정했으며 당시는 세계 제일의 화려한 도시였다. 2) 예수 그리스도 당시에는 로마 제3 도시였고 스데반이 순교를 당할 때에 신도가 4방으로 흩어져 안디옥 성으로 들어온 사람들이 교회를 설립하였으니 이것이 곧 세계 최초 초대 교회의 이방 교회의 시초이다. 이 소문을 들은 예루살렘교회는 바울과 바나바를 안디옥교회의 지도자로 보냈다(행11:20-23). 3) 바울이 이 성에서 처음으로 그리스도인이라는 칭호를 받았다(행11:26). 4) 안디옥 교회에서 구제 사업을 창시했으며(행 11:29-30), 5) 이 교회에서 전도사업에 알려진 유명한 교역자는 니골라, 아가보, 바나바, 니게르, 시므온, 루기오, 마나엔, 사울(바울) 등이다. 그중에서 바나바와 바울을 선발하여 선교사로 파송하였으며, 세계선교 사역의 시초요 제1대 선교사이다(행6:5,11:28, 행13:1-4).

157. '도성인신'(道成人身)이란 말은 말씀(道)이 인간의 몸(人身)이 되었다(成)는 뜻이다. 다시 말하면 하나님이신 예수 그리스도가 신성(神性)과 인간이 되었음을 의미하는 인성(人性)을 가진 것을 말한다. 예수님은 본래 하나님이시며, 삼위일체 중 하나님의 아들이시다. 그 귀하신 분이 처녀 마리아의 몸을 빌려 인간의 몸으로 세상에 오신 것이다. 죄인인 남자와 여자의 생식법에 의해서 태어난 게 아니라, 성령의 능력으로 잉태되셨기에 죄가 없으신 완전한 인간의 모습으로 이 땅에 오셨다. 참 하나님인 동시에 참 인간! 이것이 바로 예수 그리스도의 성탄(聖誕)의 의미이기도 하다.

158. 중세교회사 가운데 수도원의 두 개의 거대한 봉우리가 기록으로 증거한다. '성 베네딕도(480~547)'와 '성 프란치스코(1182~1226)'다. 베네딕도는 서양 수도원에 주춧돌을 놓았고, 프란치스코는 무소유의 삶으로 수도원에 영적 나침반을 제시했다. 특히 성 프란치스코는 중세교회 역사를 통틀어 가장 사랑받는 성자 중 한 명으로 꼽힌다. 이탈리아 중부 아시시에 있는 성 프란체스코 수도

원은 '프란치스코'란 이름 하나만으로 세계적인 순례지이자, 여행지가 됐다. 1207년 청년 프란치스코는 허물어져가던 성 다미아노 성당 십자가 밑에서 하나님의 음성, "내 교회를 다시 지어라"를 들었다. 이를 깨달은 프란치스코는 탁발 수도회를 창설하여 위대한 중세암흑시대의 교회의 개혁을 하면서 복음으로 돌아가 청빈, 겸손, 소박한 삶을 몸소 살았다. 이 정화운동은 당시 로마 가톨릭 교회가 심각하게 앓고 있던 세 가지 부패(부, 권력, 사치)를 척결해 나간 유명한 역사이다.

159. 독립변수는 비교 되어지고 있는 다른 어떤 변수들에 의해서도 영향을 받지 않는 변수를 말한다. 주변에 관계를 받지 않는 독립적인 원인(原因)으로서 독립변수라고 할 수 있다. 사회학에 있어서, 인과관계(因果関係)를 기초로 이론구축, 수량적 조사(数量的調査)、질적조사 방법론(質的調査方法論)이 있는데, 이것들은 각각 별개가 아니고 근저(根底)에 있는 방법론은 아주 똑같다.

160. 허시(Hersey) & 블랜차드(Blanchard)의 상황적 리더십 이론/리더십 이론작성자 011011011/ https://lupinafwind.blog.me/120108079046.

161 Paul Stevens, Reorganize your calling. 박일귀 역, 『나이 듦의 신학-당신의 소명을 재구성하라』, (서울: CUP, 2018), 116.

162 The United Bible Societies, The Greek New Testament Third Edition(corrected)-Πέτρου β, German Bible Society, 1983.

163 아이템 A가 있는데 여기에 아이템 1을 합치면 아이템 X가 탄생한다. 마찬가지로 2를 합치면 Y가, 3을 합치면 Z가 탄생한다. 1, 2, 3 중에서 어떤 아이템을 섞느냐에 따라 결과물도 달리 나타난다. 아이템 A는 항상 고정이고, 최종 아이템 결과물은 아이템 A에 어떤 숫자 아이템을 더하느냐에 따라 결과가 달라진다. 여기서 1, 2, 3(숫자 아이템)의 자리가 바로 매개 변수가 된다[네이버 지식백과-천재학습백과].

164 원인 독립변수(独立変数) → 결과, 종속변수(従属変数), 결과 (従属変数)의 正確한 認識、原因 (独立変数) 의 特定、論理関係의 明確化。결과(종속변수)의 정확한 인식, 원인(독립변수)의 특정, 논리 관계의 명확화. 이것이 가설창

출(仮説創出)의 기본이 된다.

165 Hwa S. Rhee, For the Degree Doctor of Ministry of Report, Study Analysis of on Character Transformation Changes for Modern Contemporary Christians: Focusing on the field ministry of The Ebenezer Church, (L.A: The School of Theology Shepherd Univ- ersity, 2017, 64-67).

166 '상대적 박탈감'이라는 것은 매우 광범위한 문제이다. 사회심리학이라는 분야 자체가 다른 심리학이 깊고 좁은 특성을 띄는 것과 달리, 이 감정은 넓고 광범위한 특성을 띄고 있다. 요즘 현대인들이 이런 감정을 느끼는 경험을 자주 혹은 간혹 겪는 일로 예외가 없다.

167 '자기 비하'와 '겸손'의 차이는 얼마 나지 않고, 자신감과 자만의 차이도 별로 나지 않는다. 자기비하는 기회를 잃어버리는 결과에 이르고, 자만은 이미 얻은 기회를 놓치는 결과를 낳는다.

168 손경구, 「기질과 영적 성숙」, (서울: 두란노서원, 2003), 173-178.

169 Hwa S. Rhee, 강의안, 61-62.

170 Hwa S. Rhee, 강의안, 63.

171 Hwa S. Rhee, 강의안, 64.

172 전 세계의 직업은 4만 가지이며, 그 가운데 한국에 들어와 있는 직업은 2만 가지이다. 국내의 일터사역 기관은 이 보다 더 수가 많고 보이지 않는 곳에서 아름다운 역할을 하고 있다. 그러나 소개하는 명단은 활발하게 기업과 직장을 통해 하나님나라를 열심히 구축해가는 현장이다. 이들은 생물체처럼 유기적으로 선한 일을 도모하는 직장의 하나님 나라이며 '일터 교회'이다.

173 기업을 운영하면서 현장 속에서 일터 교회(직장 그리스도인 공동체)를 세우고 주 5일 사역을 운영 중인 동역 일터이다. 현재 10곳을 소개한다.

| 참고문헌 |

| 국내 서적 |

강웅산. "강의안: 칼빈의 칭의론과 한국교회". 세미나, 서울: 총신대학교_조직신학 개혁신학회 봄 학술세미나, (2009년 3월).

김동연. 'C-스토리 첫 번째 이야기]: 솔로몬 일터 현장 사역 탐방'. 분당: 사단법인 씨스토리운동본부, (2014년 7월),

김명혁. 『선교학 입문 시리즈 2: 선교의 성서적 기초』. 서울: 성광문화사, 1983.

김세윤. "강의안: 한국교회의 위기 '왜곡된 칭의론 탓'". 초청세미나, 서울: 서울 영동교회, (2014. 2. 16.).

김지호. 『칼빈주의란 무엇인가?』. 용인: 칼빈신학대학원대학교 출판부, 2004.

김태연. 『비즈니스 전문인 선교학』. 서울: 수학프로패셔날출판사, 2008.

노명길. 『인류학의 이해』. 서울: 일신사, 1998. 민경배. 『한국교회에 있어서 사회 선교-역사적 고찰』. 서울: 대한예수교장로회 총회출판국, 1991.

박윤선. 『성경 신학』. 서울: 도서출판 영음사, 1978.

박형룡. 『박형룡 저작전집 3: 교의신학 인간론』. 서울: 한국기독교교육연구원, 1977.

변재창. 『작은 목자 훈련』. 서울: 두란노서원, 1992.

배수영. 『어거스틴의 내면세계로의 여행』. 서울: 예루살렘출판사, 2002.

    . '강의안: 선교를 위한 인류 문화인류학'. 안양: 안양대학교 신학대학원, 2006.

    . '강의안: 성경적 선교학 개론'. 안양: 안양대학교신학대학원, 2003.

    . '강의안: 하나님의 구속사'. 안양: 안양대학교신학대학원, 2004.

손창남. 『모든 성도를 위한 부르심: 직업과 선교』, 서울: 조이선교회, 2019.

이선화. "현대 그리스도인을 위한 성품 변화의 연구". 목회학박사 학위논문, LA: 쉐퍼드대학교, 2017.

이태웅. 『제자훈련은 이렇게』. 서울: 두란노서원, 1992.

옥한흠.『제자훈련 인도자 지침서』. 서울: 국제제자훈련원, 2002.

정성구.『나의 스승 박윤선 박사』. 용인: 킹덤북스, 2018.

_____.『아브라함 카이퍼의 생애와 사상』. 용인: 킹덤북스, 2010.

_____.『교회의 개혁자 요한 칼빈』. 서울: 도서출판 하늘기획, 2009.

한국선교신학회 편.『선교학 개론』. 서울: 기독교서회, 2002.

추정완.『노동과 직업의 윤리성에 관한 연구』. 서울: 서울대학교대학원출판부,
2002.

총회출판국 편.『대한예수교장로회 헌법』. 대한예수교장로회총회출판부(백석),
2008.

| 번역 서적

Bavinck, Herman. GEREFORMEERDE DOGMATIEK. 김영규 역.『개혁주의
교의학』. 서울: 크리스챤다이제스트, 1998.

Bavinck, Herman. Calvin and common grace. 차영배 역.『일반 은총론-
경계해야 할 자연주의와 초자연주의』. 서울: 총신대학출판부, 1987.

Bubeck, Mark. The Adversary. 유화자 역.『사단을 대적하라』. 서울: 생명의
말씀사, 1982.

Calvin, Jean. Institvtion de la religion chrestienne. 박건택 역.
『칼뱅 총서 1: 기독교 강요 1541(2판 프랑스어)』. 서울: 부흥과개혁사, 2018.

Calvin, John. Commentary on the Genesis of Moses. 칼빈성경주석 번역
위원회 역.『창세기 주석』. 서울: 성서교재간행사, 1990.

_____. Commentary on the Epistles of Paul the Apostle To The Corinthians.
칼빈성경주석 번역위원회 역.『고린도-에베소서 주석』. 서울: 성서교재간행사,
1990.

Dunlop, Tin. Why the future is WORKLESS. 엄성수 역.『노동 없는 미래:

인류 역사상 가장 인간답게 살 수 있는 시간이 온다』. 서울: 비즈니스맵, 2016.

Eldred, Ken. Business Mission. 안정임 역. 『비즈니스 미션』. 서울: 예수전도단, 2006.

Engen, Charles Van. MISSION ON THE WAY. 박영환 역. 『미래의 선교 신학』. 부평: 도서출판 바울, 2004.

Ferguson, Sinclair B. & Wright, David F. IVP New Dictionary of Theology. 이길상 역 외 3인. 『아가페 신학사전』. 서울: 아가페출판사, 2001.

Foster, Richard J. Streams of Living Water. 박조앤 역. 『생수의 강』. 서울: (사)두란노서원, 1999.

Herman, Bavinck, J. An Introduction to the Science of Missions. 전호진역. 『선교학 개론』. 서울: 성광문화사, 1985.

Hersey & Blanchard. "Situational leadership". "상황적 리더십 이론"/리더십 이론 작성자 011011011/ https://lupinafwind.blog.me/120108079046.

Hiebert, Paul G. Anthropological Insights for Missionaries. 채은수 역. 『문화 속의 선교』. 서울: 총신대학출판부, 1967.

Hybels, Bill, A. Christian at work. 독고엔 역. 『직장 속의 그리스도』. 서울: 도서출판 한세, 1994.

Hillman, Os. The 9 To 5, Window. 조계광 역. 『일터 사역: 믿음으로 일터를 변화시키는 일』. 서울: 생명의말씀사, 2007.

Jesuah, Kwak. Church Growth in Korean Context. 곽선희 역. '교회성장학 강의안', 파사디나: 훌러신학교선교대학원, (2001, 10. 18-21).

Keller, Timothy. Every Good Endeavor: Connecting Your Work to God's Work. 최종훈 역. 『일과 영성』. 서울: 두란노서원, 2012.

Packer J. I. Keep in step with the Spirit. 홍종락 역. 『성령을 아는 지식』, 서울: 홍성사, 2002.

Packer J. I. Knowing God. 정옥배 역. 『하나님을 아는 지식』. 서울: 한국

기독학생출판부, 2008.

Palmer, Parker J. The Active Life: A spirituality of work, creativity, and caring. 홍병룡 역. 『일과 창조의 영성』. 서울: 아바서원, 2013.

Ridderbos, Herman. PAUL: An Outline of His Theology. 박영희 역. 『바울신학』. 서울: 개혁주의신행협회, 1985.

Stevens, R. Paul. Doing God's Business. 홍병룡 역. 『하나님의 사업을 꿈꾸는 CEO』. 서울: IVP, 2009.

Stevens, R. Paul. Work Matters: Lessons from Scripture. 주성현 역. 『일의 신학』. 서울: 도서출판 CUP, 2014.

Stott, John R. Christian Mission in the Modern World. 김명혁 역.『현대 기독교 선교』. 서울: 성광문화사, 1981.

Tunehag, Mats. Business As Mission. 해리 김 외 1인 역. 『'선교로서의 사업'의 길라잡이 새로운 비전, 새로운 마음, 새로운 부르심, Business AS Mission』. 서울: 예영커뮤니케이션, 2005.

Wgner, Peter. The Church in the Workplace. 이건호 역. 『일터교회가 오고 있다』. 과천: WLI KOREA, 2014.

White, John. Excellence in Leadership. 이석철 역. 『탁월한 지도력』, 서울: 한국기독학생출판부(IVP), 1991.

| 외국 서적

A. McGavran, Donald and Hunter, George. Church Growth Strategies that Work. Nashville: Abingdon Press, 1980.

Athanasius. The Life of Anthony and The Letter to Marcel- linus in the Classics of Western Spirituality, trans. and Intro. Robert C. Gregg. New

York: Paulist, 1980.

Banks, Robert C. & Stevens, R. Paul. The Complete Book of Everyday Christianity. Downers Grove, IL: IVP, 1997.

Barna, Georg and Hatch, Mark. Bolling Point; Monitoring Cultural Shifts in the 21 Century". CA. Ventura: Regal Books, 2001.

Berg, Frank Vanden. Abraham Kuyper a Bibliography. Ontario: Paideia, 1978.

Berkhof, Louis. Summary of Christian Doctrine. Grand Rapids: Erdmans Publishing Company, 1989.

Blank, Les. "Handout for Lecture: Transitions in Ministry". LA: Azusa Campus, 1998.

Cairns, Earle E. Christianity Through the Centuries. Revised ed. Grand Rapids Michigan: Zondervan, Publishing Co., 1967.

Cosden, Darrell. PTM: Theology of Work, a Work and the New Creation. Carlisle, U.K: Patemoster Press, 2004.

Crounch, Andy. Culture-Making: Recovering Our Creative Calling. London: IVP, 2008.

Bosch, D. Witness to the World, GA. Atlanta: John Knox Press, 1980.

Embar, Carol R. & Ember, Melvin. Cultural Anthropology. New Jersey: Pearson Prentice Hall 2007.

Gunther, Mac. "God and Business". (Fortune, July 2001).

Green, Mark. Thank GOD It's Monday: Ministry in the Workplace. Bletchley, England: Scripture Union, 2001.

Hardy, Lee. The Fabric of this world: Inquiries into Calling Career Choice, and the Design of Human Work. Grand Rapids Michigan, Wm: Eerdmans Publishing Co., 1990.

Haviland, William, A. Cultural Qhtoropology. Wadsworth United States

12e 2008.

Hillman, Os. Faith @ Work, Cumming. GA: Asian Group Publishing, 2004.

Murray, John. Collected Writing of John Murray Vol.2. Edinburgh: The Banner of Truth Trust, 1976.

Nicholls, Bruce J. Contextualization: A Theolory of Gospel and Culture. Downers Grove, IL: IVP, 1979.

Oliver, D. & Thwaites, J. Church that Works, Milton Keynes. England: Word Publishing, 2001.

W., Pannenberg. ed. Revelation as History. London, UK, 1969.

Sherman, Doug and Hendricks, William. Thank God It's Monday radio program. Grand Rapids, MI: Discovery House Publishers, 2000.

Smith, Glen. "Theology at Work in Francophone Urban Contexts".
unpublished report for Bakke Graduate University, 2009.

St. Augustine. Library of Christian Classics of The Confessions of St. Augustine. Westminster, 1964.

| 기타: 성경 및 사전, 언론 Site

"강대국의 비밀". EBS 방영, (2014. 4. 9).

"국민 기업이미지 '생각따로 기대따로'". 서울: ㈜내일신문, (2004. 7. 16)

[일터에서도 선교 열정을 쏟자]. 국민일보, (2007. 10. 17).

The United Bible Societies. The Greek New Testament Third Edition (corrected). German Bible Society, 1983.

The American Heritage Dictionary. Third Edition. New York: Houghton M. Company, 1994.

https://lead2serve.tistory.com/113 [Lead2Serve]

blog.naver.com/iaminbooks/220880715266

theologia.kr/board_service/33993

[네이버 지식백과-두산표준 국어사전]

[다음 백과사전]

| 책을 마감하면서…! |

하나님을 향하여…!

하나님이란 단어는 영어로 [God-하나님]이다. 그러나 이 단어를 뒤집어 보면 [Dog-개]가 된다. 우연 같지만, 결코 우연이라고 할 수 없을 것 같은 말이다. '신을 향한 실존'이 하나님을 인정하는 것과 '신을 등진 실존'이 하나님을 부정하는 것과의 극과 극의 차이를 이렇게 한 단어가 그것의 대명사처럼 양면의 실체를 적나라하게 보여준다. 우리의 직장 속에서 하나님을 향하여 나가면 그분은 하나님으로 다가오실 것이다. 그러나 그 반대로 나가면 반대, Dog의 삶이 이뤄질 줄 누가 알겠는가?

> "사람마다 먹고 마시는 것과 수고함으로 낙을 누리는 그것이
> 하나님의 선물인 줄도 또한 알았도다".
> 전도서3:13

유한한 얼굴

인간이라는 실존은 영원을 사모하는 모습이면서 죽음의 운명을 지닌 유한한 인간이다. 유한한 인간의 얼굴이지만 하나님을 바라보면 소망을 갖게 되고, '크로노스'(Kronos, 보편적 시간개념)의 시간의 지배를 벗어난다. 따라서 시간을 초월하는 '무한한 인간'으로 탈바꿈하게 된다. 그러나 하나님을 거부하면 절망이 대신 그 자리를 차지하면서 '카이로스'(Kairos, 창조적 시간개념)의 시간과 관계가 단절되면서 그와 함께 '유한한 인간'으로 소외되고 만다. 인간으로서 존재에 대한 의미와 삶의 가치를 헤어려 볼 때, 누구나 일의 현장에서 유한한 인간으로 살기를 바라지는 않을 것이다. 무한한 인간으로 창조적 시간을 만드는 일터 교회 공동체로 살아가야 하겠다.

공정한 분량

시간이란 중요한 의미는 과연 무엇일까? 그것은 '양'quantity에 있지 않고 '질'quality에 있다. 시간에 있어서만큼, 수많은 인류가 이 땅 위에 생존해 가기 위해 제각기 하나님에게서 부여받은 공정한 분량이라고 한다. 그러나 각자의 사용여부에 따라 창세기의 '가인'같이 죽음을 연출할 수 있고, '아벨'같이 생명을 잉태할 수 있다. 오직 시간의 활용 여하에 따라 석양을 따라 터덜거리며 걸어가는 황혼이 되고, 태양을 향해 의욕 있게 뛰어가는 새벽이 된다. 노동의 현장 가운데 있는 당신은 지금 누구를 향하느냐에 따라 궁극적으로 일의 대가를 보상받는 행복한 분량을 가지고 있는가? 아니면 일의 대가를 누구에게도 보상받지 못하는 불행한 분량을 가지고 있는가를 돌이켜 보게 한다.

> "선을 행하고 선한 사업을 많이 하고 나누어 주기를 좋아하며
> 너그러운 자가 되게 하라".
> 디모데전6:18

쓰여질 자료

이 책의 집필이 드디어 종결(終結)하는 단계에 와 있다. 더불어 언급하고 싶은 것은, 이 책의 주제로 설정한 [일터 교회의 영성 성숙도 연구] (Workplace Church Researches Spiritual Maturity), 부제, [사역 유형별: 일터 신학, 일터교회, 일터 선교, 일터사역](*By* **Ministry Type**: Workplace Theology, Workplace Church, Workplace Mission, Workplace Ministry)이 세상에 나오기까지 신체적으로 저며오는 아픔들을 기억하고 싶다. 본서가 완성되는데 수 없는 불가능을 이겨왔던 시간이 필요했던 것은, 하나님의 영광과 그 나라의 의가 확장되는 귀한 일터 사역에 쓰여질 귀한 자료로 거듭나기 위한 몸부림이었음을 고백한다.

| 저자 약력 |

김 동 연(Kim, Dong-yeon)/ 1963년 10월 03일(음) 생
주 소 : 서울특별시 서초구 방배로 39 (방배동, 미주플라자 1층)
(39, Bangbae-ro, Seocho-gu, Seoul, Republic of Korea)
Cellphone : (82-10-8893-4432)/E-mail : ceokdy123@naver.com
Site : www.jobnews.co.kr/www.solomonsearch.co.kr/
www.solomonch.com

〈학력〉
서울 장로회신학대학교(광나루) 교육대학원(평대원) 졸업
국제문화신학대학원 목회학 석사과정(M. Div) 졸업
백석대학교대학원 실천신학대학원 목회학(ATA) 졸업
단국대학교 경영대학원 경영학 석사학위 취득(MBA) 졸업
연세대학교 경제대학원 경제학 석사학위 취득(MBA)졸업
캐나다 크리스천대학교 기독상담학 박사학위 취득(D.C.C) 졸업
웨스트민스트신학대학원대학교 실천신학 신학박사 과정(Th.D 예정)

〈신력〉
2013. 11 목사 안수
(사)국제신학 및 교회협의회 ISACC 소속
(목사추천 : 정인찬(웨신대 총장/ 안수위원 : 나겸일 목사 외 7인)

〈경력〉
대한예수교장로회(백석) 솔로몬일터교회 담임목사 (개척사역 중 8년)
독립교단 카이캄소속 (사)솔로몬교회성장연구소 CEO (사역 중 10년)
㈜ 잡뉴스솔로몬서치 설립자 (현, CEO 23년 경영 중)
서울지방경찰청 사단법인 경찰선교회 (이사 사역 중)
(사) 한국장로회총연합회(한장총) 전문인선교훈련원(PMTI)(현,교무처장)
경찰청 본청, 교회와경찰중앙(교경협의회) 공동회장 사역 중(5년)